「꼬레아 에 꼬레아니」 제1권(1904)의 표지

서울의 거리에서, 가리아쪼의 작품

순수한 한국인 혈통, 가리아쪼의 작품

꼬레아 에 꼬레아니【사진해설판】

100년 전 서울 주재 이탈리아 외교관 카를로 로제티의 대한제국 견문기

꼬레아 에 꼬레아니 【사진해설판】

이돈수 · 이순우 지음

하늘재

왜 다시 '꼬레아 에 꼬레아니'인가?

우리나라와 이탈리아는 일찍이 1884년에 수호통상조약을 맺은 '해묵은' 우방이라고 할 수 있지만, 그로부터 십수 년이 지난 1901년에 와서야 겨우 서울에 정식으로 이탈리아영사관이 개설될 만큼 이렇다 할 외교 현안이 존재하거나 이해관계가 크게 충돌할 사이는 아니었다.

이탈리아라고 하면 종종 '반도국가'인 지리적인 유사성 때문에 우리나라를 일컬어 '동양의 이태리'라는 별칭으로 언급할 때에나 등장하는 나라로 기억되거나 그게 아니라면 기껏해야 이태리 포플러(意大利楊, 이태리 버들)가 막 보급되고 나서야 간혹 한두 번쯤 그러한 이름으로 접해보는 경우가 전부일 만큼, 그다지 낯익은 나라라고는 볼 수 없었다.

더구나 역사전기 『이태리건국삼걸전(利太利建國三傑傳)』(1907)을 통해 마치니(Giuseppe Mazzini, 瑪志尼), 가리발디(Giuseppe Garibaldi, 加里波的), 카부르(Camillo Benso di Cavour, 加富爾)와 같은 이탈리아 애국자들의 존재가 제법 알려지고, 교육소설 『이태리소년(伊太利少年)』(1908)을 통해 이역만리로 어머니를 찾아 홀로 떠나는 13세 소년 마르코(馬克)의 모험이 깊은 인상을 남겨주긴 했을지라도 우리들에게 이탈리아는 다른 서구 열강에 비해 여전히 '멀고먼' 이방이었던 것이다.

하지만 그렇더라도 근대시기에 두 나라 사이의 외교관계가 만들어준 매우 특출한

성과물로 딱 한 가지는 꼽을 수가 있으니, 그것은 바로 제3대 이탈리아 영사를 지낸 카를로 로제티(Carlo Rossetti, 魯土德; 1876~1948)가 남긴 『꼬레아 에 꼬레아니(Corea e Coreani)』라는 책이다.

현역 해군 중위의 신분이었던 로제티는 1902년 11월부터 이듬해인 1903년 5월까지 7개월가량을 대한제국의 수도 한성에 머물렀던 인물이다. 그 시절 그의 나이는 고작 26살이었다.

원래는 호주와 중국 등지의 순방을 마치고 중국 치푸에서 귀국 대기 중이었으나 그 무렵 서울 주재 이탈리아 초대 영사 우고 프란체세티 디 말그라 백작(Count Ugo Francesetti di Malgra, 佛安土瑞德; 1877~1902)이 장티푸스에 걸려 급작스레 사망하는 바람에 그를 대신하여 서울에 급파된 것이 그가 한국으로 오게 된 연유였다. 로제티는 또 이에 앞서 프란체세티가 살아 있던 당시 1902년 7월의 한 달을 꼬박 '절친한 친구'였던 그와 함께 서울에 머물렀던 적이 있었다고 적고 있다.

로제티는 나중에 귀국하여 한국에 머문 때의 체험과 수집자료를 바탕으로 『꼬레아 에 꼬레아니』를 펴냈으니, 이때가 바로 '1904년'이었다. 러일전쟁의 와중에 한국과 극동에 대한 관심이 크게 고조되었으나 이를 충족할 수 있는 마땅한 이탈리아어 기초자료가 없었던 것이 출판을 서둘렀던 이유가 되었다. 이에 따라 급한 대로 1904년에는 '제1편(Parte I)'이 먼저 꾸려지고, 시차를 두어 그 이듬해인 1905년에는 '제2편(Parte II)'이 따로 꾸며졌던 것이다.

'대한제국에 대한 인상과 연구(Impressioni e Ricerche sull'Impero del Gran Han)'라는 부제(副題)가 달린 이 두 권의 책은 베르가모(Bergamo)에 있는 이탈리아 아트 그래픽 연구소(Istituto Italiano d'Arti Grafiche)에서 펴냈으며, 이것들은 차례대로 '도해연구 컬렉션(Collezione di Monografie Illustrate) : 여행 시리즈(Serie Viaggi)' 제3권과 제4권으로 각각 편재되었다.

로제티가 이 책을 펴낸 동기야 어찌 됐건 간에, 그의 책이 지니는 가치는 무엇보다도 여기에 수록된 이미지 자료들에서 크게 돋보인다. 이 시기에 간행된 다른 서양인들의 저작물에도 엇비슷한 형태의 사진자료들이 채록되어 있는 것이 사실이지만, 우선 『꼬레아 에 꼬레아니』에서는 그 수량이 비교도 할 수 없을 정도로 단연 풍부하다.

책 표지에는 제1편과 제2편에 각각 203매와 212매를 합쳐 모두 415매의 도판이 수록된 것으로 표시되어 있는데, 실제로는 모두 434매의 도판이 수록되어 있는 것으로 확인된다. 물론 이 가운데에는 간단한 형태의 삽화, 목판, 스케치 또는 소품 및 인물 사진과 같은 것도 다수 섞여 있기는 하나, 다른 여행기나 한국 관련 개설서와 같은 저작물들은 따라오기 어려울 만큼 매 페이지마다 한 장꼴로 다양한 화면을 보여주고 있는 것이다.

그 시절에 서양인들의 저작물에 수록된 우리나라의 모습을 담은 사진자료란 것은 대개 일본인 사진가들에 의해 상업용으로 제작된 도판이나 사진엽서의 형태로 구매되어 통용되는 것이 보통이었으며, 이 점에 있어서는 카를로 로제티도 예외는 아니었다. 그가 스스로 밝혀놓았듯이 그의 책에 수록된 서울의 궁궐이나 거리 풍경과 일상생활에 관한 사진들을 포함하여 65매가량은 무라카미사진관(村上寫眞館)을 통해 수집한 것들이었다.

하지만 이와는 별도로 그 자신이 직접 촬영한 사진자료들도 상당수 포함되어 있다는 부분은 그의 책이 지니는 최대의 강점이 아닐 수 없다. 이러한 종류의 사진은 166매에 이르며, 이로써 그는 의도했건 아니건 간에 특정 시대의 단면들을 고스란히 우리들에게 전해주는 역할을 한 셈이다.

경운궁 남쪽에서 정동 일대를 담아낸 전경, 서소문 쪽에서 정동교회 부근을 담아낸 모습, 이탈리아공사관거리라는 이름으로 통용됐던 서소문 일대의 풍경, 한성전기회사와 종각 일대의 종로거리를 담아낸 전경, 그리고 관립중학교는 물론이고 영어, 법어, 덕어, 아어 등 외국어학교와 해당 학교의 수업 장면에 대한 탐방 사진 등은 그 어느 곳에서도 구경할 수 없는 소중한 사진자료들이다.

그리고 그의 사진기 앞에 나서기를 주저하지 않았던 기병대 장교를 비롯하여 서울거리에서 마주친 지게꾼, 옹기장수, 안경장수, 나막신 수선공, 갓 수선공, 악공, 어린 군밤장수, 빨래터의 아낙네 등은 물론이고 심지어 어린 기생과 걸인의 모습에 이르기까지 우리네 삶의 풍경들을 구석구석 담아내는 노력도 그는 게을리하지 않았던 것이다. 그의 진정한 관심은 필시 이 땅의 사람들에게도 잔뜩 쏠려 있었던 것이고, 그런 탓에 '꼬레아니(Coreani)'라는 단어가 의당 책 제목을 장식하는 표현의 하나로 선택된 것이 아니었던가 여겨진다.

이와 아울러 그 당시 대한제국이 처한 운명과 실상에 대한 담담한 목격담 역시 결코 빠뜨릴 수 없는 부분이다. 특히 그 자신이 군인의 신분이었던 탓에 상당한 관심을 가지고 있었던 우리나라의 군사제도와 국방력 편제, 병법 서적과 무기류 현황 등에 관해 비교적 꼼꼼하게 서술하고 있다는 점도 인상적이다.

이 모든 것들은 1902년에서 1903년으로 넘어가는 7개월이라는 짧은 재임 기간과 그에 앞서 1902년 7월 한 달간의 우연찮은 체류 기간에 촬영되고 채록된 결과물이었다. 이렇게 본다면 다소 허술하거나 깊이가 없는 듯이 느껴질 수도 있겠지만, 사실은 결코 그러하지 않다. 이 책에 서술된 내용으로 보나 여기에 수록된 이미지 자료들의 분량으로 보나, 이 시기에 발행된 그 어떠한 서양인의 한국 관련 저술들을 능가할 만큼 로제티의 책은 독보적인 존재라고 평가할 수 있을 것이다.

그런데 10여 년 전쯤에 이미 다른 분들의 노력으로 이 책의 한국어판이 서울학연구소의 번역을 거쳐 『꼬레아 꼬레아니』(숲과 나무, 1996)라는 제목으로 소개된 바 있었다. 원본의 출간 연도에 비해 무려 90여 년이나 늦은 지각 번역이기는 하였으나, 많은 독자들에게 그동안 잊혀진 카를로 로제티라는 인물과 이 책의 존재를 확실히 되새겨주는 계기가 되었으므로 그것만으로도 번역본의 출간은 크게 다행스럽고도 반가운 일이었다.

하지만 이러한 작업에도 아쉬움이 큰 대목이 없지 않았는데, 무엇보다도 그 당시 이 번역본에 수록된 사진자료의 경우 원본의 확보가 원활하게 이뤄지지 않았던 탓인지 썩 좋은 화질로 제공되지는 못하였으며, 이로 인하여 각각의 이미지 자료에 내재된 고유한 일차 정보조차 제대로 전달되지 못하고 그 가치가 반감되고 말았던 사실이 바로 그것이었다. 이와 아울러 원문의 번역에만 충실하다 보니 다소간 설명이 미흡하거나 결여된 부분들이 있었고, 원문의 오류가 바로 고쳐지지 못한 내용도 없지 않았던 것으로 기억한다.

지금에 와서 구태여 또 다른 번역본을 시도할 필요성까지는 아닐지라도 이 책에 수록된 이미지 자료만이라도 다시 간추려 최대한 원본 상태에 가까운 화질로 책을 새롭게 꾸려보자는 결론을 우리가 내리게 된 것은 바로 이러한 '거듭된' 아쉬움이 가져다준 결과물이었다. 두 권으로 이루어진 로제티의 책은 '이돈수 소장자료'에 진즉에 포함되어 있었으므로 원본 확보의 문제에 대해서는 별다른 걱정이 없었고, 기왕이면 풍부하고 정확한 도판 해설까지 곁들일 수 있다면 더 바랄 나위가 없지 않을까 하는 우리의 판단도 여기에 작용하였다.

생각건대 카를로 로제티의 『꼬레아 에 꼬레아니』가 100여 년의 세월이 흐른 지금에도 여전히 알차고 유용한 대한제국 관련 저작물이라는 사실은 새삼 강조할 필요가 없을 것이다. 여기에 수록된 사진자료들을 한번 죽 훑어보는 것만으로도 근대 역사의 단면을 이해하는 데에 여러모로 많은 도움이 될 수 있지 않을까 하고 기대하는 바이다. 나아가 새롭게 꾸며지는 이 책이 아무쪼록 그 시절에 긴박했던 대한제국의 운명을 되새기고 우리네 삶의 모습을 오래도록 기억하는 충실한 안내서가 되었으면 하는 바람을 덧붙여둔다.

아마도 그의 절친한 친구이자 초대 이탈리아 영사였던 프란체세티 디 말그라 백작이 급작스레 죽지 않았던들, 그리하여 그가 짧게나마 우리나라에 머물 수 있는 기회가 애당초 생겨나지 않았더라면, 우리는 카를로 로제티라는 낯선 이방인이 남겨준 『꼬레아 에 꼬레아니』(1904, 1905)라는 너무도 소중한 선물을 결코 전해 받지 못하였을는지도 모른다. 이러한 점에서 우리가 가지는 특별한 고마움은 여전히 로제티의 몫이다.

한이수교(韓伊修交) 125주년이 되는 날인 2009년 6월 26일에
공동 작업으로 자료 수집과 도판 해설을 마치며
이돈수와 이순우가 쓰다

차례

왜 다시 '꼬레아 에 꼬레아니' 인가?	… 4
카를로 로제티의 서문	… 12
일러두기	… 16

[도판 해설]

01 이탈리아공사관	… 17
02 각국공사관	… 33
03 경운궁과 정동 주변	… 39
04 서울지도	… 55
05 궁궐	… 61
1 경복궁	… 62
2 창덕궁	… 71
06 서울도성과 성문	… 81
07 서울전경(남산)	… 89
08 서울의 대로	… 101
1 종로	… 102
2 남대문로	… 110
09 서울의 유물·유적	… 115
1 서울시내	… 116
2 서울주변	… 125
3 왕릉(대원군 묘)	… 134

10 지방의 이모저모	⋯ 139
1 인천(제물포)	⋯ 140
2 기타 지역	⋯ 143
11 근대문물—학교	⋯ 153
12 근대문물—우편·통신	⋯ 163
13 교통수단	⋯ 171
1 전차·철도	⋯ 172
2 가마·기타	⋯ 175
14 형벌제도	⋯ 185
15 한국사람들—가게·시장	⋯ 191
16 한국사람들—거리풍경	⋯ 211
17 한국사람들—야외행사	⋯ 239
18 한국사람들—관리·인물	⋯ 243
19 한국사람들—군인·경찰	⋯ 253
20 한국사람들—여성	⋯ 263
21 한국사람들—기생·가무	⋯ 275
22 한국사람들—사진관 연출사진	⋯ 285
23 한국사람들—인류학조사	⋯ 291
24 민속품	⋯ 303
1 모자	⋯ 304
2 민화	⋯ 311
3 기타	⋯ 317
25 삽화—무예도보통지	⋯ 327

26 삽화—기타 … 333
27 지도관련 … 339

—영사관 통역 양흥묵과 이탈리아 군함 풀리아호 견학기 … 28
—'공사관거리'의 유래 … 52
—'가구거리' 혹은 '장롱거리'에 대하여 … 58
—최초로 전차선로가 부설된 아시아의 근대도시는? … 109
—'궁중복색을 갖춘 궁궐여인'은 합성사진 … 272

[도판목록] … 345

[관련자료]

· 카를로 로제티와 그의 한국 관련 저술활동 … 354
· 대한제국 시절 서울 주재 이탈리아공사관의 연혁 … 369
· 다니엘레 페고리니의 〈프란체세티 디 말그라 백작 추모사〉 … 382
· 에밀 마르텔이 전하는 프란체세티 사망 당시의 상황 … 384
· 『더 코리아 리뷰』에 수록된 로제티의 저작물에 대한 서평 … 386
· 『더 코리아 리뷰』에 수록된 이탈리아 관련 기사 목록(1901~1905년) … 387
· 『황성신문』에 수록된 이탈리아 관련 기사 목록(1901~1910년) … 390

카를로 로제티의 서문

　1902년 10월의 마지막 날, 나는 18개월 남짓에 걸쳐 오스트레일리아와 중국 등지의 바다에서 성공적으로 임무를 수행하면서 항해를 마치고, 이탈리아로 귀환하라는 명령을 접수한 채 치푸(芝罘, Cefu)에서 이탈리아 해군 '풀리아호'에 승선하여 몇 날을 지내던 중에, 항해자들의 가슴에 설렘을 주는 상징이자 먼 고향집에 또 다른 즐거움을 예고하는 '귀환의 깃발'을 올리는 기쁨에 온통 빠져 있던 바로 그날, 느닷없이 내게 '풀리아호'에서 하선하여 프란체세티 디 말그라 백작(Conte Francesetti di Malgra)의 사망으로 서울의 이탈리아 대표부가 당장에 공석이 되어버린 한국으로 나를 데려다 줄 임무를 지닌 '롬바르디아호'에 승선하라는 명령이 떨어졌다.

　그리하여 고국의 해안이 가까이 느껴지던 그때, 운명은 그 당시 내 눈에 가장 암울한 색깔로 보일 수밖에 없었던 한국 땅으로 나를 내몰아 고국에서 더욱 멀어지게 하였다. 나는 그 7월의 한 달 내내 나의 절친한 벗 프란체세티를 방문하여 서울에서 한동안 머물렀고, 내가 떠나올 때 그는 육체적으로나 정신적으로 최상의 상태였으며, 25살의 평온함 가운데 자신감과 확신, 갖가지 계획들과 희망으로 가득 차 있었던 기억이 생생한데, 이제 다시는 나의 친구를 볼 수 없다는 생각, 그렇지만 내가 그토록 칭찬해 마지않았던 바로 그 자리에 내가 똑같이 부임해야 한다는 사실, 또 우리가 잊을 수 없는 시간을 함께 보냈던 장소에서 그의 것이었을 많은 물건들 사이에서 내가 움직여야 한다는 것, 이러한 생각들은 내 마음속에서 훨씬 고통스러운 것이었고, 이제 이 가을에 끊임없는 슬픔의 나날들이 거듭되리라는 것을 나는 어느 정도 알고 있었다.

그때 중국에서는 서울에 극심한 전염병이 퍼지고 있다는 말이 나돌았다. 하루에도 콜레라 발생 건수가 백여 건에 달하며, 그리고 이제는 상호 간 대량 살상의 형태를 띠고 있다는 것이었다. 실제로 서울의 젊은 이탈리아 영사를 그의 친구들과 가족과 조국으로부터 이토록 잔인하게 앗아 간 것은 그 문제의 치명적인 질병이었다.

그 무렵 육지마저도 온통 알 수 없는 슬픔과 어둠에 잠겨 있었다. 중국 북부의 잿빛 하늘 아래 '황해'라는 이름에 잘 어울리는 바다의 물결은 여느 때와는 다르게 더욱 어둡고, 더욱 탁한 모습이었다.

'롬바르디아호'의 출발은 11월 2일로 정해졌으나, 그날은 동풍이 가장 거세게 불어와 산둥반도 너머로 항해가 확실히 불가능했으므로 우리들의 출발은 그 다음 날로 미뤄졌다. 그날 밤 바람이 잦아지자 3일 아침에 '롬바르디아호'는 서울에서 가장 가까운 한국의 항구인 제물포(濟物浦, Cemulpo)로 향하여 움직였고, 다음 날 저녁에 우리는 이곳에 닻을 내렸다.

5일 저녁에는 '롬바르디아호' 동료들의 축원과 인사를 받으며 나는 이 배와 작별하고 서울을 향해 출발하였다. 다음 날, 해군 중위이면서 프란체세티 백작이 사망하자마자 이탈리아 해군 '롬바르디아호'의 함장으로부터 명령을 받아 이곳에 배속되어 있던 페치아 디 코사토 백작(Conte Fecia di Cossato)에게서 영사(Consolato)의 위임장을 인수함으로써, 나는 우리 정부가 나 자신에게 부여했던 직책을 떠맡았다.

이리하여 오래전부터 많은 논쟁거리가 되어왔고 여전히 서양의 학자들에게 잘 알려지지 않은 지구상의 낯선 나라들 가운데 하나인 이곳에서 약 8개월간에 걸친 체류가 시작되었다.

나의 힘으로 조금이라도 여건이 닿는 한, 나는 이 뜻밖의 체류 기간을 통해 다양한 측면에서 한국인과 한국에 대한 연구를 시작할 것을 모색했고, 이러한 시도의 결과는 뒤에 나오는 페이지들에 서술되어 있다. 이 글들은 느슨하고, 어떠한 주장도 없고, 또한 그 자체가 자료들의 충실한 수집물이 되기를 바랐다거나 확실히 효율적인 작업을 할 가치가 있을 만큼 대단한 관심을 갖고 어떤 주제에 대해 연구를 했던 것은 아니었다. 그리고 여기에 덧붙여 나의 글에 시사적인 특성을 갖출 필요가 있었던 것도 아니었다는 점에 나는 동의한다. 나의 기록을 재정리하여 저 머나먼 제국에 관한 충실하고 완전한 인상을 줄 수 있는 차분하고 느긋한 저작물로 엮어 막 하나의 책으로 펴내려 했을 때에는, 한국에 대해 얘기되는 바가 거의 없었다.

하지만 그 후에 상황들이 긴박해지고 극동지역에 대한 일반의 관심이 급격히 쏠리게 되자 도처에서 강권을 받은 나는 출판 작업을 서두를 수밖에 없었는데, 나의 직무에 따른 여러 가지 신경 쓸 일들로 인하여 당초 구상했던 대로 잘 이뤄지지는 못하였다.

그리하여 이제 이 책은 내가 기대했던 것과는 아주 다른 형태로 대중들에게 모습을 나타내게 되었다. 내가 여기에서 얘기하게 될 것들은 이전에 다른 언어로 서술된 바 없었던 전혀 새로운 것도 아니며, 또는 있다고 해도 그것은 극히 적은 부분에 그친다. 한국에 관한 우리들의 문헌은 매우 빈약하고, 독일어로 된 저작물을 단순히 번역한 것들을 제외하면 아주 극소수의 연구와 약간의 원작들, 그 밖에 왕왕 과학단체들이 발행하는 갖가지 평론과 연감과 같은 형태의 저작물에 흩어져 있어서 당연히 배포도 제한적일 수밖에 없는 단편적인 편집물 또는 번역물 정도로, 이탈리아어로 된 것은 없다.

이 글을 쓰는 데 있어서 나는 미개척 분야에 첫발을 내딛는 입장이었으며, 그 첫발은 그 자체가 언제나 아주 어려운 것이었으나, 그럼에도 생소하고 어려운 길을 향해 나는 급한 사정에 떠밀려 한 걸음씩 나아갔던 것이다. 이러한 점에서 나는 독자의 양해를 바랄 수 있지 않을까 한다.

또한 이번 작업에 대해 감히 감사를 드리지 않을 수 없는 곳이 있다면, 그것은 바로 주의력과 세심함으로 대다수의 원판에서 나의 사진들을 잘 뽑아내어 풍성한 도판 자료를 갖출 수 있게 해준 아트 그래픽 연구소(Istituto di Arti Grafiche)이다. 틀림없이, 이러한 점으로 인해 이번의 작업은 진실로 새로운 것들로 구성되어 있으며, 여태껏 이탈리아뿐만이 아니라 다른 어떤 곳에서도, 이보다 더 많은 도판(圖版)을 수록한 한국에 관한 책은 없었다고 나는 자신 있게 말할 수 있다.

따라서 편집의 미술적인 부분에 대해 모든 세세한 대목까지 깊이 보살펴주었던 훌륭한 연구소에 대해 나는 매우 진심 어린 감사를 표시한다. 시작단계부터 이 멋진 시리즈의 무단복제를 방지하기 위해서도 특별히 필요로 했거니와 이 책을 한층 더 빛내주기 위해 근사한 삼색판(三色版)을 그려주었던 솜씨 있는 화가 가리아쪼(P. A. Gariazzo)에게도 나의 고마운 뜻을 전하지 않고서는 이러한 나의 얘기를 마무리할 수는 없을 것이다.

나는 그리고 마지막으로 한국에 관한 몇 가지 저작물에 수록된 여러 문장들, 그리고 러시아 정부가 〔1900년에〕 간행한 『한국지(Opisanie Korei, 韓國誌)』, 1892년과 1895~1898년 사이에 서울에서 발행된 월간지로 이루 말할 수 없는 가치를 담고 있는 『더 코리안 리포지토리(The Korean Repository)』, 이것의 뒤를 이어 한국과 이곳의 사람들에 대한 가장 열정적인 학자들 가운데 한 사람인 호머 헐버트(H. B. Hulbert)의 탁월한 운영으로 1901년부터 발행을 개시한 『더 코리아 리뷰(The Korea Review)』에서 상당한 도움을 받았던 사실을 마땅히 표시해두고자 한다.

■ 일러두기

① 도판 해설에 이용된 사진의 배열순서는 원문의 배열과는 무관하게 별도의 기준에 따라 주제별 묶음으로 재구성하는 방식을 따랐으나, 그 대신 원문의 출처를 정확히 구분할 수 있도록 모든 사진 파일마다 설명문의 말미에 따로 고유한 파일 번호를 부여하여 표시하였다. 예를 들어 'I-050', 'II-215', 'I-139a', 'II-044f', 'II-060fb' 등과 같이 도판번호가 그것이다.

② 위의 도판번호에서 맨 앞에 나오는 'I' 또는 'II'는 각각 Parte I(1904)과 Parte II(1905)의 구분을 가리키며, 그 뒤에 오는 세 자리 숫자는 해당 페이지를 나타낸다. 해당 페이지에 복수의 도판이 수록된 경우에는 배치 위치에 따라 차례대로 이를 a, b, c, d, e의 순서로 구분하여 기호를 덧붙였다. 그리고 정식 페이지 번호가 부여되지 않은 별첨 도판에 해당하는 경우에는 특정한 페이지의 앞쪽 면(front page)이라는 의미로 'f'라는 표시를 덧붙였다. 가령, 'II-060fb'는 "파트 II(제2권), 60페이지의 앞쪽 면에 수록된 두 번째 도판"이라는 뜻이다.

③ 본문의 설명을 위해 원본에는 없는 별도의 관련 도판을 추가하여 인용할 경우에는 이 부분에 대한 혼동이 발생하지 않도록 해당 파일의 제목 부분 앞쪽에 '참고도판'이라는 표시를 덧붙여 그 사실을 밝혀두었다.

④ 각 사진 파일의 제목 앞에 표시된 별표 하나(*)와 별표 둘(**)은 이미지 자료의 취득 경로를 구분하는 기호이다. 다시 말하면 별표 하나(*)는 원저자인 카를로 로제티가 직접 촬영한 도판이고, 별표 둘(**)은 서울에 있던 일본인 사진사 무라카미 코지로(村上幸次郎)의 사진관 천진당(天眞堂)에서 수집한 도판을 나타낸다. 이 밖에 별도의 표시가 없는 것들은 기타의 경로를 통해 확보한 경우인데, 이에 관한 자세한 내역은 이 책의 후반부에 정리된 도판목록의 '노트(note)' 항목(p.346 및 p.349)에 자세한 설명이 나와 있다.

⑤ 개별 파일에 대한 '제목 부분'은 원칙적으로 원문의 캡션(caption)을 존중하여 가급적 그대로 옮기는 방식을 따랐으나, 표기의 오류가 분명한 경우에는 이를 내용에 맞게 수정하였다. 다만, 새롭게 붙여진 제목에 대해서는 '밑줄 표시'를 덧붙여 이것이 원문과는 다른 내용이라는 것을 명확히 드러내도록 하였다. 그리고 이 경우에도 원문의 '잘못된' 캡션 내용은 참고 삼아 설명문에 따로 적어두었다.

⑥ 제목 부분을 제외한 개별 파일에 대한 설명문 전체는 원문에 전혀 없는 것으로 이 책의 출판을 위해 도판 해설자의 주관에 따라 새롭게 덧붙여진 내용이다. 따라서 이 부분에 대한 설명의 오류가 있다면, 그 책임은 전적으로 원저자가 아닌 도판 해설자의 몫이다.

01 이탈리아공사관

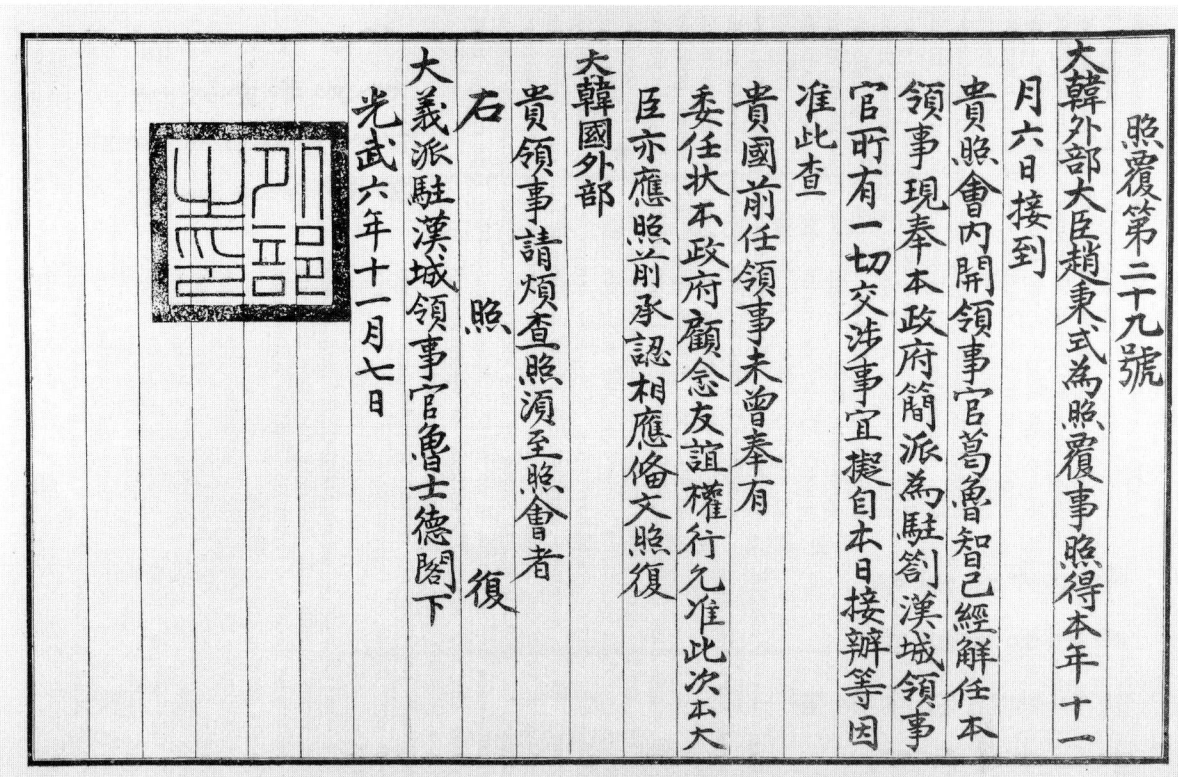

궁궐을 방문하기 위한 가마 안에서
가마를 타고 이탈리아영사관을 나서는 카를로 로제티(Carlo Rossetti ; 1876~1948)의 모습이다. 그는 해군 중위의 신분으로 1902년 11월부터 1903년 5월까지 7개월가량 주한 이탈리아 영사를 지냈다.

I-001f

새로운 이탈리아 영사의 임명에 관한 외부(外部)의 조복문서
여기에 나오는 로사덕(魯士德)은 이 책의 저자인 카를로 로제티를 가리키며, 갈로지(葛魯智)는 그의 전임인 카를로 페치아 디 코사토(Carlo Fecia di Cossato)를 말한다. 그는 초대 영사인 우고 프란체세티 디 말그라(Ugo Francesetti di Malgra ; 1877~1902)가 급작스레 세상을 떠나자, 로제티가 정식 부임하기 직전에 1902년 10월 17일부터 11월 6일까지 잠시 한성 주재 이탈리아 영사의 자리를 맡았던 인물이다.

II-129

*옛 이탈리아영사관 자리

『더 코리아 리뷰(The Korea Review)』 1901년 12월호에는 "새로 부임한 이탈리아 영사 프란체세티 디 말그라(Francesetti di Malgra)가 이달 14일 궁정에 나가 신임장을 제정했다. …… 디 말그라는 최근에 무어 목사가 퇴거한 곤당골의 집을 차지하고 있다"라는 기록이 있다. 따라서 이 건물은 곤당골 시절의 이탈리아영사관인 듯하다. 곤당골(곤담골, 미장동, 미동)은 지금의 을지로 입구 일대를 말하며, 이곳에 무어 목사가 개설한 곤당골교회(승동교회의 전신)가 있었다. 『경성부사(京城府史)』 제2권(1936)에서는 이탈리아영사관의 첫 개설지를 "황금정 1정목 181번지 아서원(雅敍園) 인접지"로 표시하고 있다.

I-050

*서울의 이탈리아공사관

서소문동 41번지에 위치한 이탈리아공사관 건물로 로제티가 근무하던 시절까지는 줄곧 영사관이었으나, 그의 후임으로 판리공사 모나코(Attilio Monaco; 1858~1932)가 1903년 5월에 서울로 정식 부임하면서 이곳은 이탈리아공사관으로 승격되었다. 『황성신문』 1902년 11월 11일자에는 미동(곤당골)에 있던 첫 번째 이탈리아영사관이 서소문 쪽으로 변경된 사실이 기록되어 있다. 그리고 로제티 자신의 글에 "서울에 도착하자마자 러시아 정부가 막 폐지한 서울의 부영사관을 거처로 구할 수 있었다"는 구절이 있는 걸로 봐서 이곳은 원래 러시아 부영사관이었던 건물이 아니었나 짐작된다.

I-051

[참고도판] **증축된 이탈리아공사관의 전경**

대한제국 시절에 발행된 '한국명소(韓國名所)' 엽서 시리즈에 포함된 '이탈리아영사관'의 모습이다. 여기에는 로제티의 책에 수록된 이탈리아공사관의 외형과는 달리 왼쪽으로 창문 3칸 길이가 더 늘어난 모습을 확인할 수 있다. 1904년에 우리나라를 탐방한 호주 출신의 사진작가 조지 로스(George Rose; 1861~1942)가 남긴 사진 자료를 보면, 숭례문 일대의 전경 사진에서 이미 긴 지붕 모양의 이탈리아공사관이 배경에 포착되고 있는 것으로 보아 모나코 공사의 부임 초기에 건물 증축 공사가 이뤄진 것이 아닌가 짐작된다.

* **서울의 유일한 마차 (군쯔부르그 남작의 소유)**

배경에 보이는 건물은 이탈리아공사관이다. 여기에 나오는 군쯔부르그 남작(Baron Gabriel de Gunzburg)은 러시아인으로 주로 중국에서 활동하다가 1902년에 한국으로 건너와서 압록강 지역의 벌목을 위해 설립한 한국삼림회사(韓國森林會社, Korean Forest Company)의 대표자로 서울에 주재했던 인물이다. 『더 코리아 리뷰(The Korea Review)』 1904년 1월호에는 러일전쟁과 관련하여 "이달 10일 군쯔베르그 남작(Baron Gunzberg)은 자신의 모든 가산들을 사직골에 있는 자신의 집에서 러시아 공사관으로 옮겼다"는 내용이 남아 있다. II-206

* **서울의 이탈리아공사관**

이탈리아공사관을 남동쪽에서 바라본 모습으로, 측면 구조가 확연히 드러나고 있다. 이곳이 이탈리아영사관 및 이탈리아공사관으로 사용된 기간은 1902년 11월부터 1908년 4월까지 5년 5개월 가량이다. 이 건물은 1904년 무렵에 서쪽편으로 일부 증축이 되었으며, 『대경성사진첩(大京城寫眞帖)』(1937)에는 덕영소아과의원(德永小兒科醫院)으로 변모한 때의 모습이 수록되어 있어 그때까지 건물이 존속했음을 확인할 수 있다. 하지만 아쉽게도 이 건물이 언제 사라진 것인지는 자세히 확인되지 않는다. II-218

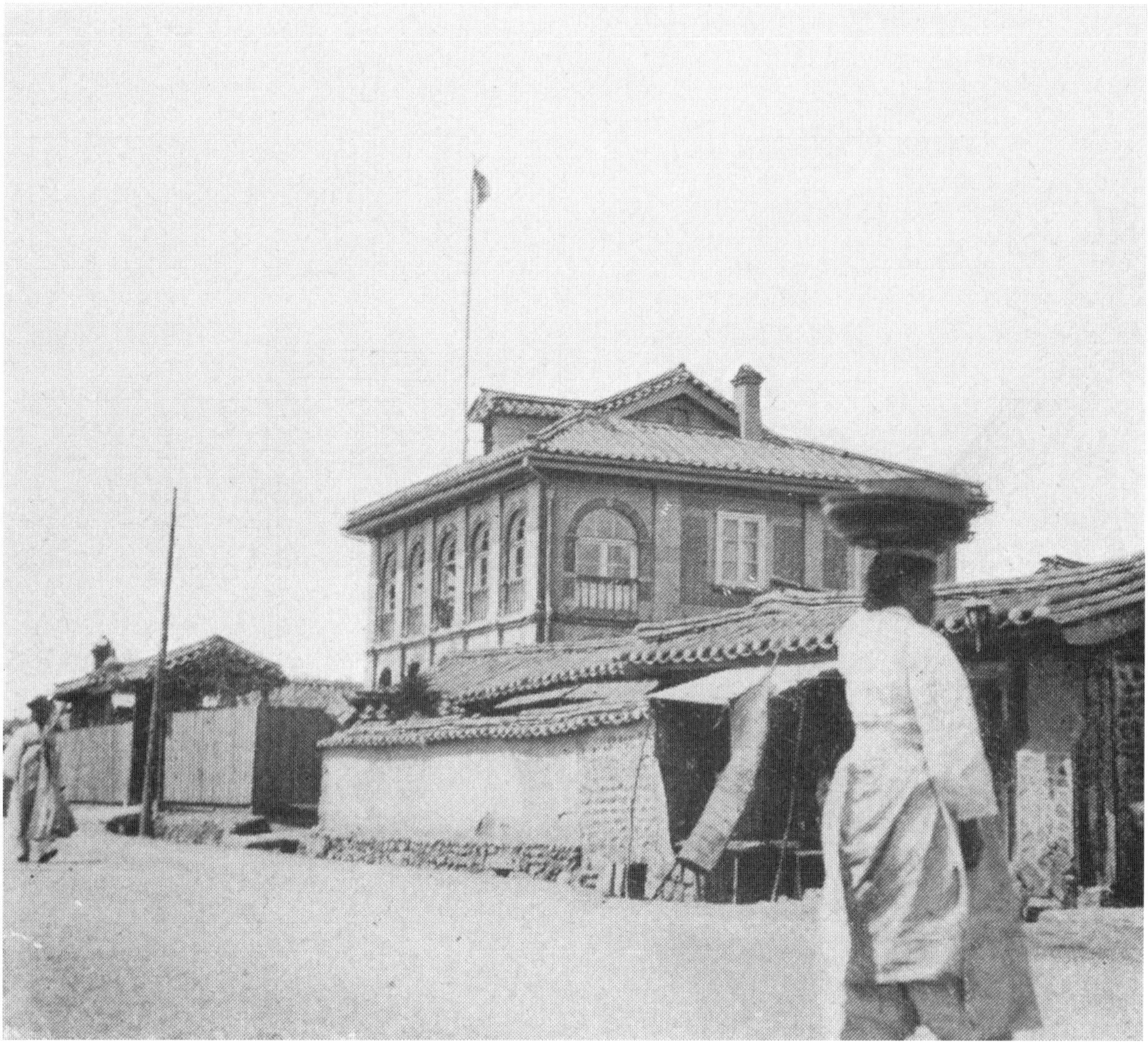

II-218

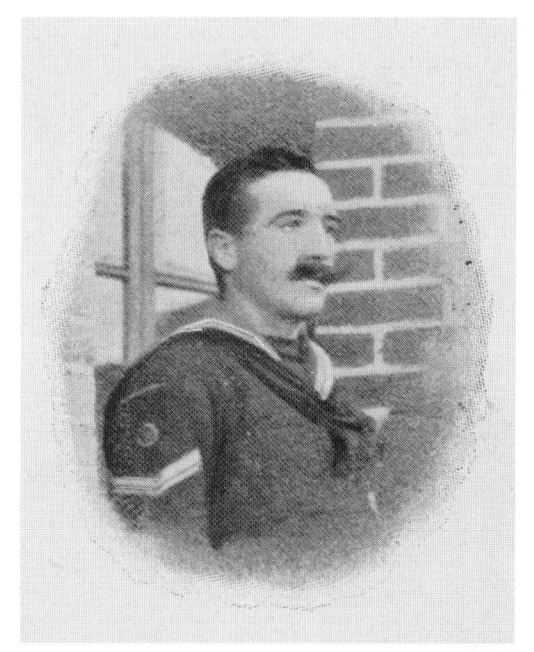

＊파로디(N. Parodi)

이탈리아해군 이등조타수이며, 로제티 영사의 비서이다. 그는 원래 풀리아(Puglia)호의 승무원이었다가 로제티가 서울에 올 때 비서 자격으로 함께 데리고 온 사람이다. I-057

I-057

* 이탈리아공사관거리

이탈리아공사관거리는 지금의 '서소문로'를 가리킨다. 이 사진은 이탈리아공사관(서소문동 41번지에 있는 대한항공 빌딩 자리) 2층에서 동쪽을 향해 촬영하였으며, 저 너머에 명동성당의 모습이 또렷하다. 명동성당의 후면과 약간 겹쳐 보이는 언덕 위의 건물은 대관정(大觀亭, 소공동 112-3번지)이다. 이 건물은 원래 호머 헐버트(Homer B. Hulbert)의 집이었으나 1898년에 궁내부에서 사들여 게스트 하우스의 용도로 사용하였으며, 러일전쟁 때부터 하세가와 요시미치(長谷川好道)가 이곳을 차지하여 '한국주차군사령관저'로 삼았던 공간이었다. 일제강점기에 소공동을 '장곡천정(長谷川町, 하세가와쵸)'이라 바꾸어 부른 것은 여기에서 유래한 일이다. 대관정은 그 후 '경성부립도서관'으로 사용되었다.

*이탈리아공사관에서 바라본 남산의 전망
남산 꼭대기와 곧장 이어지는 선상에 보이는 서양식 건물은 독일영사관(남창동 9번지, 1902년 5월 준공)이고, 좌중간 부분에 보이는 큰 지붕의 건물은 상동교회(남창동 1번지, 1901년 5월 준공)이다. 가까운 곳에 보이는 언덕 지형은 현재 삼성 본관과 삼성생명 본관 등이 들어서 있는 공간이다.

I-064

*서울 - 이탈리아공사관거리(공사관 창문을 통해 촬영한 전경)
이탈리아공사관거리는 지금의 '서소문로'를 말한다. 사진의 왼쪽으로는 경운궁의 정문인 대안문의 지붕이 살짝 보이고, 오른쪽으로는 명동성당을 지나 남산의 자락이 비스듬히 담겨져 있다. 사진의 정면으로 저 멀리 보이는 것은 원구단과 황궁우 일대이다. 〈도판 I-064〉는 이 사진의 오른쪽으로 연결되는 연속 장면이다.

I-139a

I-139a

* **외부(外部)의 정문**

외부는 육조거리의 동편에 있었으며, 광화문 쪽에서 두 번째에 해당하는 위치였다. 이곳은 현재 문화체육관광부가 자리한 지금의 세종로 82번지 일대를 말하며, 이른바 '을사조약' 직후 1906년 2월 1일부터 1907년 2월 28일까지 한국통감부청사(韓國統監府廳舍)로도 사용되었다. I-080

I-080

영사관 통역 양홍묵과 이탈리아 군함 풀리아호 견학기

　　로제티의 책에는 1902년 7월에 이탈리아 군함 풀리아호가 인천항에 들어왔을 때 이탈리아영사관 통역 양홍묵(梁弘默)의 실수로 엉뚱하게도 이 배가 벨기에 군함인 것처럼 잘못된 보도가 나가는 바람에 공연한 헛고생을 하였다는 에피소드가 언급되어 있다. 그 내용을 그대로 옮겨보면 이러하다.

　　　　이제 나의 집에서 아주 중요한 인물은 아닐지라도 분명 고상하고 확실히 권위 있는 인물인 통역 양홍묵(梁弘默)에 대해서 얘기할 차례이다. …… 나는 처음 서울에 왔을 때 이미 그를 알게 되었는데 그의 성격을 잘 표현해주는 그때의 일화 하나를 기억하고 있다.
　　　　하루는 그에게 풀리아호를 견학시켜주기 위해 함정으로 초청하였는데 견학 도중 사진 몇 장을 찍어주고 현상하면 헌사를 써넣어 보내주겠다고 말했다. 그는 이러한 친절에 매우 기분이 좋아져 진심으로 고마움을 표한 뒤 돌아갔다. 하지만 곧 다시 돌아와서는 내가 그의 직함을 모두 알지 못하는 탓에 사진에 헌사를 어떻게 적을지 모를까봐 그것을 말해주려고 왔다고 하였다. 그리고는 그의 모든 직함을 늘어놓기 시작하였다. 누구의 고문이었는지 다소 의심스럽지만 전직 개인고문, 한양신문[매일신문]의 전직 편집장, 배재학교의 전직 영어교수, 그리고 마지막으로 이탈리아영사관의 통역관 등이었는데 마지막의 직위에 대해서는 별로 대수롭지 않게 여기는 것 같았다. 나는 그의 모든 기록들을 받아 적었다가 사진을 보낼 때 그가 아끼는 옛 직함들을 정성들여 적어주었다.
　　　　미스터 양은 그에 대한 보답으로 서울의 신문에다 풀리아호에 대한 정확한 기사를 수록할 수 있도록 해보겠노라고 약속했고, 이에 따라 나는 독자들에게 우리 배가 세계에서 가장 막강한 것으로 인식되게끔 한국에서는 꼭 필요한 약간의 과장을 섞어 풀리아호에 대한 자료를 제공하였다. 그런데 아뿔싸! 그 다음 날 기사는 그대로 실렸으나, 그의 잘못인지 아니면 인쇄공의 잘못인지는 몰라도 신문에 나타난 기사에는 이탈리아라는 단어 대이국(大伊國, Tai Yi Guk)의 철자 하나가 잘못되어 우리들의 멋진 배는 독자들의 눈에 벨기에 대비국(大比國, Tai Pi Guk)의 배로 바뀌게 되었다. 내가 풀리아호의 모든 빼어난 성능, 동력, 무기, 속력 등을 자랑하는 데 들였던 정성이 모두 수포로 돌아간 것이었다. (Part I, pp.54~55)

　　하지만 로제티의 얘기는 전적으로 오해이다. 그가 말한 내용을 단서로 해당 신문을 찾아보았더니, 『황성신문』 1902년 7월 14일자에 '이함조사(伊艦調査)'라는 제목의 기사가 보인다. 그리고 여기에는 '양홍묵'의 명의로 '풀리아호'가 이탈리아의 배라는 사실이 틀림없이 정확하게 전달되었던 것으로 드러난다. 아마도 로제티는 그 이튿날에 잘못 나간 별도 기사의 오류 때문에 이러한 착각을 했던 것으로 보인다.

[참고도판]
『황성신문』 1902년 7월 14일자
풀리아호 방한 당시의 신문 보도 내용은 이 책의 뒤쪽에 덧붙여진 『황성신문』 관련 자료 정리 목록에서 일자별로 원문을 확인할 수 있다.

*이탈리아 함정 풀리아(Puglia)의 한국 관리들
의자에 앉아있는 이는 외부대신을 지낸 민종묵(閔種默; 1835~1916)이다. 로제티가 우리나라에
주재할 당시에 민종묵은 농상공부대신(農商工部大臣)의 자리에 있었다.

*위기(圍棋, 바둑)를 즐기는 미스터 양과 그 제자

여기에서 말하는 미스터 양의 제자는 로제티 자신을 가리킨다. 그는 이탈리아영사관의 통역 양홍묵을 스승으로 삼아 바둑을 배워보려는 뜻을 표시하였으나, 너무 어려워서 결국 바둑 배우기를 이내 포기하고 말았다. 로제티에게 바둑은 지겹고 전혀 이해할 수 없는 놀이였던 것이다.

*이탈리아공사관의 통역 양홍묵(Yang Hong Muk)씨

*집무실의 미스터 양(Mr. Yang)
여기에 나오는 '미스터 양'은 이탈리아영사관의 통역 양홍묵(梁弘默; 1866~?)을 말한다. 그는 외국어학교 부교관(1895~1898), 배재학당 부교사(1895~1902), 협성회 초대회장(1896), 매일신문 사장(1898), 독립협회 제의·서기(1898), 중추원의관(1898~1899), 의법회 야학교 교장(1905~1906) 등으로 활동했으며, 다시 공사관삼등참서관(1905), 의정부참서관(1906)을 거쳐 김해군수(1906년 8월)가 되었고 이후 청도군수(1907년 12월), 대구군수(1908년 9월), 경주군수(1910년 3월)를 각각 역임하였다. 일제강점기에도 계속 조선총독부 군수로 발탁되어 1919년 5월까지 경주군수로 장기간 재직하였다.

"미스터 양이 가리발디의 이름을 어떻게 알게 되었는지는 모르겠지만, 그는 처음 보는 이탈리아인들이나 우리 군함의 장교들을 만날 때마다 제일 먼저 이 위대한 민족의 영웅에 대한 온갖 찬사로써 가리발디에 대한 얘기를 꺼냈다. 물론 나를 처음 만났을 때도 가리발디에 대한 이야기를 했고, 나는 우리나라 역사를 상당히 알고 있는 이방인을 알게 된 것을 색다르다고 생각하였지만, 시간이 흐를수록 가리발디에 대한 그의 지식은 이름 이상이 아니라는 사실을 확신할 수 있었다."

(Part I, p.56)

02 각국공사관

II-208

서울의 러시아공사관

1890년에 신축된 러시아공사관(정동 15-1번지)의 원경이다. 뒤에 보이는 백악산의 위치로 보아 이 사진은 이화학당 쪽 언덕 위에서 촬영한 것으로 판단된다. 이 건물은 단층구조이지만 3층 높이의 전망탑을 갖춘 데다 옛 상림원(上林苑) 구역인 고지대에 자리한 탓에 근대시기 서울의 대표적인 랜드마크로 오랫동안 깊은 인상을 남겼다. 이곳은 특히 1896년에 벌어진 아관파천(俄館播遷)의 현장이라는 점도 주목된다. 한국전쟁 시기를 거치면서 건물의 대부분이 파괴되어 전망탑 부분만 간신히 남았으며, 현재 옛 러시아공사관 터 일대가 사적 제253호로 지정되어 있다.   II-208

Ⅱ-209

일본공사관

남산자락 '왜성대(倭城臺)'에 자리했던 일본공사관(예장동 2-1번지)의 모습이다. 이곳에 일본공사관이 터를 잡은 것은 갑신정변의 여파로 체결된 한성조약(1885년)에 따른 결과였다. 1894년경 이곳에다 2층 구조의 목조건물을 신축한 이후 부분적인 수리와 증축이 거듭되었으며, 이른바 '을사조약'에 따라 일본공사관이 폐지되면서 이곳은 '통감관저'로 바뀌었고, 다시 1910년 이후에는 '총독관저'의 용도로 줄곧 사용되었다. 사진 중앙부에 일본공사관 건물(2층 구조)을 가리고 서 있는 큰 나무는 은행나무이며, 이보다 약간 오른쪽에 보이는 큰 나무는 느티나무이다. 이 나무들은 지금도 그 자리에 그대로 남아 있으며, 모두 서울시 보호수(고유번호 : 서2-7 및 서2-6)로 지정되어 있다.

Ⅱ-209

II-214

II-221

I-212

서울의 미국공사관

정동 10번지에 자리한 미국공사관은 자주 공사관의 위치를 바꾸었던 여느 나라의 사례들과는 달리 1884년 5월에 처음 개설된 이래 줄곧 한 자리에 머물렀다. 또한 한옥 형태 그대로 공사관을 유지했으므로 종종 불편함을 호소하는 경우가 많았는데, 이에 대해 주한 미국공사를 지낸 호레이스 알렌(Horace N. Allen; 1858~1932)은 "…… 다른 나라가 세운 거대한 구조물에 비교하면 도저히 믿어지지 않을 만큼 초라한 것이었다. 그러나 이제 외교적 대표권의 행사가 종지부를 찍고, 그 멋있던 공사관 건물들 중의 하나가 공사의 철수와 더불어 매각되고 보니 우리가 새 건물을 짓지 않은 것은 잘 한 일로 간주될 만했다"고 자평한 바 있었다. II-214

서울의 영국공사관

정동 4번지에 위치했던 영국공사관의 전경이다. 사진에 보이는 건물은 1891년에 새로 지은 '제1호관'이다. 근대개화기에 우리 나라와 외교관계를 수립한 서구 열강 가운데 처음부터 지금까지 오롯이 한 장소에만 자국의 외교공관을 유지했던 나라로는 영국이 유일하다. II-221

서울의 독일공사관

남창동 9번지에 자리했던 독일공사관의 모습이다. 이곳의 위치는 당시의 지명에 따라 회동(會洞) 또는 상동(尙洞) 지역으로 표시되는 경우가 많다. 사진에 보이는 건물은 1902년에 새로 지은 것으로, 처음에는 영사관이었다가 1903년 5월 이후 공사관으로 정식 승격되었다. 원래 독일영사관은 1884년 10월 낙동(駱洞)에서 개설되었다가 1886년 11월에는 박동(磚洞)으로, 1890년 8월에는 정동(貞洞, 육영공원)으로, 1902년 5월에는 회동으로 잇달아 자리를 옮기는 과정을 거쳤다. 하지만 회동시절은 이른바 '을사조약'의 여파로 이내 막을 내리고, 1906년 초에 다시 교남동 26번지에 있던 한미전기회사 소유 건물로 자리를 옮기고 말았다. II-212

서울의 프랑스공사관

서울에 건립된 서양 각국의 외교공관들을 통틀어 가장 화려한 외관으로 주목을 받았던 프랑스공사관(정동 28번지)의 모습이다. 1896년에 신축된 이 건물은 서울 성벽의 서쪽 끝에 자리한 탓에 성 밖으로도 훤칠하게 드러났으므로, 서대문정거장을 통해 서울로 들어오는 사람들에게는 가장 먼저 눈에 띄는 서양식 건축물이기도 하였다. 이 공간은 1910년 10월까지 프랑스영사관의 용도로 사용되었으나, 그 후 서대문소학교 구내로 편입되었다가 1935년에 철거되어 사라졌다.

II-216

03 경운궁과 정동 주변

I-105

*황궁-대알현관의 전경
여기에서 말하는 '대알현관'은 경운궁(慶運宮, 덕수궁)의 법전(法殿)인 중화전(中和殿)을 가리킨다. 중층구조의 중화전은 1902년 10월에 완성되었으나 1904년 4월에 발생한 경운궁 대화재 때 불타버렸다. 중화전 앞쪽으로 보이는 서양식 구조물은 경운궁 남서 모서리에 위치한 망대(望臺)이다. 이것과 동일한 모양의 망대가 궁궐의 북동 모서리에도 설치되어 있었다.　　I-097

*황제의 어가와 궁궐의 뜰
뒤로 중화전의 측면이 보인다. 이것으로 보면, 이곳은 명성황후의 혼전이었던 경효전(景孝殿)의 앞쪽에 부속된 공간인 듯하다.　　I-100

*황제의 우산들
황제의 행차 때에 사용하던 일산(日傘, 해가리개)이다.　　I-105

I-101

I-098

**정동의 황궁 정문
경운궁의 정문인 대안문의 모습이다. 오른쪽에 보이는 이층 벽돌 건물은 원수부(元帥府)이다. 대안문 편액의 글씨는 의정부참찬 민병석(閔丙奭)이 썼는데,『독립신문』1899년 3월 3일자에 "〔정문현판〕 정동 대궐 새로 지은 정문에 대안문(大安門)이라 쓴 현판을 재작일에 달았는데 또 그 문 앞 축대역사도 시작하였다더라"는 기사가 등장하므로, 이것으로 대안문의 존속 기간을 가늠할 수 있다. 대안문은 그 후 1906년 5월에 대한문(大漢門)으로 편액을 고쳐 달았다.
I-101

**사직에 제사를 모시러 가는 황제의 장엄한 행렬
경운궁 대안문 앞쪽에서 벌어진 광경으로, 이러한 설명이 확실히 맞는지는 잘 알 수 없다.
I-098

*황궁 앞에서 벌어진 시위
경운궁 대안문 앞에 시위군중이 몰려든 장면으로 원문에는 어떠한 상황인지에 대한 별다른 설명이 없다. 다만, 로제티가 서울에 머문 때와 비슷한 시기에 서울을 탐방한 폴란드 출신 러시아작가 바츨라프 세로셰프스키(Waclaw Sieroszewski)가 펴낸『코리아(Koera)』에도 이와 흡사한 장면이 담긴 사진자료가 수록되어 있는데, 여기에는 "보부상단이 서울 황궁 앞에서 시위를 벌이는 광경"으로 소개하고 있다. 그의 설명에 따르면, 이날의 군중은 천연두(天然痘)에 걸린 영친왕(英親王; 1897~1970)이 병세에서 벗어난 것을 경축하기 위해 모여든 것이라고 전한다. 실제로『황성신문』1903년 4월 24일자에는 "한성부 내의 부상들이 태극기를 높이 들고 대안문 앞으로 나아가 비바람에 흠뻑 젖어가며 영친왕전하의 천연두 회복을 경축하는 정성을 다하였다"는 취지의 신문기사가 남아 있다.
II-093

한국의 황제폐하

1900년 이후에 서양인들의 저작물을 통해 자주 소개된 바 있는 고종황제의 모습이다. 그러나 1894년에 발행된 조지 커즌(George Curzon)의 『극동의 제문제(Problems of of the Far East)』에도 이와 매우 흡사한 형태의 사진 자료가 수록되어 있으므로, 이 사진은 최소한 1890년대 초반 이전에 촬영된 것으로 판단할 수 있다.

I-108f

황제폐하와 황태자전하
1904년 무렵에 출판된 서양인들의 저작물에 자주 등장하는 모습인데, 배경에 등장하는 공간이 어디인지는 잘 확인되지 않는다. 이것 말고도 동일한 장소에서 고종황제가 홀로 찍은 사진 자료도 따로 전해지고 있다. 1901년에 발행된 시노부 준페이(信夫淳平)의 『한반도(韓半島)』에 배경 부분만 일부 삭제된 채 동일판형이 수록되어 있으므로, 적어도 이보다 앞선 시기에 촬영된 사진이라는 것을 짐작할 수 있다.

I-108f

I-104

*궁정의 의전관과 황제폐하의 부관

이들이 서 있는 자리의 뒤쪽으로 서양식 건축물의 모습이 살짝 드러나 있으나, 이곳이 정확히 어디인지는 잘 알 수 없다.　　　　　　　　　　　　　　　　　　　　　　　　　　　　I-104

**서대문에서 바라본 동대문대로

여기에 나오는 '동대문대로'는 동대문까지 이어지는 종로의 연장선이라는 뜻으로 지금의 '새문안 길'을 가리킨다. 이 길을 가로질러 설치되어 있는 구조물은 경운궁 쪽에서 러시아 공사관 옆을 거쳐 경희궁으로 건너가는 육교(Viaduct, Rainbow Bridge, 虹橋, 雲橋)이다. 1902년 8월에 착공되어 그해 10월에 완공을 본 이 구름다리는 고종 즉위 40년을 경축하는 칭경기념식의 준비와 관련된 것으로, 황제가 이곳으로 곧장 왕래할 수 있는 전용 통로를 마련할 목적으로 건설되었다. 『경성부사(京城府史)』 제1권(1934)에서는 이 육교가 1908년경에 철거되었다고 적고 있는데, 흥미롭게도 『대한매일신보』 1908년 3월 28일자에는 "태황제폐하께서 경희궁 안 황학정에서 활을 연습하실 터인 고로 새문안 구름다리로 통한 어로를 수리하였다"는 내용도 남아 있다.　　I-157

정동의 미국교회

1895년 8월에 착공되어 1897년 10월에 준공된 정동제일교회(貞洞第一敎會, 정동 34-3번지)의 모습이다. 저 너머로 언덕 위에 보이는 건물은 영국공사관 제1호관이다. 정동제일교회는 메소디스트(Methodist)의 음역(音譯)을 따라 '미이미교회(美以美敎會)' 또는 '미미교회'라는 이름으로도 널리 통용되었다.　　　　　　　　　　　　　　　　　　　　　　　　　　　　　II-215

I-157

II-215

정동제일교회　러시아공사관　　미국공사관　　　돈덕전　영국공사관　경운궁 중화전

수옥헌　망대　　　　　　구성헌　　중화문

II-060fb

＊정동의 황궁
옛 육영공원 터이자 독일영사관(1890년~1902년)이 자리했던 서소문동 38번지 일대의 언덕 위(지금의 서울시립미술관 구내)에서 북쪽으로 정동과 경운궁 주변을 바라본 풍경이다. 중화전이 중층 구조인 것을 보더라도, 최소한 1902년 10월 이후에 촬영된 사진이라는 것을 짐작할 수 있다. 중화문 앞쪽으로는 경운궁 영역확장에 따른 궁장개축공사가 한창인데, 오늘날과 같은 구조의 덕수궁 돌담길이 만들어진 것은 이때의 일이다. 이에 앞서 1900년 3월에 대한제국 궁내부가 궁궐을 넓히기 위해 경운궁 남쪽에 있던 독일영사관 구역을 사들이는 한편 1902년 6월에는 기존의 도로까지 폐쇄하려 하자 이것이 서울의 외교가에 큰 분란을 야기한 적이 있었으며, 그 해결책으로 경운궁의 궁장 위로 옛 독일영사관으로 넘어가는 육교가 건설되기도 하였다. 1903년 가을에 만들어진 이 구름다리의 석축은 지금도 덕수궁 돌담길에 고스란히 남아 그 시절의 흔적을 간직하고 있다.

II-060fb

서울성벽　　프랑스공사관　　　　러시아공사관　　　미국공사관　　영국공사관　　경운궁 중화전

이화학당　　　　　　　정동제일교회　돈덕전　　구성헌　망대

I-140fa

* 서울-공사관구역

배재학당 앞쪽의 언덕길 위에서 정동 일대를 바라본 전경이다. 왼쪽부터 서울 성벽 위로 솟아오른 프랑스공사관을 비롯하여 이화학당, 러시아공사관, 정동제일교회, 영국공사관을 거쳐 경운궁 중화전의 모습까지 차례대로 한눈에 들어온다. 근대개화기에 정동 지역에는 각국 공사관들이 두루 포진하고 있었으므로, 이곳을 흔히 '공사관구역(Legation Quarter)' 또는 '공사관거리(Legation Street)'라고 불렀으며, 서양인들의 정착지였다는 점에서 '유럽인 지구(European Quarter)' 또는 '유럽인 거류지(European Settlement)'로 통용되기도 하였다.

I-140fa

'공사관거리'의 유래

1883년 5월 미국공사관의 개설은 그 이듬해부터 서울로 본격 진입한 선교사들의 정동지역 정착과 더불어 이곳이 하나의 거대한 서양인촌(西洋人村)으로 변모하는 직접적인 계기가 된 것은 이미 잘 알려진 사실이다. 하지만 정동지역의 특징을 단 한 가지로 지목한다면, 무엇보다도 각국 공사관의 존재를 들 수 있을 것이다.

여기에는 미국공사관(1883년)과 영국공사관(1884년)과 러시아공사관(1885년)이 그 선두에 섰고, 다른 나라들도 정동 안쪽이나 정동에서 그리 멀지 않은 장소에 자국의 외교공관을 잇달아 개설함으로써 정동 일대에는 그야말로 각국 외교의 중심지가 구축되었던 것이다. 여기에다 다른 지역에다 첫 공사관을 개설했던 프랑스공사관(1889년)과 독일영사관(1891년)의 경우에도 이내 정동 쪽으로 합류하여 이러한 추세는 더욱 가속화하였다.

이에 미국공사관과 영국총영사관이 정동의 동쪽과 서쪽에 나란히 자리하고, 그 북쪽으로는 러시아공사관과 프랑스공사관이, 다시 그 남쪽으로는 독일영사관이 두루 포진한 것이 당시의 형국이었다. 이들보다는 많이 늦었지만 벨기에영사관(1901년)도 처음에 단기간이나마 정동에 터전을 잡은 적이 있었고, 이탈리아영사관(1902년)도 한동안 정동의 아래쪽과 바로 이웃하는 서소문길에 자리한 바도 있었다.

그렇다면 서울에 체류하는 서양인들은 '정동(貞洞)'이라는 곳을 어떻게 표현하였을까?

이에 대한 용례를 살펴보면 대개 '정동(Chong Dong)'이라는 용어가 자연스레 그대로 사용된 것으로 확인되지만, 이 시기에 우리나라를 다녀간 서양인들의 저작물이나 서울을 소개하는 탐방안내서 등에는 이것보다 '공사관거리(Legation Street)'라는 용어가 더욱 흔하게 채택된 것이 눈에 띈다. 그리고 이것 말고도 '공사관구역(Legation Quarter)', '유럽인 지구(European Quarter)' 또는 '유럽인 정착지(European Settlement, 거류지)'로 표시한 자료들도 아주 흔하게 남아 있다.

그런데 『더 코리안 리포지토리(The Korean Repository)』 1895년 4월호에는 흥미롭게도 이 '공사관거리'라는 표현의 유래에 대한 설명이 남아 있다.

> 새문(New West Gate, 서대문)에서 '가구거리(Furniture Street)'로 이어지는 거리는 매우 중요한 통행로이다. 이 도시의 시장(한성부윤)이 이달 3일 이곳을 순시하고, 길을 확장할 것과 돌출한 상가를 정비할 것을 지시하였다.
>
> 이 거리에는 어떠한 이름이 부여되어야 할까? 여러 해 전에 워싱턴 애비뉴(Washington Avenue)와 빅토리안 로드(Victorian Road)라는 것이 제안된 바 있었다. 최근에 미셔너리 애비뉴(Missionary Avenue, 선교사거리)도 제시되었으나, 그 사이에 일본 상인들은 그들이 공사관거리(Legation Street)에서 개업 중이라고 광고를 하고 있다. 『더 코리안 리포지토리』로서는 별다른 선택이 없으나, 어떤 결정이 이뤄진다면 우리는 기꺼이 이것을 공표할 작정이다. (pp.155~156)

이렇게 보면 결국 '공사관거리'라는 이름을 작명한 주체는 서양인들 자신이 아니라 엉뚱하게도 일본인 상인들이 되는 셈이다. 하기야 정동이 제아무리 '서양인촌'이었다고 할지라도, 그 내막을 자세히 들여다보면 온통 서양인 천지가 아니라 거기에 가게를 열고 땅도 사고 빌딩도 짓고 한 일본인들이 무수하게 섞여 있었던 것을 확인할 수 있다. 어찌 보면 정동은 혹여 '무늬만' 서양인촌이었던 것인지도 모를 일이다.

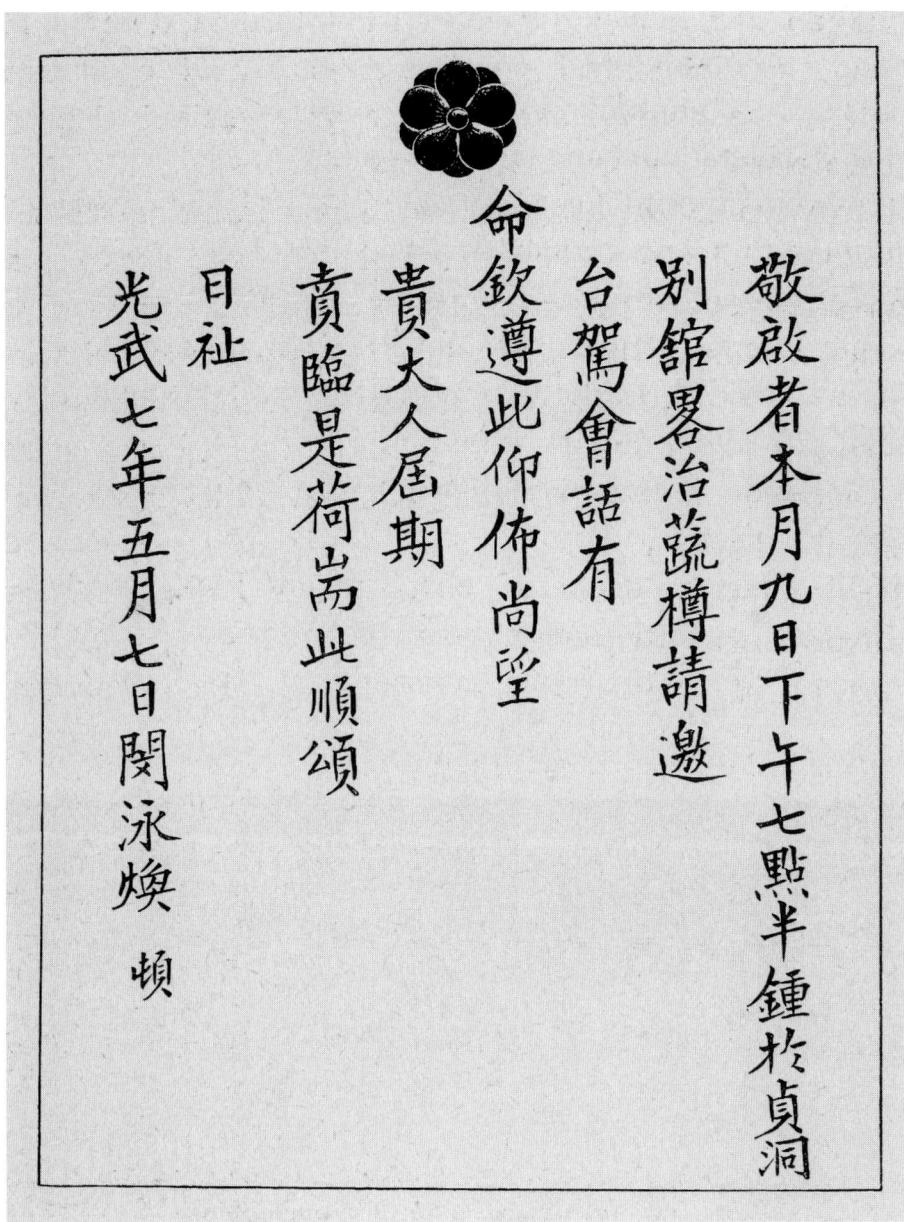

황제폐하의 연회 초대장

민영환(閔泳煥; 1861~1905)의 명의로 발송된 초대장이다. 여기에는 광무 7년(1903년) 5월 9일 하오 7시 반에 정동별관(貞洞別館)에서 벌어지는 연회에 초청하는 내용이 담겨 있다. 이 당시 민영환은 표훈원 총재(表勳院 總裁)의 신분이었다.

II-219

정거장 근처에 있는 서울의 새 호텔

서대문바깥 경교 부근에 있던 '정거장여관(Station Hotel, 충정로 1가 75-5번지 현 농협중앙회 후면)'의 모습인데, 『더 코리아 리뷰(The Koera Review)』 1901년 4월호에는 영국 사람 엠벌리(W. H. Emberley)가 막 이 호텔을 개장한 사실을 전하고 있다. 이 호텔의 이름이 '스테이션호텔'인 것은 경인철도의 종착역인 '서대문정거장'에 인접한 곳에 있었던 까닭이다. 이곳은 1904년에 그랜드호텔(Grand Hotel)로 이름이 바뀌었다가, 1905년 3월에는 팔레호텔(Hotel du Palais, 경운궁 대안문 앞)을 운영했던 프랑스 사람 마르탱(L. Martin, 馬田)이 이를 인수하여 새 주인이 되었다. 이에 따라 이 호텔의 이름은 1905년에 애스터 하우스(Astor House)로 개칭되었으며, 마르탱에 의해 이곳에 활동사진 연극장이 개설되어 영화 상영도 활발하게 이루어졌다. 그리고 이곳 애스터 하우스는 특히 대한매일신보 사장이었던 영국인 어네스트 베델(Ernest Thomas Bethell, 裵說; 1872~1909)이 마지막 숨을 거둔 곳으로도 기억되는 공간이다. II-219

04 서울지도

PIANTA DI SEÙL

MONUMENTI, PALAZZI, PORTE, ECC.

1. Kyung Pok Kung - Pal. d'Estate
2. Ciang Tuk Kung - Pal. di Levante
3. Ciang Kyung Kung
4. Ciong Myo
5. Sung Kyun Kwan - Tempio di Confucio.
6. Kyung Mo Kung
7. Sa Gik - Altare della Terra
8. Arco dell'Indipendenza
9. Kyung Tuk Kung - Pal. dei Gelsi
10. Tempio degli Antenati
11. Kyung Un Kung - Pal. Imperiale
12. Tempio del Cielo
13. Tempio dei Re Guerrieri
14. Cattedrale Cattolica
15. Legazione Germanica
16. Consolato Giapponese
17. Legazione Giapponese
18. Legazione Italiana
19. Legazione Francese
20. Legazione Americana
21. Legazione Russa
22. Legazione Inglese
23. Ton Eui Mun - Gran Porta di Ponente
24. Ciang Eui Mun - Porta di Maestro
25. Porta del Nord
26. He Wha Mun - Piccola Porta di Levante
27. Heung In Ci Mun - Gran Porta di Levante
28. Kwang Eui Mun - Porta della bocca d'acqua
29. Sung Ye Mun - Gran Porta del Sud
30. So Eui Mun - Piccola Porta di Ponente
31. Ministero degli Interni
32. Ministero degli Esteri
33. Ministero Pubblica Istruzione
34. Ministero Tesoro
35. Ministero Agric. Ind. Comm.
36. Ministero della Giustizia
37. Ministero della Guerra
38. Poste e telegrafi
39. Gran Campana
40. Pagoda di Marmo
41. Stazione ferr. Seul-Cemulpo
42. Gran Caserma
43. Laghetto
44. Laghetto
45. Monte Nam San
46. Monte Pu Han
47. Legazione Cinese
48. Consolato Belga

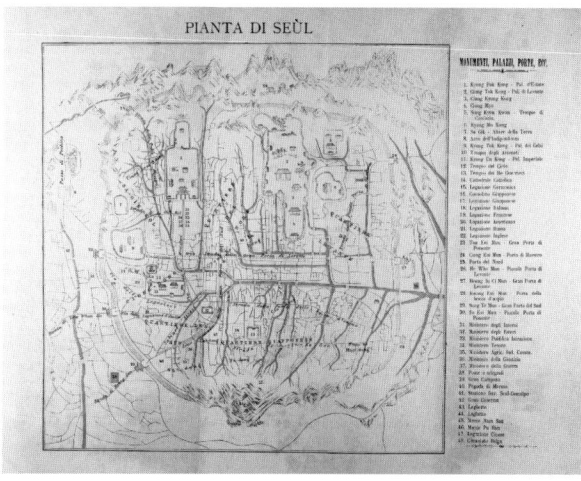

서울지도 : 기념물, 궁궐, 성문 등

1. 경복궁—여름궁궐
2. 창덕궁—동궐
3. 창경궁
4. 종묘
5. 성균관—공자묘〔문묘〕
6. 경모궁
7. 사직—땅의 제단
8. 독립문
9. 경덕궁—뽕나무궁궐〔경희궁〕
10. 선원전
11. 경운궁(황궁)
12. 원구단
13. 영희전
14. 카톨릭성당〔명동성당〕
15. 독일공사관
16. 일본영사관
17. 일본공사관
18. 이탈리아공사관
19. 프랑스공사관
20. 미국공사관
21. 러시아공사관
22. 영국공사관
23. 돈의문—서대문
24. 창의문—〔홍지문〕
25. 북한산성 대남문〔원문에는 '북문'〕
26. 혜화문—동소문
27. 홍인지문—동대문
28. 광희문—수구문
29. 숭례문—남대문
30. 소의문—서소문
31. 내부
32. 외부
33. 학부
34. 탁지부
35. 농상공부
36. 법부
37. 군부
38. 통신원
39. 종각〔보신각〕
40. 대리석탑〔원각사탑〕
41. 경인철도 정거장〔서대문정거장〕
42. 대병영〔한성부 및 징상평양진위대 영문〕
43. 남지(南池)〔원문에는 '작은 연못'〕
44. 동지(東池)〔원문에는 '작은 연못'〕
45. 남산
46. 북한산
47. 청국공사관
48. 벨기에영사관

I-078f

'가구거리' 혹은 '장롱거리'에 대하여

근대개화기에 우리나라를 찾은 서양인들의 목격담이나 저작물에 가끔 등장하는 지명으로 '가구거리(Furniture Street)'라는 것이 있다. 어떤 책에서는 이곳을 '장롱거리(Cabinet Street)'라고 표기해놓았다.

1902년 5월 24일에 벌어진 '덕수궁 남쪽도로 폐쇄소동' 때에도 이 가구거리라는 명칭이 등장한다. 이에 관해 호레이스 알렌(Horace N. Allen, 安連; 1858~1932)의 『외교사연표(A Chronological Index)』(1904)에는 "한국 정부는 궁궐의 남쪽 담장을 따라 나 있는, 공사관구역(Legation Quarter)에서 가구거리(Furniture Street)로 이어지는 도로를 폐쇄할 뜻을 공표했다. 이후 타협에 따라, 이 거리는 단지 남쪽으로 비껴나게 되었다"고 정리하고 있다.

이와는 별도로 서양인들 나름으로는 꽤나 인상적이었던 모양인지, 이곳의 거리 풍경이나 상가 구조를 설명해놓은 구절이 자주 눈에 띈다.

1886년 7월에 육영공원 교사로 초빙되어 이 땅에 처음 발을 디딘 조지 길모어 목사(Rev. George W. Gilmore, 吉毛; 1858~1933)는 1892년에 펴낸 『서울풍물지(Korea from its Capital)』를 통해 이곳에 대한 자신의 소감을 이렇게 남겼다.

> 조선에서 살고자 하는 선교사들은 가족을 위해서 장롱을 가지고 갈 필요가 없다고 말할 수 있다. 그들은 서양에서 보다 싼값으로 크고 널찍하고 장식적인 가구들을 조선에서 얻을 수 있을 것이다. …… 수도의 한 거리는 그 양쪽의 가게가 거의 모두 이러한 가구만을 팔기 때문에 외국인들은 이곳을 '가구거리'라고 부른다. 이러한 가구의 가격과 그들이 미국에서 갖는 가치를 고려해보면 미국인의 사용을 위해 공급이 달리지 않았다는 것이 의아스럽기만 하다.

그리고 이보다 좀 늦은 시기에 우리나라를 찾은 영국의 저명한 지리학자이며 여행작가인 이사벨라 버드 비숍(Isabella Bird Bishop; 1831~1904) 여사는 『한국과 그 이웃나라들(Korea and Her Neighbors)』(1897)에서 가구거리에서 겪은 강렬한 인상을 이렇게 적었다.

> 외국인들은 서랍 달린 큰 책상과 결혼 장롱의 제작에 빠져들어, 영국공사관 근처에 있는 한 거리에다 '장롱거리(Cabinet Street)'라는 이름을 부여했다. 이것들은 비록 크지는 않지만 그토록, 그리고 정말로 매력적인데, 어떤 것들은 단단한 밤나무로 만들어졌으며 어떤 것들은 단풍이나 배나무로 덧대어 붙였고, 돋을새김을 하거나 가죽 끈을 대고 황동으로 경첩을 달았으며, 게다가 놋쇠로 만든 큼직한 걸쇠에다 6인치나 되는 자물쇠로 장식하고 있다. 이것들은 철저히 조선적인 것이었음에도 유별나게 화사하다. 이른 아침을 제외하고는 물건을 사는 사람들은 그리 많지 않았으며, 쇼핑이 여가활동으로 보이지도 않았는데 이는 천한 계급의 여자들을 제외하고는 아무도 대낮에 나돌아다니지 않는 것에 부분적인 원인이 있었다.

그렇다면 이 가구거리 혹은 장롱거리는 과연 어디를 말하는 것일까?

버드 비숍의 글에 '영국 공사관 근처에 있는 한 거리'라는 단서가 들어 있긴 하지만, 이것만으로는 설명이 부족하다.

1902년 11월부터 이듬해인 1903년 5월까지 7개월가량을 이탈리아 영사의 신분으로 한국에 머물렀고 귀국 후에 『꼬레아 에 꼬레아니(Corea e Coreani)』(1904, 1905)라는 저술을 남긴 카를로 로제티(Carlo Rossetti, 魯士德; 1876~1948)는 가구거리(가구상가)의 위치를 다음과 같이 소상하게 설명하고 있다.

> 육조거리(六曹거리)와 남대문로(南大門路)의 중간지점에서 대한제국 황제의 현재 거처인 정동궁(貞洞宮)이라 불리는 궁궐을 지나 역시 남대문(南大門)으로 통하는 또 다른 서울의 주요간선도로를 만나게 된다. 이 길가에는 한국의 장롱이나 함을 파는 상점들이 위치하고 있는데 이 때문에 서울의 외국인들에게 이 길은 '캐비닛 스트리트(Cabinet Street, 장롱거리)'라는 영어 이름으로 알려져 있다. 우리나라의 도시들에서라면 최악으로 여겨질 만큼 도로 상태가 좋지 않고 크기 또한 작아서 그다지 주목할 만하지는 않지만 서울에서는 모든 열망의 정점을 나타내는 다른 두 개의 길이 캐비닛 스트리트의 정동궁 부근에서 시작되어 하나는 서대문(西大門)으로, 다른 하나는 서소문(西小門)으로 이어져 있다. 서대문으로 통하는 길은 러시아와 프랑스공사관 앞과 영국과 미국공사관 근처를 지나가는데 이 때문에 이 거리에 '공사관거리(Via delle Legazioni)'라는 이름이 붙었으며, 서소문에 이르는 길은 같은 이유로 '이탈리아공사관거리(Via della Legazione d'Italia)'라는 이름으로 알려져 있다.

로제티의 설명에 따르면, 가구거리라는 것은 청계천 모교(毛橋, 모전교)를 건너 무교동으로 가로질러 다시 경운궁 대안문 앞을 지나 남대문 쪽으로 빠져나가는 길을 가리킨다. 다시 말하면, 지금의 '무교동길'과 '태평로 2가'를 합친 길이다. 하지만 일제에 의해 태평통(太平通) 일대가 대로(大路)로 뚫린 것은 1912년 이후의 일이므로, 지금과는 사뭇 다른 도로 구조라는 점은 따로 짚어 둘 필요가 있다. 그가 남긴 '서울지도'에도 '캐비닛 스트리트(Cabinet Street)'의 위치가 잘 표시되어 있으므로 이를 참고하여도 좋을 것이다.

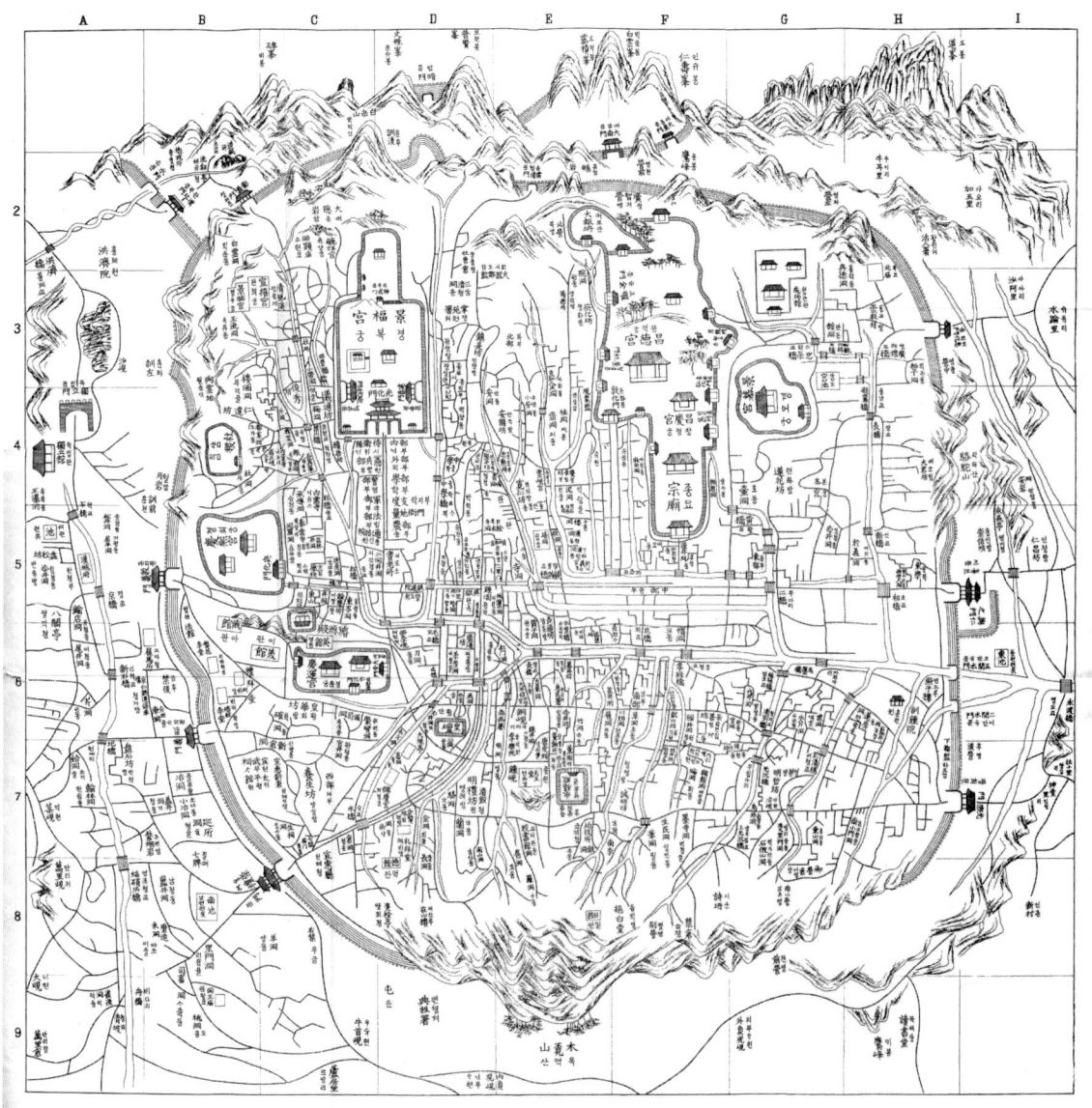

[참고도판] **게일의 서울지도 (1902년)**
『로얄 아시아틱 소사이어티 한국지회 회보(Transactions of the Korea Branch of the Royal Asiatic Society)』 제2권 제2부(1902년 12월)에 수록된 게일 목사(Rev. James S. Gale)의 "한양(서울)"이란 글에 첨부된 '서울지도'이다. 로제티의 책에 수록된 '서울지도'는 바로 이 게일의 서울지도를 그대로 밑그림으로 활용하여 재편집한 것이다.

"**외**국인들이 대화를 함께 나누고 있는 사람 또는 이야기의 대상이 되는 사람에게 보여야 하고 또 요구되는 존경의 정도에 맞게 한국어를 말하는 것은 매우 어렵다. 주로 특별한 말의 형식으로 되어 있는 이러한 한국어의 존대법은 매우 엄격하여 남을 잘못 낮추어서 부를 경우에는 상대방에게 심한 모욕을 준 것이 되어 이것을 바로 잡는 데에는 무지함을 주장하거나 성의를 표현하는 것만으로는 불충분하다. 이것이 한국에서 위험을 무릅쓰고 한국말을 하는 외국인들의 수가 손꼽을 정도로 적은 이유이다. 한국어는 매우 정확하게 말해야 하고 그렇지 않을 경우에는 외국인에게 보장되는 어떠한 이득도 주어지지 않는다. 이 때문에 베이징과 도쿄의 통역관들은 모두 유럽인들인 데 비해 서울의 영사관과 공사관의 통역관은 모두 한국인들이다." (Part I, p.129)

05 궁궐

1 경복궁
2 창덕궁

I-013

* 서울 - 하궁(夏宮, 여름궁전), 광화문

광화문 정면에서 육조거리와 해태상의 모습을 담은 전경 사진이다. 근대시기에 일반적으로 경복궁(景福宮)은 서양인들에게 '여름궁전(Summer Palace, 경회루의 이미지가 작용)'이라는 이름으로 통용되었는데, 이러한 명칭은 일찍이 퍼시벌 로웰(Percival Lowell)의 『조선, 조용한 아침의 나라(Choson : The Land of the Morning Calm)』(1885)에서 그 용례를 찾을 수 있고, 주한 미국공사를 지낸 호레이스 알렌(Horace N. Allen ; 1858~1932)의 경우에도 1885년 2월 18일자 및 2월 20일자 자신의 일기에 경복궁을 일컬어 '여름궁전'이라는 용어로 표기한 바 있다. 한편 경복궁은 때로 서양인들에 의해 신궁(新宮, New Palace) 또는 구궁(舊宮, Old Palace) 등으로도 함께 표기되었는데, 신궁은 '경복궁이 최근에 중건된 궁궐'이라는 의미에서, 그리고 구궁은 '창덕궁보다 먼저 창건된 궁궐'이라는 의미에서 붙여진 표현이었다.

I-013

** 육조거리와 북악산

이것과 동일한 판형이 동경제대 건축과 교수인 세키노 타다시(關野貞)의 『한국건축조사보고』(1904)를 비롯하여 여러 책에도 수록되어 있는 걸로 보아 그 시절 일본인 사진가에 의해 상업용으로 제작되어 대량 유통된 사진자료의 하나인 듯하다.

I-063

** 하궁(夏宮)의 대문 앞쪽에 있는 해태상

경복궁 광화문 앞쪽에 있는 해태상(서편)의 모습이다. 뒤쪽으로는 계단 부분이 흙으로 덮여 있는 광화문 월대(月臺)의 모습이 눈에 띈다. 이곳에 있던 해태상은 1923년에 개최된 '조선부업품공진회(朝鮮副業品共進會)'와 관련하여 영추문 방향으로 전차선로가 새로 부설되면서 원래의 자리에서 벗어나 경복궁 안으로 옮겨지게 된다.

I-086

I-063

I-086

I-084

I-085

I-094

**하궁(夏宮) – 안쪽에서 바라본 광화문
경복궁 광화문의 후면을 나타낸 장면으로, 문루와 석축의 세부구조를 살피는 데 도움이 되는 사진자료이다. 경복궁은 아관파천(俄館播遷) 이후 비워두다시피 했으므로 잡초가 무성히 자란 모습이 역력하다.   I-084

**하궁(夏宮)의 내부
오른쪽에 옆면이 보이는 중층 건물은 경복궁 안쪽의 근정문(勤政門)이고, 저 너머에 정면으로 곧장 보이는 대문은 궐내각사가 있던 구역으로 통하는 유화문(維和門)이다. 세키노 타다시(關野貞)의 『한국건축조사보고』(1904)에도 이것과 동일한 판형의 사진자료가 수록되어 있다.   I-085

**하궁(夏宮) 안의 어느 다리
이 다리는 경복궁 홍례문 안쪽의 영제교(永濟橋)이고, 정면에 보이는 대문은 근정문(勤政門)이다. 다리 옆쪽으로 금천(禁川)을 지키듯이 내려다보는 돌짐승은 천록(天祿)이다. 이 다리는 1916년 조선총독부청사 신축공사 때에 해체되어 경복궁 내의 다른 장소로 여러 차례 옮겨지는 수난을 겪었으나, 지난 2001년에 경복궁복원계획에 따라 원래 자리에 복구되었다.   I-094

I-091

**겨울철의 연지(蓮池)
경복궁 경회루의 연못이지만 정작 경회루의 모습은 담겨 있지 않다. 왼쪽에는 근정전과 수정전의 모습이 보이고, 오른쪽에는 궐내각사의 모습이 드러나 있다. 저 멀리로 보이는 것은 남산의 윤곽이다.
I-091

**연지(蓮池) 곁의 여름 누각
여기에서 말하는 '여름 누각'은 경복궁 경회루(慶會樓)를 가리킨다. 연못을 둘러싼 담장 너머로 지붕이 살짝 보이는 건물은 강녕전(康寧殿)이다.
I-092

**하궁(夏宮)의 누각
경복궁 경회루의 후측면 모습이다. 오른쪽으로 근정전의 지붕도 살짝 보인다.
I-093

I-092

I-093

II-059

II-061

68

**경복궁 교태전 건순각
원문에는 '민왕후(la regina Min)가 시해된 전각'이라는 설명이 달려 있으나, 이는 잘못이다. 아마도 교태전(交泰殿)이 왕비의 침전이고, 건순각(健順閣)이 교태전에 연결된 부속공간이라는 점 때문에 이러한 오해를 불러온 듯하다. 왼쪽으로 보이는 것은 아미산(峨嵋山)의 굴뚝이다. 세키노 타다시(關野貞)의 『한국건축조사보고』(1904)에도 이것과 동일한 판형의 사진자료가 수록되어 있다. II-059

**경복궁 교태전 내부
여기에도 원문에는 '민왕후(la regina Min)가 시해된 방'이라는 설명이 달려 있으나, 이것 역시 잘못이다. 이곳은 왕비의 침전인 교태전 내부이며, 이 때문에 그러한 오해를 불러온 듯하다. 명성황후가 시해된 장소는 경복궁의 안쪽에 있던 건청궁 옥호루(乾淸宮 玉壺樓)이다. 세키노 타다시(關野貞)의 『한국건축조사보고』(1904)에도 이것과 동일한 판형의 사진자료가 수록되어 있다. II-061

**여름철의 연지(蓮池)
경복궁의 건청궁(乾淸宮) 바로 앞쪽에 있던 연못으로, 구름다리로 연결된 섬 가운데에 보이는 정자는 향원정(香遠亭)이다. 정확한 유래는 알 수 없으나, 이곳을 취향정(醉香亭)으로 표시한 경우도 자주 발견된다. I-090

I-081

** 대종(大鐘)

이것은 광화문 문루에 매달린 흥천사종(興天寺鐘)의 모습이다. 세키노 타다시(關野貞)의 『한국건축조사보고』(1904)에도 이것과 비슷한 종류의 사진자료가 소개되고 있다. 흥천사종은 원래 조선 세조 때에 주조되었으나 중종 때에 절이 폐사되자 동대문 쪽으로 옮겨져 방치되어 있다가 고종 때에 이르러 경복궁 중건과 더불어 광화문 문루로 옮겨지는 과정을 거쳤다. 하지만 1910년 9월에 마키노 츠도무(牧野務)라는 일본인 골동상이 이를 떼어 이왕가박물관에 팔아먹으면서 창경궁 명정전 후면으로 다시 옮겨졌고, 1938년 6월에는 덕수궁 안에 이왕가미술관이 신축되면서 재차 그곳으로 옮겨짐에 따라 지금껏 이 종은 덕수궁 광명문 안에 진열 전시되고 있는 상태이다.

I-081

**황궁의 누각
창덕궁 낙선재 뒤편에 있는 평원루(平遠樓)의 전경인데, 뒤쪽으로 돌기둥 사이에 만월문(滿月門)의 모습도 살짝 보인다. 이곳을 다르게는 상량정(上凉亭)이라고도 부른다. 일본인들이 제작 배포한 사진첩 등에는 이곳을 '관월대(觀月臺)'라고 표기한 경우도 자주 눈에 띈다.

I-095

I-087

I-089

I-088

**창덕궁 인정전의 전경
원문에는 '하궁(夏宮)의 대알현관'이라고 적고 있으나 이는 잘못된 설명이다. 이곳은 경복궁 근정전이 아니라 창덕궁 인정전이기 때문이다.   I-087

**창덕궁 인정전 천정의 봉황 장식
원문에는 '하궁(夏宮) 대알현관의 천정'이라고 적고 있으나 이는 잘못된 설명이다. 경복궁 근정전의 천정에는 칠조룡(七爪龍) 조각이 장식되어 있다.   I-089

**황제의 옥좌
창덕궁 인정전의 용상이다.   I-088

I-017

**옛 궁궐의 후원
창덕궁 후원(昌德宮 後苑)에 있는 옥류천(玉流川) 일대의 모습이다. 청의정(淸漪亭), 소요정(逍遙亭), 취한정(翠寒亭), 농산정(籠山亭)이 차례대로 서 있고, 그 뒤로 궁장이 둘러쳐진 모습이 눈에 띈다. 특이하게도 태극정(太極亭)이 서 있던 자리는 빈터로 남아 있다. 로제티의 책에 등장하는 궁궐 관련 사진 도판들은 그가 직접 촬영한 것이 아니고 일본인 사진관에서 판매용으로 제작한 도판들을 구입하여 사용한 것이 대부분인데, 이러한 탓에 이 사진 역시 다른 사람의 저작물에도 자주 등장하는 종류의 것이다. I-017

동쪽 궁궐의 징광루(Il padiglione Cing-Ciong)
앞쪽으로 측면이 보이는 중층 건물은 창덕궁 대조전의 뒤편에 있던 징광루이다. 푸른 기와를 얹은 이 건물의 아래층에는 경훈각(景薰閣), 위층에는 징광루(澄光樓)라는 이름이 각각 붙어 있다. 왼쪽에 후면만 살짝 보이는 건물은 '솟을지붕' 모양의 대조전(大造殿)이다. 경훈각과 징광루는 1917년 창덕궁 대화재 때 불타버리고, 이를 복구하는 과정에서 경복궁에 있던 만경전(萬慶殿)을 그대로 옮겨와 지었으므로 지금은 단층 구조가 되어버렸다. 그리고 이 사진의 아래쪽에 풍기대(風旗臺)의 받침돌인 듯한 모양의 석조물 하나가 눈에 띄지만, 이것의 정확한 용도는 잘 알 수 없다. II-057

동쪽 궁궐의 정원 한 모퉁이
사진에 보이는 돌다리는 창덕궁 금천교(錦川橋)이며, 그 너머로 보이는 것은 돈화문(敦化門)의 안쪽 모습이다. 언더우드 부인(Lillias H. Underwood)의 『상투쟁이들과의 15년(Fifteen Years among The Top-Knots)』(1904)과 호머 헐버트(Homer B. Hulbert; 1863~1949)의 『대한제국의 쇠망(The Passing of Korea)』(1906)에도 동일한 도판이 수록되어 있다. II-062

II-057

II-062

동쪽 궁궐의 정자

동쪽 궁궐은 동궐(東闕) 즉 창덕궁(昌德宮)을 말한다. 창덕궁(창경궁 포함)은 서양인들에게 때에 따라 신궁(新宮, New Palace) 또는 구궁(舊宮, Old Palace) 등으로 알려졌는데, 로제티의 경우 창덕궁을 '구궁(경복궁을 새로 중건하기 이전부터 사용하던 궁궐이라는 뜻)'으로 표기하고 있다. 이와 관련하여 로제티는 "도시 북쪽에 신궁과 구궁으로 부르는 오래된 두 개의 궁이 있는데, 이름과는 반대로 이른바 구궁이 신궁보다 약 1세기 뒤에 건축되었다"고 흥미롭게 설명하였다. 사진에 보이는 것은 창덕궁 후원에 있는 존덕정(尊德亭) 일대의 풍경이다. 존덕정은 육모지붕의 건물이며, 이곳에 '만천명월주인옹자서(萬川明月主人翁自序)'라고 쓴 정조의 글씨가 걸려 있다. 왼쪽에 보이는 부채꼴 모양의 지붕을 가진 정자는 관람정(觀纜亭)이고, 오른쪽에 있는 언덕 위의 건물은 승재정(勝在亭)이다. 승재정의 창건시기에 대해서는 약간의 논란이 있으나, 1892년에 발행된 조지 길모어(George Gilmore: 1858~1933)의 『서울풍물지(Korea from its Capital)』에 수록된 사진 자료에 승재정의 모습이 등장하는 걸로 보아, 이 정자가 제법 이른 시기부터 있어왔던 것임을 파악할 수 있다.

II-058

동쪽 궁궐의 반월지

창덕궁 후원에 있는 존덕정(尊德亭, 왼쪽)과 관람정(觀纜亭, 오른쪽) 일대의 풍경이다. 관람정을 끼고 있는 연못 둘레의 석축은 새로 다듬은 듯이 가지런한 모양이 인상적이다. 흔히 이 연못을 일컬어 '반도지(半島池)'라는 구전 명칭으로 부르는 경향이 없지 않으나, 이 이름에 대한 확실한 근거자료는 발견되지 않는다. 이러한 점에서 로제티가 이 연못의 명칭에 대해 '반월지(Il lago Panuol, 半月池)'라고 채록한 부분은 주목된다. 이와는 별도로 관람정의 창건시기에 대해서도 다소간 논란이 있는 상태인데, 미국인 사진여행가 엘리아스 버튼 홈즈(Elias Burton Holmes; 1870~1958)가 남긴 『버튼 홈즈의 여행 강의(The Burton Holmes Lectures)』(1901)에 관람정의 모습을 담은 사진 자료가 수록되어 있는 걸로 보아 생각보다 이른 시기에 이 정자가 존재했던 사실을 엿볼 수 있다. 한편, '관람정' 명칭의 초기 용례는 『만세보』 1907년 6월 12일자 및 6월 14일자 등에서 확인된다.

II-058

[참고도판] **창덕궁 후원의 승재정 주변**
조지 길모어(George Gilmore)의 『서울풍물지(Korea from its Capital)』(1892)에 수록된 창덕궁 후원의 승재정(勝在亭) 모습이다. 오른쪽 끝으로 담장 너머에 지붕만 살짝 보이는 건물은 연경당(演慶堂) 구역의 농수정(濃繡亭)이다. 이 당시에는 반월지의 형태가 제대로 갖춰지지는 않았던 것으로 보이지만, 승재정 바로 아래에는 건너편으로 곧장 넘어가는 무지개다리가 놓여 있었던 사실이 눈에 띈다. 이 사진은 창덕궁 후원 일대의 변형과정에 대한 시기 판정의 잣대가 된다는 점에서 사료 가치가 높다고 하겠다.

[참고도판] **창덕궁 후원의 반월지 일대**
영국인 저널리스트 앵거스 해밀턴(Angus Hamilton)의 『코리아(Korea)』(1904)에 수록된 창덕궁 후원 일대의 모습이다. 연못을 가로지르는 무지개다리가 허물어진 상태이긴 하지만, 연못은 비교적 최근에 수축된 모양인지 가장자리의 석축이 그럭저럭 가지런한 형태를 띠고 있다. 1902년과 1903년에 걸쳐 이 일대는 칭경예식(稱慶禮式)의 원유회(苑遊會) 장소로 선정되어 이를 위해 대대적인 수리 공사가 벌어진 적이 있는데, 정작 사진 속의 풍경은 다소 어수선한 느낌을 주고 있다. 따라서 이 사진은 후원 지역이 재정비되기 직전 무렵에 촬영된 것인 듯하다. 실제로 『폴 몰 가제트(Pall Mall Gazette)』의 특별통신원 신분으로 해밀턴이 우리나라에 찾아온 것은 1901년 6월 무렵이었다는 기록이 남아 있다.

[참고도판] **창덕궁 후원의 관람정**
미국인 사진여행가 엘리아스 버튼 홈즈(Elias Burton Holmes)가 남긴 『버튼 홈즈의 여행 강의(The Burton Holmes Lectures)』(1901)에 수록된 관람정(觀纜亭)의 모습이다. 연못 중간을 가로지르는 무지개다리는 허물어져 있고, 주변은 잡초가 웃자라 석축의 모습이 제대로 보이질 않는다. 여하튼 이 사진을 통해 관람정은 최소한 1901년 이전부터 존재했다는 사실이 입증된다.

II-056

창덕궁 후원의 어수문(魚水門)
원문에는 '여름 궁궐에 있는 사슴공원의 문'이라는 잘못된 설명이 달려 있는데, 로제티는 아마도 이곳을 경복궁의 건청궁 옆에 있는 녹산(鹿山)이라고 오해하였던 듯하다. 하지만 이곳은 창덕궁 후원의 주합루(宙合樓)로 오르는 통로인 '어수문'이다.

II-056

"**황**제는 습관적으로 밤에 직무를 보며, 따라서 그가 주재하는 회의는 거의 대부분 밤시간에 열렸다. 황궁 주위는 실제로 해가 진 뒤에 활기를 띠기 시작하며 조그만 정동궁에는 밤새 나라 일을 보기 위해 궁에 모인 고관들의 퇴청을 기다리는 하인들과 가마꾼들, 기마병들과 호위병들의 시끄러운 소리가 울려 퍼진다. 모든 나라 일에 그는 항상 커다란 관심을 나타내고 백성들의 안녕을 위해 자상함을 보이지만 불행하게도 그에게는 어떠한 힘도 없기 때문에 신하들은 그의 선함을 이용하여 그가 행복하게 하고자 하는 백성들에게 해를 끼치곤 하였다. 그는 항상 외국인들에게 개방적이어서 외교관들뿐 아니라 보통의 유럽인거주자들 그리고 수도를 방문한 여행객들에게도 그의 알현을 허락하였다. 여행객들은 소수를 제외하고는 모두 자기나라에 돌아가 그들이 본 황제와 그의 궁정에 대한 우스갯소리를 과장되고 장황하게 늘어놓기 일쑤다." (Part I, p.102)

06 서울도성과 성문

I-059

I-062

*남대문
전차가 지나다니고 있는 숭례문(崇禮門)의 모습이다. 도성 안쪽에서 숭례문의 홍예를 빠져나가면 곧장 전차 분기선을 만나는데, 각각 용산 방향과 서대문 방향으로 이어지는 전찻길이었다. 종로에서 남대문을 거쳐 용산으로 내려가는 전찻길은 1899년 12월 20일에 개통식이 거행되었으며, 남대문에서 갈라져 봉래동과 의주로를 거쳐 서대문으로 올라가던 전찻길은 1900년 7월 3일에 개통되었다. 봉래동 노선은 수지가 맞지 않아 2, 3년이 지난 후에 이내 폐선이 되었다고 알려진다.

I-059

**동대문
'홍인지문(興仁之門)' 편액이 또렷이 보이는 동대문 외부의 전경이다. 전차선로가 휘어져 옹성(甕城)을 거쳐 동대문 홍예로 연결되는 모습이 눈에 들어온다. 성벽 안쪽으로 굴뚝에 연기가 피어오르는 공간은 '전차차고(기계창)' 겸 '동대문발전소'이다. 동대문 홍예를 통과하던 전차선로는 동대문과 이어진 북쪽 성벽이 철거되고 신설도로가 뚫리면서 1911년 6월 14일부터 이곳으로 이설되어 운행되었다.

I-062

서울, 남대문 밖
저 멀리 성벽 가운데 우뚝 솟아 보이는 성문은 숭례문(崇禮門)이다. 농부가 밭을 갈고 있는 자리는 지금의 서울역 언저리인 듯하다.

II-027

II-030

II-161

II-173

서울-수구문
흔히 '시구문'으로도 부르는 광희문(光熙門)의 모습이다. 광희문의 속칭인 '수구문(水口門)'은 『태조실록』에도 등장하지만, 주변에 물길도 없는 이곳에 왜 이런 이름이 처음 붙은 것인지는 설명이 분명하지 않다. 문루의 지붕 오른쪽으로 약간 비껴나 있는 봉우리는 낙산(駱山) 자락이다. 그리고 오른쪽으로 이어진 성벽 바로 안쪽에는 한때 별기군(別技軍)의 병영으로 사용되었던 하도감(下都監)이 있었는데, 이곳은 청나라 제독 오장경(吳長慶; 1833~1884)의 사당인 '정무사(靖武祠, 오무장공사)'가 자리했던 공간이기도 하다.   II-030

청계천 오간수문
원문에는 '동대문 밖의 다리'라고 표시하고 있으나, 이것은 정확한 설명이 아니다. 이곳은 동대문과 광희문 사이의 서울성벽과 그 안쪽에서 흘러내리는 개천(開川, 청계천) 본류가 교차하는 자리에 만들어진 오간수문(五間水門)이다. 이곳보다 약간 남쪽에는 훈련원(訓練院) 지역을 거쳐 청계천 지류가 빠져나가던 이간수문(二間水門)도 있었다. 청계천 오간수문은 1907년에 이르러 "이곳이 너무 협착하여 배수가 원활하지 못하다"는 이유로 성벽처리위원회(城壁處理委員會)의 결정에 따라 헐려 사라지고, 이듬해에 그 자리에는 새로 오간수교(五間水橋)가 만들어졌다.   II-161

낙산 위의 서울성벽
원문에는 '남산 위의 서울성벽'이라고 표기되어 있으나, 사진에 보이는 곳은 낙산(駱山) 위의 성벽 모습이다. 왼쪽 중간쯤에 희미하게 지붕이 보이는 건물은 동대문이다. 그리고 건너편에 길게 보이는 산자락이 바로 남산이다.   II-173

I-138

I-058

II-033

＊서울-서소문

전면도로가 말끔하게 정비된 소의문(昭義門)의 전경이다. 서소문 일대는 정동 지역과 더불어 서양인들의 주요 거류지인 탓에 이들에 의해 일찍이 도로확장 및 개수문제가 자주 제기된 지역이기도 했다.　　　　　　　　　　　　　　　　　　　　　　　　　　　　　　　　　　　I-138

＊서대문

전찻길이 놓여 있는 돈의문(敦義門, 새문)의 모습이다. 나중에 돈의문 일대는 1915년 도로확장 공사와 더불어 철거되었고, 이때 언덕을 이루고 있던 지반도 4미터가량이나 깎여 나갔다.　I-058

＊＊서울성벽

돈의문(敦義門, 새문)과 이어진 서울성벽의 모습을 담아낸 것으로, 사진에는 보이지 않지만 바로 왼쪽에는 돈의문의 문루가 자리하고 있다. 저 너머에 보이는 산봉우리는 남산이며, 오른쪽의 성벽 위에 보이는 서양식 건축물은 프랑스공사관이다. 그 옆으로 성벽 아래쪽에 보이는 건물은 옛 고마청(雇馬廳) 자리로 한성우체지사(漢城郵遞支司)로 사용되던 곳이다. 세키노 타다시(關野貞) 의 『한국건축조사보고』(1904)에도 이것과 동일한 판형의 사진자료가 수록되어 있다.　II-033

[참고도판] **돈의문과 서울성벽**
에밀 부르다레(Emile Bourdaret)의 『한국에서(En Coree)』(1904)에 수록된 이 한 장의 사진은 돈의문과 연결된 서울 성벽을 비롯하여 그 안쪽으로 정동 일대의 전경을 일목요연하게 보여준다. 여기에 보이는 주요 건물을 간추려 보면, 사진의 왼편부터 러시아공사관, 돈의문, 경운궁 중화전, 벨기에영사관, 정동제일교회, 이화학당, 손탁호텔, 프랑스공사관 등의 지붕선이 차례대로 흩어져 있다.

07 서울전경(남산)

숭례문 | 선혜청 별창(굴뚝) | 정동교회 프랑스공사관 | 러시아공사관 | 영국공사관 | 원구단(황궁우) | 경복궁 광화문
배재학당 | 중화전 | 경운궁 망대

독일공사관 | 상동교회 | 일본영사관 | 경성우편국 청국공사관 | 석고단

I-060+I-061

**서울전경
로제티의 책에는 〈도판 I-060〉과 〈도판 I-061〉의 별개 사진으로 수록되어 있으나, 이 둘은 원래 연속 사진이므로 이곳에서는 다시 한 장의 사진으로 묶어보았다. 원문에는 각각 '남동구역'과 '서울전경'이라는 설명문이 붙어 있다.

I-060+I-061

I-156fa

＊남산 기슭에서 내려다본 서울전경
왜성대공원(倭城臺公園)이 자리한 고지대에서 명동성당 쪽을 내려다본 풍경이다. 정면에는 평탄하게 정리된 언덕 지형이 보이는데, 이곳은 나중에 한국통감부청사(1910년 이후 '조선총독부청사'로 바뀌었다가 1927년에 '은사기념과학관'으로 전환하는 건물)가 들어서는 공간이다. 사진의 정면으로 보이는 것은 명동성당의 후면이고, 그 아래로 지붕이 낮게 보이는 건물은 일본인 사찰 동본원사(東本願寺)이다. 오른쪽 중간에 보이는 이층 건물은 육군관사(陸軍官舍)이고, 맨 오른쪽으로는 나무숲에 가려진 일본공사관(日本公使館, 예장동 2-1번지)의 모습이 살짝 드러나고 있다.

I-156fa

남산 기슭에서 내려다본 서울전경

앞의 사진과 같은 방향이나 훨씬 앞쪽으로 나와서 왜성대(倭城臺) 언덕 위에서 명동성당 쪽을 내려다본 풍경이다. 사진의 왼쪽 끝에 보이는 건물은 일본인 사찰 동본원사(東本願寺)이고, 오른쪽 끝에 보이는 건물은 육군관사(陸軍官舍)이다. 사진의 정중앙에 보이는 것은 명동성당(오른쪽)과 주교관(왼쪽)이고, 그 옆쪽으로 보이는 3층 높이의 건물은 1900년 9월에 완공된 '샬트르 성 바오로 수도회'의 수녀원(修女院)이다.

I-156fb

II-015

II-019

서울-상동(尙洞) 구역
남산 기슭에서 인왕산 쪽으로 바라본 서울전경이다. 오른쪽 중간에 보이는 서양식 건축물은 1902년 5월에 준공된 독일공사관(獨逸公使館, 남창동 9번지)이다. 사진에는 보이지 않지만 바로 오른쪽에는 상동교회(尙洞敎會, 남창동 1번지)가 자리하고 있다. 독일공사관의 지붕 너머로 보이는 중층 구조는 경운궁 중화전이다. 그리고 사진의 왼쪽 끝에 살짝 보이는 것은 숭례문의 문루이다.

II-015

서울-진고개 일본인 거류지
진고개(泥峴)는 현재의 충무로 2가 일대를 말한다. 일본인 거류지의 핵심을 이루는 이 지역을 일본인들은 혼마치(本町)라고 불렀다. 사진의 오른쪽 끝부분에는 진고개 앞쪽에 있던 명동성당의 모습이 살짝 보인다. 『경성부사(京城府史)』제2권(1936)의 설명에 따르면, 명동성당 아래쪽에 보이는 둥근 모양의 공터는 "각종 흥행이 벌어지던 공간으로 나중에 경성호텔이 들어섰던 곳"인데, 지금은 한국전력공사 중부지점(남산동 3가 11번지)이 그 자리를 차지하고 있다.

II-019

남산에서 본 서울전경
이곳 역시 일본인 거류지의 중심지였던 진고개 일대의 모습이다. 사진에는 드러나 있지 않으나 바로 오른쪽에는 명동성당이 자리하고 있다. 언덕 아래에 국기게양대가 서 있는 건물은 일본인소학교(日本人小學校, 남산동 2가 2번지)로 지금의 남산초등학교 자리이다. 저 멀리로는 인왕산 방향으로 희미하나마 원구단과 황궁우의 모습도 눈에 띈다.

II-026

I-068

I-121

Ⅱ-207

**서울의 한 구역
일본인 거류지를 이루고 있던 남산 기슭의 전경이다. 사진의 왼쪽에 보이는 건물은 1900년 10월에 준공된 일본인 사찰 동본원사(東本願寺, 남산동 3가 34번지)의 고리(庫裡) 겸 가본당(假本堂)이다. 1906년 11월에는 이곳의 바로 앞쪽으로 전형적인 일본식 사찰구조를 갖춘 본당(本堂) 건물이 새로 들어서게 된다. 동본원사와 마주한 오른쪽의 언덕은 임진왜란 이후 왜성대(倭城臺)라고 불렸던 곳으로 1907년 2월 이후 한국통감부(韓國統監府, 예장동 8번지)의 청사가 들어서게 되는 공간이다.

Ⅰ-068

**한국인 군중
남산 왜성대에서 명동성당 쪽으로 담아낸 전망이다. 이곳에 한복차림의 사람들이 왜 모여든 것인지에 대해서는 자세한 설명이 없어 잘 알 수 없다. 왼쪽으로는 명동성당의 후면이 곧장 눈에 들어오고, 일본인 사찰 동본원사(東本願寺)의 모습도 살짝 보인다. 오른쪽으로 이어지는 언덕은 1907년 2월 이후 통감부청사였다가 일제강점기에는 조선총독부청사로 전환되는 건물이 들어서는 공간이다.

Ⅰ-121

**서울 남부 구역과 카톨릭성당
남산 기슭에서 진고개와 명동성당 일대의 전경을 담아낸 모습이다. 명동성당은 왼쪽에 보이는 '주교관'이 1890년에 먼저 건립되었고, 본당 건물은 1892년에 착공하여 1898년에 완공을 보았다. 오른쪽으로 나무에 가려 건물 일부가 보이는 곳은 '샬트르 성바오로 수도회'의 수녀원(修女院)이다.

Ⅱ-207

"나는 서울 도착 직후에 쓴 한 편지에서 이렇게 적은 바 있다. '이들 거리를 거닐면서, 젊은 시절 보통 신비롭고 환상적인 빛과 색깔, 화려함과 장엄함으로 다가올 것으로 공상하던 동양의 도시 한가운데에 있다는 그 같은 생각은 결코 다시 떠올릴 수가 없다. 오늘날 쇠퇴와 방치상태에 있는 베이징에서도 남아 있는 웅장함을 이곳에서는 단 한 줌도 찾을 수 없다. 또한 일본의 보잘것없는 촌락에서도 볼 수 있었던 놀랄 만큼 무수한 예술품을 서울에서는 흔적조차 찾을 수 없다. 중국과 일본이 한국에서 벌인 세속적인 전투들은 단지 한국인들에게 부여되어 있던 천부적인 예술적 재능과 자질을 앗아가기 위한 목적에서 벌어진 것이 아니었나 말할 정도인데, 이리하여 이 도시는 너저분하고 매력이 결여된 곳으로 남아 있다.' 하지만 상당히 오랫동안 이곳에 머문 지금에도, 이러한 첫인상에서 벗어나 다른 판단을 내려야 할 적절한 이유를 아직 찾지 못하고 있다." (Part I, pp.58~59)

08 서울의 대로
1 종로
2 남대문로

I-066

*동대문대로

여기에서 '동대문대로'라고 하는 것은 '종로'를 가리킨다. 이것은 종로 2가에 있던 '한성전기회사' 사옥 위에서 동대문 방향으로 종로 일대의 전경을 담아낸 사진이다. 동대문까지 이어지던 전차선로가 도로의 북편으로 가지런히 정리된 모습이 인상적이다. 사진의 아래쪽에 전차선로가 갈라져 있는 것은 전차의 교차운행을 위한 대피선로인 듯하다.

I-066

[참고도판] **한성전기회사 옥상 위에서 바라본 종로 일대의 전망**
미국인 사진여행가 엘리아스 버튼 홈즈(Elias Burton Holmes)가 남긴 『버튼 홈즈의 여행 강의(The Burton Holmes Lectures)』(1901)에 수록된 것으로 한성전기회사의 옥상 위에서 서쪽으로 종로 일대의 전망을 담아낸 사진자료이다. 여기에는 종각 부근과 그 앞으로 나 있는 전차선로 분기점, 그리고 차표매하소(車票賣下所) 등의 상황이 비교적 자세히 드러나 있다.

[참고도판] **공사 중인 한성전기회사 사옥**
이것 역시 미국인 사진여행가 엘리아스 버튼 홈즈(Elias Burton Holmes)가 남긴 『버튼 홈즈의 여행 강의(The Burton Holmes Lectures)』(1901)에 수록된 사진자료이다. 우연찮게도 한성전기회사의 사옥이 한창 건립되던 때의 광경이 그의 카메라에 포착되었다.

*동대문대로

앞에서 살펴본 〈도판 I-066〉과 마찬가지로 종로 2가에 있던 '한성전기회사' 사옥 위에서 동대문 방향으로 종로 일대의 전경을 담아낸 사진이다. 종로의 북쪽으로는 탑골공원과 종묘 부근의 모습이 보이고, 종로의 남쪽으로는 명동성당과 남산자락의 모습이 눈에 띈다.　　I-060fa

*종로의 대로

종로와 남대문로의 분기점이 되는 보신각(普信閣) 부근의 모습이다. 사진의 중간쯤에 야트막한 건물 지붕 너머로 백악산(白岳山)의 꼭대기 부분이 희미하게 보인다. 남북 방향으로 놓여 있는 전차선로는 종각 옆을 지나면 오른쪽으로 휘어져 종로의 본선과 합류하는 형태로 부설되어 있다. 종각의 지붕 아래에 매달린 것은 가로등 역할을 하는 석유등(石油燈)이다. 한편, 로제티는 '보신각종'과 관련하여 '에밀레(Ah mey la)' 전설을 언급하고 있는데, 이것은 그 자신이 직접 채록한 것이라기보다는 『더 코리안 리포지토리(The Korean Repository)』 1895년 4월호와 『더 코리아 리뷰(The Korea Review)』 1901년 1월호에 각각 소개된 적이 있는 '에밀레(Ah-may-la, Emmille)' 전설을 다시 옮겨놓은 것으로 여겨진다.　　II-222fa

*종로의 대로

〈도판 II-222fa〉와 동일한 장소를 담아낸 것으로, 사진촬영 지점과 방향만 약간 달라졌다. 종각 옆쪽에서 촬영한 때문인지 전차선로와 대기 중인 전차의 모습이 또렷이 부각되고 있다. 사진의 중간쯤에는 저 멀리로 인왕산의 윤곽이 어렴풋이 눈에 띈다. 종각 옆쪽에 붙어 있는 나지막한 대문은 중앙관제묘(中央關帝廟)의 출입구인 듯하다. 사진에 보이는 종각은 일제강점기로 접어들어 1915년 조선물산공진회(朝鮮物産共進會)를 앞두고 남대문로의 도로확장공사가 벌이지는 통에 원래의 자리를 내어주고 뒤쪽으로 물러나 이전되었다.　　II-222fb

II-222fa

II-222fb

***육조거리의 땔감시장**

지금의 광화문네거리에 해당하는 황토현(黃土峴) 광장에서 육조거리와 종로가 만나는 모서리 부분을 담아낸 장면이다. 왼쪽으로는 땔감시장이 들어선 육조거리에 장작을 등에 진 황소의 모습이 보이고, 오른쪽으로는 전차선로와 전신주가 길게 늘어선 종로 거리의 모습이 한눈에 들어온다. 가운데에 보이는 건물은 1902년에 건립된 칭경기념비전(稱慶紀念碑殿)으로 원래 황성신문사(皇城新聞社)가 있던 자리였다.

*동대문대로와 한성전기회사사옥

종로 2가 8번지에 자리한 한성전기회사(漢城電氣會社) 사옥의 전경이다. 이 건물은 1901년에 신축되었으나 1902년 정초에 화재가 발생하여 그해 7월에 복구한 내력을 지녔다. 종로의 중심지에 자리한 이 건물에는 특히 '시계탑'이 설치되어 있어 이것이 자연스레 모든 통행인들의 이목을 끌었는데, 『윤치호일기(尹致昊日記)』 1906년 6월 16일자에는 "한성전기사옥의 옥상에 있는 시계탑으로부터 종각지기가 걸어오는데 시간이 걸리므로, 이에 따라 한국정부는 서울의 인민들에게 때때로 몇 분이 빠르거나 늦게 '종소리'를 울려 정오 시각을 알려주고 있다"는 흥미로운 내용도 수록되어 있다. 전차, 전기, 전화 등의 사업권을 가진 한성전기회사는 1898년에 설립되어 1904년 2월에는 한미전기회사(韓美電氣會社)로 전환하였다가 1909년 8월에 일한와사전기주식회사(日韓瓦斯電氣株式會社)에 사업을 인계함에 따라 소멸하였다. 이후 옛 한성전기회사 사옥은 일한와사전기회사 경성지점(1910년 3월~1913년 12월), 종로경찰서(1915년 9월~1929년 9월), 총독부 체신국 간이보험과(1930년 8월~1934년 6월) 등의 용도로 사용되다가 1936년에 철거되었고, 그 자리에는 '장안빌딩'이 새로 세워졌다.

I-065

II-016

최초로 전차선로가 부설된 아시아의 근대 도시는?

로제티의 책에는 대한제국의 수도 한성에 건설된 전차선로와 관련하여 다음과 같은 구절이 등장한다.

…… 나는 이미 여러 번 말했다. 서울에 도착한 여행자들이 가장 놀라워하는 것은 전차가 완벽하게 관리되고 있으며, 그 전차들이 서울 근교의 성곽 밖에 이르기까지 주요 간선도로를 통과하고 있다는 점이다. 그 전차로 말미암아 서울은 그와 같은 근대적 교통시설을 확보한 극동 최초의 도시라는 명예를 얻었다(Part II, p. 203).

이러한 구절 때문인지 우리나라가 아시아 최초로 전차를 도입한 나라라고 설명하는 자료들을 간혹 보게 된다. 하지만 서울이 전차가 부설된 극동 최초의 도시라는 로제티의 말은 잘못된 표현이다.

서울 거리에 전차가 놓인 것이 일본 도쿄보다 3년가량 빠른 것은 사실이지만, 일본 교토보다는 4년이나 뒤졌다. 1899년 사월 초파일에 거행된 한성전기회사의 전차 개통식 당시 "전차 운전수는 전부 교토전철(京都電鐵)에서 경험을 가진 일본인들로만 초빙"한 사실에서도 이러한 형편을 잘 엿볼 수 있다.

일본에서는 1890년 도쿄 우에노공원에서 개최된 제3회 내국권업박람회 때 전차가 처음 소개되었고, 그 뒤에 영업용 전차운행이 정식으로 개시된 것은 제4회 내국권업박람회가 열린 1895년 1월 31일의 일로 이때 교토 시치조(七條)와 후시미(伏見)를 연결하는 6.6킬로미터의 노면전차선로가 부설되었다.

이와는 별도로 태국의 수도인 방콕의 경우에도 '1894년 5월에 전기식 전차가 개통되었다'는 기록이 보이므로, 서울이 아시아 최초로 전차를 부설한 도시라는 얘기는 아쉽게도 이래저래 사실과는 맞지 않는 얘기이다.

**동대문대로가 끝나는 곳
동대문 문루 위에서 종로 쪽으로 바라본 전망이다. 사진의 왼쪽 아래로 전차선로가 휘어져 들어가는 곳은 '전차차고(기계창)' 겸 '동대문발전소' 이다. 아래쪽으로 뻗어 있는 전차선로는 동대문 홍예를 통해 청량리 방향으로 이어지는 노선이다.
I-065

서울-종묘거리
원문에는 '종묘거리'라고 설명하고 있으나, 정확하게는 종묘 옆을 따라 창덕궁(昌德宮)으로 진입하는 도로이다. 저 너머로 보이는 중층 구조의 건물은 돈화문(敦化門)이며, 오른쪽으로 인정전(仁政殿)의 지붕도 살짝 드러나 있다.
II-016

남대문대로

남대문 문루에서 동쪽으로 명동성당(明洞聖堂) 방향을 담아낸 전망으로, 근대 시기 서양인들의 한국관련 저작물에 거의 빠짐없이 등장하는 매우 표준화된 구도이다. 이러한 종류의 사진에는 명동성당의 원경과 더불어 남창동 1번지에 위치한 상동교회(尙洞敎會)의 예배당(1900년 7월 착공, 1901년 5월 준공)도 함께 등장하는 것이 보통인데, 여기에는 그러한 모습이 아직 눈에 띄지 않는 걸로 보아 적어도 1901년 이전에 촬영된 것임을 알 수 있다. 전차선로가 놓여 있는 길의 오른쪽 지역은 지금의 '남대문시장' 일대이다. 사진의 좌중간쯤에 숲이 우거진 곳은 저경궁(儲慶宮)과 달성위궁(達城尉宮)이 있던 공간으로 오늘날의 한국은행 본점 후면에 해당한다.

II-017

[참고도판] **숭례문 문루에서 바라본 남대문대로**
언더우드 부인(Lillias H. Underwood)이 지은 『토미 톰킨스와 더불어 한국에서(With Tommy Tompkins in Korea)』(1905)에 수록된 것으로, 매우 이른 시기에 촬영된 남대문로 일대의 전망이다. 여기에는 전찻길은 말할 것도 없고 명동성당이나 상동교회 같은 것들이 전혀 보이질 않고, 길 양편으로 즐비하게 늘어선 가가(假家)들과 바삐 오가는 행인들의 모습만이 눈에 띈다.

[참고도판] **숭례문 문루에서 바라본 남대문대로**
에밀 부르다레(Emile Bourdaret)의 『한국에서(En Coree)』(1904)에 수록된 남대문로 일대의 전망이다. 여기에는 명동성당의 존재는 물론이고 1901년 5월에 준공된 '상동교회'의 모습까지 또렷하게 드러나 있다.

＊남대문대로

〈도판 I-060fb〉와 비교하면 사진 촬영지점만 약간 북쪽으로 이동하였을 뿐 기본적으로는 같은 구도이다. 때마침 전차가 지나가고 있는 장면이 포착되어 있는데, 그 옆을 유유히 지나다니는 행인들의 모습도 인상적이다.

II-192fa

*남대문대로

여기에서 '남대문대로'라고 하는 것은 종각(鐘閣, 보신각)에서 종로와 갈라져 광통교를 지나 숭례문(崇禮門, 남대문)까지 이어지는 길을 가리킨다. 사진에 보이는 장면은 전차선로가 휘어져 있는 걸로 미뤄보아 지금의 을지로입구 언저리에서 광통교 및 종각 방향의 풍경을 담아낸 것인 듯하다. 통나무를 싣고 지나가는 달구지 너머로 '혜전(鞋廛)'이라고 써붙여 놓은 가게의 모습이 눈에 띈다.

I-060fb

남부 지역의 거리

남대문로에 위치한 대광통교(大廣通橋) 주변의 모습을 북쪽에서 담아낸 풍경이다. 저 너머에 보이는 것은 남산자락이며, 사진의 중간쯤에 광통교 동측 난간의 모습도 또렷이 눈에 띈다. 다리 난간 옆으로는 전봇대가 줄지어 섰는데, 이것은 용산으로 내려가는 전차선로이다. 이 사진을 자세히 살펴보면, 이 당시 전차선로는 광통교 위로 곧장 부설되었던 것이 아니라 바깥쪽에 별도의 교각을 마련하여 이곳으로 전차가 통행하였다는 사실을 확인할 수 있다. (뒷면)

II-018

서울 거리의 일본군 병사들

남대문 홍예를 막 들어서서 남대문로를 따라 행군하는 일본 군대의 모습이다. 사진의 중간에 보이는 뾰족탑은 명동성당(明洞聖堂)의 종탑이다. (뒷면)

II-041

II-018

II-041

09 서울의 유물·유적
1 서울시내
2 서울주변
3 왕릉(대원군 묘)

서울의 다리
청계천에 놓여 있던 수표교(水標橋)의 모습이다. 자세히 살펴보면 교각의 중간쯤에 다리의 상류 쪽으로 수표(水標)도 온전하게 남아 있던 모습을 발견할 수 있다. I-075

대원각사비(大圓覺寺碑)
원문에는 '송도의 기념비'라고 잘못 표시되어 있으나, 이것은 종로 2가 탑골공원(塔洞公園) 안에 있는 '대원각사비'이다. 1899년 이후 이 일대에 이른바 '파고다공원(Pagoda Park)'을 조성하는 과정에서 주변의 지반이 높아진 탓에 귀부(龜趺)의 주변에는 자연스레 물웅덩이가 만들어진 것으로 보인다. I-029

I-029

[참고도판]
공사 중인 탑골공원 팔각정
폴란드 출신 러시아 작가 바츨라프 세로셰프스키(Waclaw Sieroszewski)가 펴낸 『코리아(Koera)』에 수록된 탑골공원 일대의 전경이다. 여기에는 드물게도 한창 공사 중인 '팔각정'의 모습이 등장하는데, 그가 우리 나라를 찾아와 머문 때는 1903년 10월과 11월이었으므로, 이를 통해 팔각정의 건립시기를 가늠할 수 있다.

대리석탑

'탑골공원(塔洞公園)'이 막 조성되던 시기에 촬영된 원각사지십층석탑(圓覺寺址十層石塔)의 모습이다. 조선시대 이래 상층부의 3개 층 탑신은 바닥에 내려진 상태인데, 이것은 일제강점기 내내 그대로 방치되었다가 해방 직후인 1946년 2월 17일에야 미군 공병대의 도움으로 온전한 모습으로 복구되었다. 그런데 대다수의 관련자료들과 문화재 안내 문안에는 '탑골공원의 개설시기를 1897년'이라고 적어놓은 것이 눈에 띈다. 짐작컨대『경성부사(京城府史)』제1권(1934)에 "고종시대 광무(光武)의 초년(初年)에 영국인 고문 총세무사 브라운이 이곳을 보관하여 소공원으로 하고 …… 운운"한 구절에 따라, '광무의 초년'을 '광무 원년'으로 잘못 받아들여 이것을 다시 1897년으로 풀이한 결과로 보인다. 하지만 이것은 명백히 잘못된 고증이다. 일본어의 초년(初年)이라는 개념은 '원년'이라는 뜻과는 다르며 오히려 '초기(初期)'라는 뜻에 더 부합하는 것이므로, 이것이 1897년만을 딱 꼬집어 말하는 것은 전혀 아니기 때문이다. 더구나 실제로도『각사등록』과 같은 공식 자료를 비롯하여『독립신문』,『황성신문』,『제국신문』,『매일신문』등 당시의 발행 신문에는 1899년에 가서야 비로소 탑골의 민가를 헐어 공원을 개설하려는 계획이 등장하고 있으므로, 탑골공원의 개설 시점은 1899년으로 보는 것이 맞다고 하겠다. (앞면)

I-082

대리석탑 옆의 비석

공원조성사업이 한창 진행 중인 '탑골공원(塔洞公園)' 일대의 전경이다. 주변에 담장은 세워졌으나, 지반이 정리되지 못한 상태이고 아직 철거되지 않은 가옥들도 눈에 띈다. 하지만 의당 보여야 할 '팔각정(八角亭)'의 모습은 전혀 찾아볼 수가 없다. 흔히 '팔각정'의 건립시기를 공원개설과 동시라고 간주하는 경향이 없지 않으나, 이것 또한 올바른 고증이 아닌 듯하다. 관련 자료를 엄밀하게 확인해보면 탑골공원의 개설은 1899년에 착수되는 반면, 팔각정의 건립은 1903년 무렵에 가서야 그 흔적이 나타난다. 한편, 세키노 타다시(關野貞)의『한국건축조사보고』(1904)에도 이것과 동일한 판형의 사진자료가 수록되어 있다. (앞면)

I-092f

하늘의 제단

이것은 원구단 옆에 자리한 황궁우(皇穹宇)의 모습이다. 황궁우는 원구단을 세운 지 이태 뒤인 1899년에 건립하였으며, 이곳에 태조고황제(太祖高皇帝)의 신위를 봉안하였다. 앞쪽으로 추녀와 굴뚝이 보이는 기와지붕은 옛 이탈리아영사관 건물(을지로1가 181번지)의 일부이다.

I-133

하늘의 제단

이곳은 하늘의 신에게 제사를 지내는 원구단(圜丘壇)이며, 황단(皇壇)이라고도 부른다. 천원지방(天圓地方)의 원리에 따라 단과 지붕은 모두 둥근 모양을 취하였고, 동서남북으로는 황살문(黃箭門)을 배치한 모습이 보인다. 1897년 10월 12일에 고종은 이곳에서 친히 제사를 드린 뒤에 대한제국의 황제에 등극하였다. 그 후 원구단은 1913년 '철도호텔'의 신축공사와 더불어 철거되어 사라지고, 그 옆에 자리한 황궁우만 남아 있는 상태이다. 이에 앞서『매일신보』1911년 2월 14일자에는 "〔원구단위패매안(圜丘壇位牌埋安)〕 원구단(圜丘壇)에 봉안(奉安)하였던 위패(位牌)는 수일전(數日前)에 매안(埋安)하였고 사직단(社稷壇)의 위패(位牌)는 소화(燒火)하였다더라"는 기사가 수록되어 있다. (뒷면)

II-001f

남산

원구단에서 남산 방면을 바라본 전경이다. 사진의 아래쪽으로는 원구단의 남쪽에 배치된 삼문(三門) 형태의 황살문(黃箭門)이 보인다. 저 너머로는 남산 자락이 눈에 들어오는데, 사진의 한가운데 보이는 깃대 모양의 긴 구조물이 달린 2층 건물은 일본인들이 세운 '인천우편국 경성출장소'이다. 1898년 10월에 신축된 이곳은 나중에 '경성우편국' 및 '중앙전화국'으로 사용되기도 한다. 그리고 사진의 오른쪽 중간쯤에 보이는 2층 건물은 '서울주재 일본영사관'이다. 이곳은 이른바 '을사조약' 이후 '경성이사청(京城理事廳)'이 되었다가 1910년에는 다시 '경성부청(京城府廳, 지금의 충무로 1가 신세계백화점 자리)'으로 전환되는 공간이기도 하다. (뒷면)

II-014

황제폐하 즉위 40주년 기념 전각

지금의 광화문 네거리에 있는 '칭경기념비전(稱慶紀念碑殿)'이다. 고종즉위 40년이 되는 1902년에 건립한 것으로, 기로소(耆老所) 앞쪽에 해당하는 이 자리에는 원래 황성신문사(皇城新聞社, 옛 우순청 건물)가 있었다. 이곳에 있는 비석의 정식 이름은 "대한제국대황제보령망육순어극사십년칭경기념비(大韓帝國大皇帝寶齡望六旬御極四十年稱慶紀念碑)"이며, 비각에는 '기념비전(紀念碑殿)'이라고 쓴 편액(광무 6년 9월에 황태자가 쓴 글씨)이 달려 있다. 앞쪽에 따로 세워진 돌문에는 만세문(萬歲門)이라고 새겨져 있는데, 이것은 영친왕(英親王)이 6세 때에 쓴 글씨이다. 이 문은 일제강점기에 도로확장을 핑계로 일본인 의사 고조 바이케이(古城梅溪)가 떼어 가서 충무로 2가에 있던 자기 집 앞에 놓아두었던 것을 해방 이후에 되찾아온 일도 있었다. 만세문과 이어진 기념비전 전면의 벽돌담에 만들어놓은 글씨는 원래 '성수만세(聖壽萬歲, 여기서는 오른쪽의 두 글자만 겨우 보임)'라는 네 글자이다.

II-156

북한산

북한산성 중흥사(重興寺) 일대의 전경이다. 저 너머로 보이는 높은 봉우리는 '노적봉(露積峯)'이다.

II-118

I-083

II-157

I-149

**백불(白佛)
서울 북서쪽 자하문 밖에 있는 옥천암마애보살좌상(玉泉庵磨崖菩薩坐像, 홍은동 8번지)이다. 홍제천 줄기를 따라 세검정과 홍지문보다 약간 하류에 있는 이곳은 서울 시내와 비교적 가까운 거리여서 근대시기 서울에 체류하거나 잠시 찾아온 서양인들에게 인기 있는 구경거리로 손꼽혔다. 특히 불상 전면에 호분(胡粉)을 바른 특이한 모습을 지니고 있다 하여, 이들 사이에 백불(白佛, The White Buddha)이라는 이름으로 널리 통용되었다. 마애불이 새겨진 바위를 덮고 있는 보호각에 보도각(普渡閣)이라는 편액이 달려 있어서 흔히 이곳을 '보도각 백불'이라고도 부른다. 이 앞을 흐르는 홍제천에는 '모래내'라는 이름처럼 잔뜩 모래가 쌓여 하천 바닥이 지금과는 달리 백불과 거의 같은 높이를 이루고 있다.

I-083

서울 – 백불(白佛)
서울 자하문 밖 보도각 백불의 정면 모습이다. 흥미롭게도 서광전(徐光前)이 지은 『조선명승실기(朝鮮名勝實記)』(대동사, 1914)에는 '경성 한북문외 옥천암(京城 漢北門外 玉泉菴)'이라는 항목을 통해 이곳 "보도각(普渡閣)의 편액은 '대원왕(大院王, 흥선대원군)'의 글씨"라고 소개하고 있다.

II-157

**세검정
원문에는 엉뚱하게도 '북한산 위의 불교 성역'이라는 설명이 달려 있다. 아마도 북한산성에 있는 '산영루(山映樓)'와 외양이 비슷한 탓에 그것과 잘못 혼동한 탓이 아닌가 싶은데, 사진은 자하문 밖 세검정(洗劍亭)의 모습이다. 정자의 뒤편 오른쪽에 보이는 작은 봉우리는 연산군의 놀이터였던 탕춘대(蕩春臺)이고, 그 봉우리 아래로 보이는 고갯길을 넘어서면 장의사터(莊義寺址)에 세워진 조지서(造紙署)가 나온다.

I-149

II-031

II-043

II-047

창의문(彰義門) 밖의 한북문(漢北門)
서울성곽과 북한산성을 연결하는 탕춘대성(蕩春臺城)의 일부로 모래내(沙川, 홍제천)를 가로지르는 곳에 건립된 홍지문(弘智門)과 오간대수문(五間大水門)의 전경이다. 홍지문에는 숙종의 친필로 쓴 편액이 달렸는데, 이 문은 한성의 북쪽에 있다고 하여 한북문(漢北門)이라고도 불렀다. II-031

한북문(漢北門)
원문에는 '북한산의 북문'이라고 적고 있으나, 이는 '한북문'이라는 뜻을 그렇게 잘못 풀이한 탓이 아닌가 여겨진다. 이곳은 〈도판 II-031〉과 같이 서울성곽과 북한산성을 연결하는 탕춘대성(蕩春臺城)의 일부를 이루고 있는 '홍지문(弘智門)' 구역이다. 원래 이곳은 다섯 개의 수문이 만들어져 있으나, 홍지문 쪽에 붙어 있는 수문 하나는 막혀 있는 상태인지 드러나지 않고 있다. 사진에 보이는 오간수문은 그 후 1921년 8월에 홍수로 완전히 파괴되고 말았다. II-043

**한강의 서울포구, 용산(龍山)의 전망
한강을 거쳐 서울로 들어가는 출입구인 용산포구의 전경이다. 사진의 왼쪽 끝에 돌출한 형태의 절벽지대는 흔히 '벼랑창'이라고 불렀던 별영창(別營倉, 청암동 168번지 일대)과 읍청루(挹淸樓)가 있던 공간이었다. 이곳 절벽의 바로 뒤편에 있던 언덕 위에는 해관감시서(海關監視署)가 있었는데, 이 자리는 해관총세무사(海關總稅務司)인 영국인 브라운(Sir. John McLeavy Brown, 柏卓安, 白卓安; 1835~1926)의 별장이 되었다가 나중에 다시 조선총독부의 정무총감(政務總監) 별장으로 바뀌었던 곳이라고 알려진다. II-047

II-042

II-048

북경로(北京路)
지금의 의주로(義州路) 지역을 포함하여 서울 서교(西郊, 무악재 포함) 일대는 중국으로 사행길을 떠나는 길목에 해당하므로 서울 거주 서양인들은 대개 이곳을 연행로(燕行路)의 뜻을 취하여 '북경로(北京路, The Peking Pass, The Peking Road)' 라는 이름으로 불렀다. 사진의 중간쯤에는 1897년에 완공된 독립문(獨立門)의 모습이 보이고, 그 아래쪽으로는 독립관(獨立館)으로 변한 옛 모화관(慕華館)의 후면 모습이 눈에 띈다.　　Ⅱ-042

**북경로(北京路)의 옛 관문
서울 서교(西郊)에 있던 영은문(迎恩門)의 모습이다. 뒤쪽으로는 남산 봉우리가 곧장 보인다. 이곳은 청일전쟁 때인 1895년 2월에 삼전도비(三田渡碑)와 함께 훼철되었고, 그 이후로는 주초석만 남게 되었다.　　Ⅱ-048

**독립문
1896년에 착공하여 이듬해에 완공된 독립문(獨立門)의 모습이다. 독립문의 서편 언덕으로는 독립관(獨立館)의 모습도 보인다. 독립문의 남쪽에 보이는 두 개의 돌기둥은 옛 영은문(迎恩門)의 주초석이다. 독립문의 지붕 위에는 원래 국기게양대도 설치되어 있었으나, 어찌 된 영문인지 이 사진에는 그 모습이 보이지 않는다.　　Ⅱ-049

*서울의 어느 병영

여기에 보이는 곳은 1896년 지방제도의 전면 개정으로 경기관찰사가 수원(水原)으로 자리를 옮겨가기 이전까지 줄곧 경기감영(京畿監營, 충정로 1가 90번지 일대)이었던 공간이다. 1902년에는 한성부(漢城府)와 한성재판소(漢城裁判所) 및 징상평양진위대(徵上平壤鎭衛隊)가 함께 옮겨와서 이곳을 사용하였는데, 서쪽을 향해 서 있는 출입문 문루에 '한성부(漢城府)'라는 편액이 붙어 있는 것을 확인할 수 있다. 하야시 부이치(林武一)의 『조선국진경(朝鮮國眞景)』(1892)에 남겨진 사진자료에 따르면, 경기감영 시절 이 자리에는 원래 '기보포정사(畿輔布政司)'라는 편액이 달려 있었다. 사진의 왼쪽으로 보이는 이층 구조의 서양식 건물은 '평양진위대'가 주둔했던 영문(營門, 1902년 신축)으로 로제티가 이 사진에다 '서울의 어느 병영(兵營)'이라고 제목을 붙인 까닭은 바로 이 건물 때문이다. 한성부는 1908년 9월까지 이곳에 머물렀으며, 그 이후로 옛 경기감영 터에는 양규의숙, 경성감옥분감, 서대문우편국, 서대문경찰서, 고양군청, 일본적십자사 조선본부진료소 등이 잇달아 들어섰다. 지금은 주변으로 영역이 크게 확장된 '서울적십자병원'이 이 공간을 차지하고 있다.

II-117

*서울 근교에 있는 덕소(Tok-so) 도로상의 황실 누각

여기에서 '덕소'는 경기도 양주군의 덕소(德沼)를 가리키는데, 사진 속의 누각이 정확히 어느 위치에 무슨 용도로 지어진 것이었는지는 잘 알 수 없다. 서울 쪽에서 한강을 거슬러 올라가는 곳에 위치한 덕소는 1900년에 명성황후 홍릉(洪陵)의 천장계획과 양주땅 금곡(金谷)까지 황실도로(Imperial Highway)를 건설하는 계획이 한창 진행될 무렵 이와 동시에 한성전기회사에 의해 전기철도지선의 연장선을 부설하기로 구체적인 합의까지 이뤄진 바 있는 지역이기도 하였다. 이 계획은 결국 무산되고 말았지만, 이와 관련하여 『황성신문』 1901년 1월 30일자에는 종로-덕소 간 전차선로의 부설목적을 "동대문 밖 거주민과 농산물 등을 실어 날라서 성내의 아침시장에 다다르게 하는 것"이라고 기록하고 있다.

II-084

I-141

**한국 무덤의 수호상(守護像)
경기도 화성에 있는 정조 건릉(正祖 健陵)의 문인석과 무인석이다.   I-141

무인석
서울 동대문구 회기동에 있던 회묘(懷墓)의 무인석이다. 회묘는 연산군의 생모 폐비 윤씨(廢妃 尹氏)의 무덤으로 한때 '회릉(懷陵)'으로 높여진 적이 있었는데, 이 때문에 묘지의 석물은 왕릉에 준하는 규모를 갖추고 있다. 이곳은 서울과 비교적 가까운 거리에 있었으므로 서양인들의 한국 관련 저작물에 간간이 이곳을 탐방한 사진자료들이 수록되어 있는 것을 발견할 수 있다. 회묘는 1969년 10월 25일에 천장되어 지금은 서삼릉(西三陵) 구역으로 옮겨져 있다.   II-080

문인석
서울 동소문 밖 정릉동에 있는 정릉(貞陵)의 문인석(文人石)이다. 정릉은 태조의 계비 신덕왕후 강씨(神德王后 姜氏)의 능침이다.   I-140

II-080

I-140

I-137

대원군묘
서울 교외인 마포 공덕리에 있던 흥선대원군(興宣大院君; 1820~1898)의 무덤이다. 이곳은 대원군의 별장 아소정(我笑亭)이 있던 공간이었으며, 비교적 가까운 거리에 있었던 탓에 서울 거주 서양인들이 빈번하게 탐방하곤 했던 지역이기도 하다. 흥선대원군은 순종 즉위 직후인 1907년 10월 1일에 헌의대원왕(獻懿大院王)으로 추봉되는 한편 천장문제도 함께 논의되어 1908년 1월 30일에 파주 운천면 대덕동으로 묘소가 옮겨졌다. 그리고 곧이어 1908년 5월 8일에는 별도의 원호(園號)가 내려져 대원왕과 대원비의 묘지는 '흥원(興園)'으로 칭해진 바 있다. 대원군의 묘소는 1966년 6월 16일에 다시 천장되어, 현재 경기도 남양주시 화도읍 창현리에 자리하고 있다. I-137

서울 근교, 공덕리(孔德里)
흥선대원군의 묘소가 있는 아소정(我笑亭) 인근의 풍경인 듯하다. II-044f

서울 근교, 공덕리(孔德里)
〈도판 II-044f〉와 거의 동일한 구역으로 보인다. II-178f

II-044f

II-178f

I-136

*비탈진 언덕 위에 있는 한국의 무덤들
무덤들 주변이 비교적 정갈하게 잘 정돈된 모습이 여느 공동묘지처럼 보이지는 않는다. 정확한 위치는 알 수 없으나, 사진 목록에 로제티가 직접 촬영한 표식이 되어 있으므로 서울 인근의 어느 장소인 것으로 판단할 수 있다.   I-136

10 지방의 이모저모

1 인천(제물포)

2 기타 지역

I-015

썰물 때의 제물포항구와 부두
저 뒤쪽에 보이는 것은 서양인들에게 흔히 '로즈섬(Roze Island)'으로 알려진 월미도(月尾島)이다. 앞쪽에 있는 것은 제물포항의 잔교(棧橋) 시설인데, 이곳은 곧 근대개항기에 서울로 오가는 대부분의 서양인들이 반드시 거쳐 가야 하는 통로가 되었다.　　　　　　　　　　　　　　　　　　　　　　　　　　　　I-015

**제물포의 전경
제물포항과 각국조계지의 일부분을 담고 있는 전경 사진이다. 이 사진의 중간쯤에 바다로 돌출한 언덕지형 위로 보이는 건물은 인천에 있던 '영국영사관(1897년 신축)'이며, 여기에서 곧장 언덕 아래에 이어지는 구역은 최초의 인천해관(仁川海關)이 자리했던 공간이다. 그리고 오른쪽으로 지붕 위로 굴뚝 모양의 구조물이 달려 있는 3층높이의 벽돌 건물은 인천지역의 대표적인 숙박시설로 일본인 호리 규타로(堀久太郎)가 운영했던 '대불 호텔(大佛호텔, Daibutsu Hotel; 이 호텔 주인의 덩치가 아주 크다고 해서 붙여진 이름)'이다.　　I-014

**내국인 구역에서 바라본 제물포의 전경
초가집들이 즐비한 한국인 거주지역에서 바라본 제물포항 일대의 전경이다. 썰물 때인지 개펄이 그대로 드러나 있고, 사진의 왼쪽 중간쯤에 바다 쪽으로 뻗어나간 부두 잔교의 모습이 어렴풋이 눈에 들어온다. 오른쪽 끝에 보이는 언덕 위의 서양식 건축물은 세창양행(世昌洋行, Edward Meyer & Co.)의 사택(社宅)으로 지어진 건물이다. 이곳은 현재 인천자유공원에 건립된 맥아더 장군의 동상이 서 있는 자리에 해당한다.　　II-024f

I-014

II-024f

II-190

II-191

II-074f

(북쪽에서 바라본) 제물포의 각국조계지(외국인거류지)
사진의 오른쪽에 일장기(日章旗)가 걸린 높은 깃대가 서 있는 걸로 보아 일본인거류지의 일부라는 것을 짐작할 수 있다.
II-190

(남쪽에서 바라본) 제물포의 각국조계지
저 너머에 바다 쪽으로 어렴풋이 보이는 것은 월미도(月尾島)이다. 오른쪽으로 보이는 언덕 지형은 오늘날의 '인천자유공원'에 해당하는 구역이며, 언덕 위에 있는 건물은 세창양행(世昌洋行, Edward Meyer & Co.)의 사택(社宅)이다. 이곳은 일제강점기에 접어들어 1922년 이후 '인천부립도서관'으로 사용되었는데, 이 당시 2층 전망탑 부분은 노후되었다는 이유로 철거되었다고 전해진다. 이 건물은 해방 직후에 다시 '인천시립박물관'이 되었다가 한국전쟁 때 폭격으로 파괴되었으며, 지금은 그 자리에 맥아더 장군의 동상이 들어서 있는 상태이다. 그리고 사진의 왼쪽 중간쯤에 급수탑 시설이 갖춰진 밝은 색 지붕의 서양식 건물은 운산금광(雲山金鑛)을 운영했던 '동양합동광업주식회사(東洋合同鑛業柱式會社, Oriental Consolidated Mining Company)'의 미국인 재정책임자 데쉴러(David W. Deshler)의 사택이라고 전해진다.
II-191

한국의 시장
사진에 보이는 장소는 대구(大邱)의 약령시(藥令市)이다.
II-074f

I-048

II-193

II-172

**부산의 일본인거류지
부산에 있는 일본인거류지 일대의 전경이다.　　　　　　　　　　　　　　　　I-048

**부산의 일본인구역
부산에 있는 일본인거류지 일대의 전경이다.　　　　　　　　　　　　　　　　II-193

한국의 어느 마을
전체적으로 '읍성'과 같은 형태를 띠고 있는 곳인 듯하나, 정확히 어느 지역을 촬영한 것인지는
잘 가려낼 수 없다.　　　　　　　　　　　　　　　　　　　　　　　　　　II-172

I-031

II-085

**송도의 성문
사진에 보이는 성문은 개성(開城)의 남대문(南大門)이다. 왼쪽의 문루 위에는 연복사종(演福寺鐘)의 모습이 살짝 보인다.
I-031

송도 근처의 인삼밭
경기도 개성의 명산품인 인삼을 재배하는 삼포(蔘圃)의 전경이다.
II-085

**고건물의 세부 건축
북한산 중흥사(重興寺) 법당의 다포(多包)와 단청(丹靑)을 담아낸 사진자료이다. 세키노 타다시(關野貞)의 『한국건축조사보고』(1904)와 호머 헐버트(Homer B. Hulbert ; 1863~1949)가 지은 『대한제국의 쇠망(The Passing of Korea』(1906)에도 이와 동일한 도판이 수록되어 있다.
I-028

I-151

**송도에 있는 어느 신성한 공간의 내부
개성 선죽교 옆에 있는 포은 정몽주 표충비각(表忠碑閣)의 내부 모습이다. 정면에서 보아 오른쪽에 있는 비석(1740년 건립)은 영조(英祖)의 어필을 새긴 것이고, 왼쪽에 있는 비석(1872년 건립)은 고종(高宗)의 어필을 새긴 것이다. 여기에는 각각 영조가 지은 "道德精忠亘萬古 泰山高節圃隱公(도덕과 정충이 만고에 뻗어갈 것이니 태산처럼 높은 절개, 포은공이로다)"라는 시 구절과 고종이 이 내용을 이어받아 지은 "危忠大節光宇宙 吾道東方賴有公(높은 충성 큰 절의가 우주에서 빛나니 오도는 동방에서 공에게 힘입었네)"라는 구절이 새겨져 있다. 세키노 타다시(關野貞)의 『한국건축조사보고』(1904)에도 이것과 동일한 판형의 사진자료가 수록되어 있다.   I-151

수원 팔달문

원문에는 '서울 – 동소문'이라고 표기되어 있으나 이는 잘못된 설명이다. 사진에 보이는 것은 수원 화성(水原 華城)의 남문인 팔달문(八達門)의 전경이다.

II-159

I-150

II-081

불교 축제
이곳이 거리의 일부인지 아니면 어느 사찰의 법당 앞인지는 잘 구분이 되질 않으나 괘불(掛佛)을 높이 걸어두고 숱한 사람들이 어우러진 모습으로 보건대, '초파일(初八日)'의 광경인 듯하다. 괘불걸이 위쪽으로는 '영산회(靈山會)'라고 쓰인 글자가 눈에 띈다.

II-159

**불단(佛壇)
이곳의 정확한 장소는 알 수 없으나 어느 사찰 법당 안에 놓인 불단의 모습을 담아낸 사진자료이다. 호머 헐버트(Homer B. Hulbert; 1863~1949)가 지은 『대한제국의 쇠망(The Passing of Korea)』(1906)에도 역시 이와 동일한 도판이 수록되어 있다.

I-150

여주 신륵사 전탑
원문에는 '장단(長湍)에 있는 화장사(華藏寺)의 옛 탑'이라는 설명이 붙어 있으나, 사진에 보이는 것은 여주 신륵사(驪州 神勒寺)의 전탑(塼塔)이다. 이것은 로제티가 이곳을 직접 탐방하지 않고 단지 사진관에서 구입한 판매용 사진을 자신의 책에다 그대로 수록한 데서 빚어진 오류로 풀이된다. 이러한 종류의 수집사진에는 이처럼 엉뚱한 설명이 붙어 있는 사례들이 왕왕 눈에 띈다.

II-081

운산의 미국광산
평안북도 운산군 북진면 진동에 있는 운산금광(雲山金鑛)의 전경이다. 운산금광은 1896년 미국인 모스(James R. Morse, 毛時, 謨於時)가 25년간의 채굴권을 획득한 곳으로 '동양합동광업주식회사(東洋合同鑛業柱式會社, Oriental Consolidated Mining Company)'에 의해 운영되었으며, 흔히 '노다지'라는 말이 바로 이곳 운산금광에서 유래되었다는 속설이 나돌 만큼 금 채굴량이 매우 풍부했던 것으로도 유명했다. (뒷면)

II-211

II-211

11 근대문물 – 학교

II-142

서울의 어느 보통학교
어느 학교의 선생님 한 분과 여러 명의 학동들이 사진관 내부에서 기념 촬영을 한 모습이다. 사진의 원문에는 '서울의 어느 보통학교'라고 적고 있으나, 이러한 설명이 확실히 맞는지는 잘 알 수 없다.
II-142

＊서울의 상급학교
1900년 10월 3일에 개교한 관립중학교(官立中學校, 화동 1번지)의 전경이다. 정면 삼각지붕의 벽면에는 태극기가 교차하여 걸려 있는 모습이 눈에 띤다. 로제티는 본문에서 "한때 사범학교라고 불렀던 '상급학교' …… 운운"하여 이 학교를 '사범학교'와 혼동하고 있으나, 이는 잘못된 설명이다. 관립중학교는 1906년 9월 1일에 관립한성고등학교(官立漢城高等學校)로 개편되었다가 일제강점기 이후 경성제일고등보통학교(京城第一高等普通學校)로 전환되었다.
II-139

＊서울의 상급학교 재학생들
〈도판 II-139〉에 등장하는 것과 동일한 건물의 전면에 나란히 서서 촬영한 관립중학교 학생들의 모습이다. 갓 쓴 사람들 속에 보이는 유일한 서양인의 정체는 관립중학교에 고빙된 교관(敎官) 호머 헐버트(Homer B. Hulbert, 訖法, 紇法, 轄甫 ; 1863～1949)인 듯하다. 로제티는 자신이 이곳을 방문하였을 때 헐버트 교사가 안내역할을 맡아주었으며, 서울시내 각 학교의 순방에도 그가 동행하여주었다고 적고 있다.
II-140a

II-139

II-140a

*서울의 상급학교 교사들
한 자리에 모인 '관립중학교' 교관들의 모습이다. 로제티는 "이 학교에 헐버트 교사와 일본인 한 명을 포함하여 모두 9명의 교사가 있다"고 소개하고 있다. 사진의 맨 왼쪽에 보이는 서양인이 헐버트이고, 오른쪽 중간에 보이는 양복차림의 동양인이 일본인 교사 시데하라 타이라(幣原坦; 1870~1953)이다. 시데하라는 원래 역사학 전공학자이었으나 관립중학교에서는 물리화학 과목을 담당하였으며, 나중에 학부 참여관(學部 參與官)을 지냈다.

II-140b

*서울의 상급학교 물리학 시간
관립중학교에서 물리수업이 진행되고 있는 광경이다. 이 과목은 일본인 교관 시데하라 타이라(幣原坦)의 담당으로 그의 곁에는 통역관이 함께 서서 수업의 진행을 돕고 있다. 『황성신문』1903년 4월 23일자에는 시데하라의 통변(通辯)을 담당한 사람이 박승원(朴勝源)이라는 사실이 기재되어 있는데, 관립일어학교 출신인 그 역시 관립중학교의 교관 신분이었던 것으로 확인된다.

II-141a

*서울의 상급학교 대수학 시간
헐버트 교관이 담당했던 관립중학교의 대수학(代數學) 수업 광경이다. 그는 일찍이 1886년 9월에 개설된 육영공원(育英公院)의 교사로 초빙된 이래 한성사범학교와 관립중학교를 거치면서 오래도록 교육계에 종사했고, 다른 한편으로 삼문출판사(三文出版社, The Trilingual Press)의 운영과 『더 코리안 리포지토리(The Korean Repository)』, 『더 코리아 리뷰(The Korea Review)』의 발행 등 언론출판계에도 직접 관여했으므로 우리나라의 역사문화에도 매우 정통한 인물이었다. 로제티는 본문에서 그가 한국어를 너무도 잘하여, 수업도 한국어로 진행하였다는 목격담을 전하고 있다.

II-141b

II-144

II-145a

II-145b

＊프램톤 교수와 그의 조교들

관립영어학교(官立英語學校)의 교장 프램톤(George Russel Frampton, 佛嚴敦, 夫岩敦; 1870~1931)과 그의 한국인 조교들이 나란히 앉은 모습이다. 영국인 프램톤은 전임 허치슨 교장(William du Flon Hutchison, 轄治臣; ?~1901)의 후임으로 초빙되어 1900년 12월에 서울로 부임하였으며, 일제강점기에도 우리나라에 그대로 머물러 경성사범학교 영어교사 등을 지냈다. 현재 양화진외국인묘지에 그의 무덤이 남아 있다.

II-144

＊영어학교의 수업시간

관립영어학교의 프램톤 교장이 수업을 진행하는 광경이다. 관립영어학교는 원래 육영공원(育英公院)이 유명무실한 상태가 되자 강화도에 있던 해군무관학교의 영어교사 허치슨이 이를 승계하여 1894년에 새로 '관립영어학교'로 개설한 것인데, 처음에는 육영공원이 있던 박동(磚洞, 수송동 82번지 일대)에 자리하였다가 이내 1895년 말에는 광화문 앞 육조거리의 전보국(電報局) 건물로 옮긴 이후 줄곧 그곳에 머물렀던 것으로 알려진다. 그리고 관립영어학교 역시 다른 '외국어학교'와 마찬가지로 1908년 이후 교동(校洞)에 관립한성외국어학교(官立漢城外國語學校, 경운동 90번지)가 창립되면서 이곳으로 통합된 내력을 지니고 있다.

II-145a

＊서울의 영어학교 학생들

'관립영어학교'의 프램톤 교장과 전교생이 로제티가 요청한 기념 촬영에 응한 장면인 듯하다. 이곳은 1895년 말 이후 이 학교가 줄곧 자리했던 광화문 육조거리의 전보국(電報局) 건물과 동일한 공간이 아닌가 싶다. 한편 이곳은 당시의 농상공부(農商工部)에 인접한 서편 건물로 지금의 세종문화회관 뒤편 언저리에 해당하는데, 1909년 3월에 펴낸『관립한성외국어학교일람』에는 관립영어학교의 위치를 '서부 공조 후동(西部 工曹 後洞)'으로 표시하고 있는 것이 눈에 띈다.

II-145b

Ⅱ-143

*독일어학교의 교장 볼얀 교수의 수업

관립덕어학교(官立德語學校)의 교장 볼얀(Johannes Bolljahn, 佛耶安, 甫乙之安)이 학생들과 수업을 하는 광경이다. 1898년에 설립된 관립덕어학교는 북부 대안동(大安洞, 안국동 37번지)에 줄곧 자리하였다가 1908년 이후 교동(校洞)에 관립한성외국어학교(官立漢城外國語學校, 경운동 90번지)가 창립되면서 이곳으로 합병된 내력을 지니고 있다.   Ⅱ-143

*러시아어학교에서 수업중인 포미앙코 교수

1896년에 개설된 관립아어학교(官立俄語學校)의 교사 포미앙코(Fomienko)가 수업을 진행하고 있는 광경이다. 관립아어학교는 설립 이래 러시아군 포병대위 출신의 비류코프(N. Birukoff, 米柳高富, 米柳餹葡)가 담당한 것으로 흔히 알려져 있으나, 여기에 나오는 '포미앙코'의 정체에 대해서는 별다른 관련 자료가 눈에 띄질 않는다. 이 학교는 그 후 1904년 러일전쟁의 여파로 비류코프가 귀국함에 따라 저절로 폐쇄되고 말았다.   Ⅱ-148

*러시아어학교의 학생들

관립아어학교의 학생들과 포미앙코 교사가 로제티의 요청에 따라 교정으로 나와 기념촬영에 임한 모습인 듯하다. 뒤쪽으로는 백악산의 모습이 보이는데, 관립아어학교는 관립법어학교와 더불어 박동(磚洞)에 자리하였던 것으로 알려진다. 이와 관련하여 『독립신문』 1896년 5월 12일자에는 "무너리골 도화서에 있던 법어학교와 아어학교가 이달 니흔 날 박동 그전 육영공원으로 반이하였다더라"는 기사가 남아 있다. 한편 『경성부사(京城府史)』 제2권(1936)에는 "(114쪽) 아어학교 자리는 수송동 108번지로, 법어학교 자리는 수송동 85번지로" 각각 구분하여 표시하고 있는 것이 눈에 띄는데, 다소간 재고증의 여지는 있어 보인다.   Ⅱ-149

II-148

II-149

*프랑스어학교의 교장 마르텔 교수와 그의 조교들

1896년에 설립된 관립법어학교(官立法語學校)의 교장 에밀 마르텔(Emile Martel, 馬太乙: 1874~1949)과 그의 한국인 조수들이 나란히 앉은 광경이다. 이 당시 관립법어학교는 옛 육영공원 자리(수송동 82번지 일대)에 있었다. 마르텔은 대한제국 애국가의 작곡가이자 군악대 악장이었던 독일인 프란츠 에케르트(Franz Eckert: 1852~1916)의 사위이기도 했는데, 일제강점기 이후로도 계속 우리나라에 머물러 경성제대 법문학부와 동성학교 등에서 불어강사를 지냈으며, 『외국인이 본 조선외교비화(外人の 觀たる 朝鮮外交秘話)』(1934)라는 회고담을 남긴 것으로도 유명하다.

II-147

12 근대문물 - 우편 · 통신

II-100

서대문 밖 어느 아문(衙門)

이것은 옛 고마청(雇馬廳) 자리로 옮겨진 한성우체지사(漢城郵遞支司)의 모습이다. 뒤로는 서울성벽이 보이고, 그 위로는 프랑스공사관(정동 28번지)이 자리하고 있다. 『대한제국 관보』 1903년 10월 26일자에는 "[통신원 고시 제12호] 돈의문외 한성우체지사(敦義門外 漢城郵遞支司)를 전고마청(前雇馬廳)으로 이설(移設)하고 본월 28일부터 우체물(郵遞物)을 통신(通信)하니 인민(人民)은 통실(洞悉)할 사(事)"라는 내용이 등장한다.   II-100

*서울의 일본인 우편국

이른바 '본정 1정목(지금의 충무로 입구)'에 자리한 경성우편국(京城郵便局, 1898년 10월 신축)의 전경이다. 원래 이곳은 '인천우편국 경성출장소(仁川郵便局 京城出張所)'였으나 1901년 3월에 '경성우편국'으로 개칭하였다. 1915년에는 이 건물의 서편으로 3층 높이의 신청사(지금의 서울중앙우체국 자리)가 건립됨에 따라 일개 부속건물로 전락하였다가, 1923년 6월에 경성중앙전화국(京城中央電話局)이 분리된 이후로는 이 건물이 전화국의 용도로 사용된 바 있다.   II-194

한국우표, 1895   **한국우표, 1900**   **한국우표, 1901**   II-195a

한국우표, 1902, '대황제폐하 어극사십년경축'
한국에서 사용된 일본우표, 1900~1901
한국우표, 1904   II-195b

II-194

1895

1900

1901

II-195a

FRANCOBOLLO COREANO
1902.

FRANCOBOLLO DELLE POSTE GIAPPONESI
IN COREA (1900-1901).

FRANCOBOLLO COREANO
1904.

II-195b

서울의 중앙우체국 및 중앙전신소

광화문 육조거리의 서편에 있던 한국통신원(韓國通信院, 1900년 3월 관제 신설) 구내의 전경이다. 왼쪽에 보이는 건물은 한성우체총사(漢城郵遞總司), 가운데 건물은 통신원(通信院), 오른쪽에 보이는 건물은 한성전보총사(漢城電報總司)이다. 이들 기관은 1905년 4월 1일 '한일통신기관협정서(韓日通信機關協定書)'의 체결에 따라 모두 일본정부에 인계되었고, 이에 따라 유명무실해진 '통신원' 마저 이듬해인 1906년 7월에 관제가 폐지되기에 이른다.

II-192fb

II-197

II-196

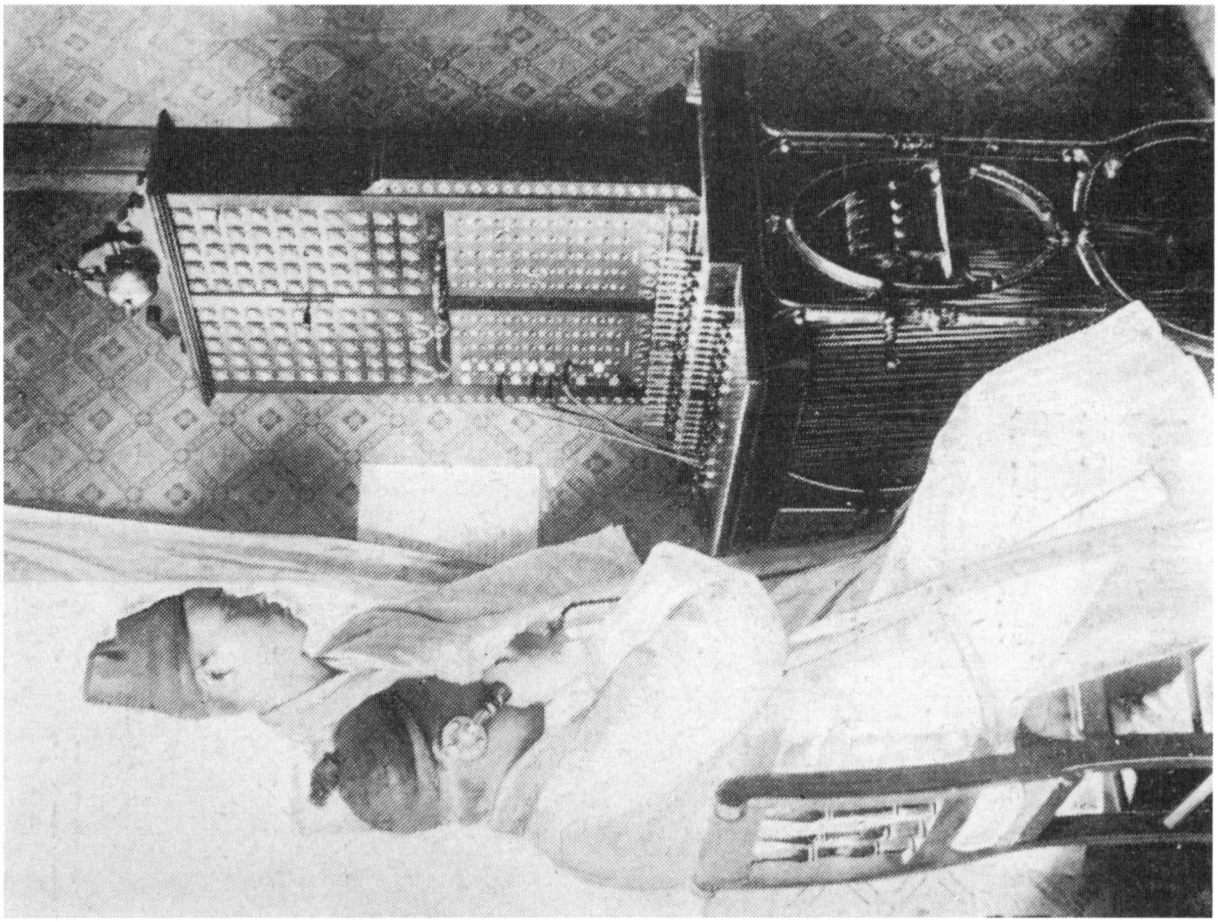

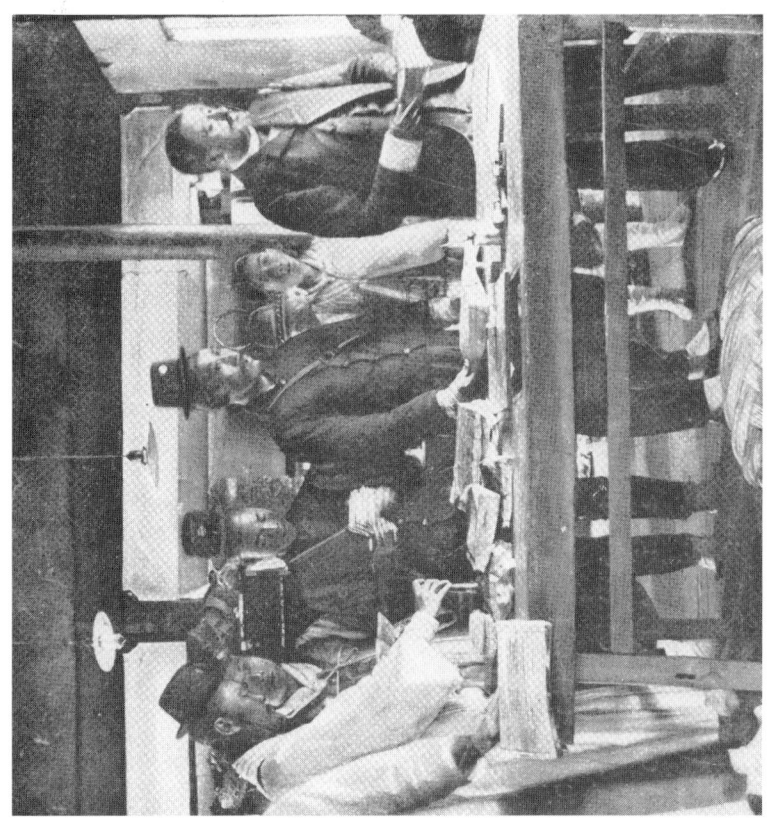

＊서울의 중앙전화소

한성전화소(漢城電話所)에 설치된 전화 교환시설의 모습이다. 전화교환수가 남자라는 사실이 자못 이채롭다. II-197

＊서울의 중앙우체국에 있는 클레망스씨

한성우체총사(漢城郵遞總司)에서 근무 중인 프랑스인 클레망스(E. Clemencet, 吉孟世)와 직원들의 모습이다. 그는 1898년에 초빙되어 우체교사(郵遞教師)의 신분으로 우리나라에 왔는데, 그에게 부여된 직함은 나중에 우체조사관(郵遞調査官)으로 변경되었다. II-196

II-076

*서울의 조폐국 - 견습생들

여기에 나오는 조폐국은 '전원국(典圜局)'을 말한다. 전원국은 원래 1883년에 창립되어 선혜창 별창에 설치되었다가 1892년 11월에 인천으로 이전되었고, 다시 1898년 11월에 용산으로 자리를 옮기는 과정을 거쳤다. 따라서 이곳은 용산에 있던 전원국이 아니었나 싶다. 하지만 전원국은 1904년 11월에 이르러 끝내 폐지되어 사라지고 말았다. II-076

*서울의 조폐국 - 도안조각기

도안조각기 옆에 늘어선 전원국 직공들의 모습이다. 전원국은 1901년 이후 화폐주조 이외에 인쇄, 조각, 도회 등의 업무도 함께 관장하였다. II-077b

*서울의 조폐국 - 도안을 새기기 위한 팬터그래프

'팬터그래프(pantograph)'는 사도기(寫圖器) 또는 축도기(縮圖器)의 뜻으로, 어떠한 도안을 금속판 등에 새기는 장치를 말한다. II-077a

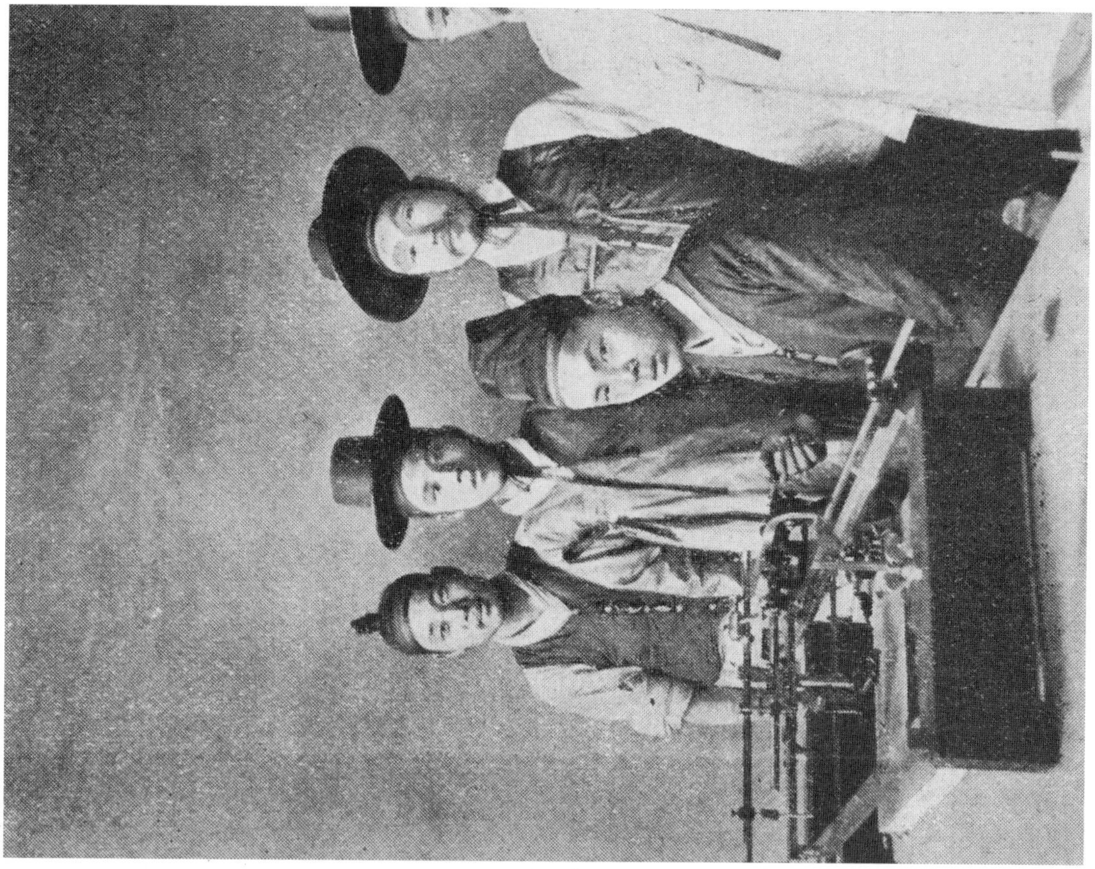

II-077b

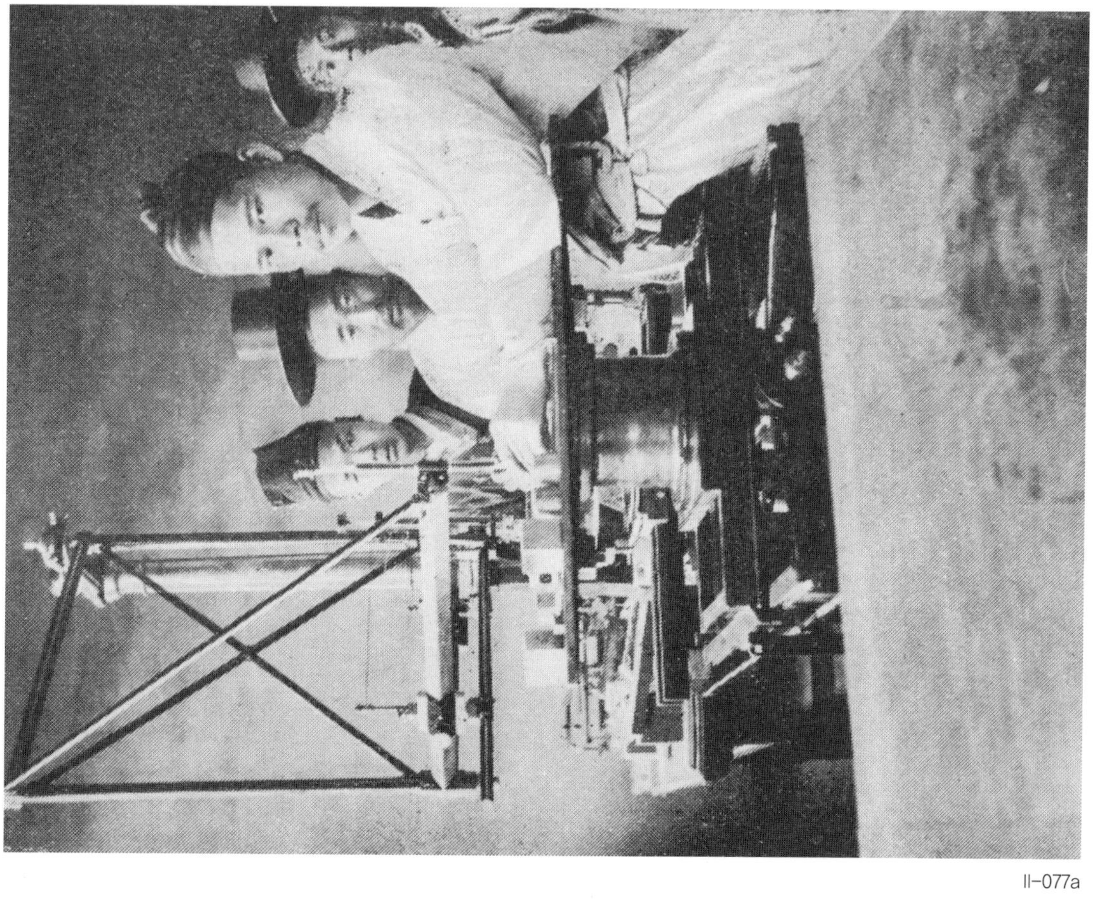

II-077a

Vol. 3   **THE INDEPENDENT.**   No. 24

AN EXPONENT OF
KOREAN NEWS, POLITICS, COMMERCE,
LITERATURE, EDUCATION, RELIGION AND PROGRESS.

明治二十九年九月   SEOUL, KOREA, SATURDAY, FEBRUARY 26TH, 1898.   PER ANNUM $6.00
十四日遞信省認可   PER COPY 5 CENTS

ADVERTISEMENTS.

THE INDEPENDENT is the only English newspaper in Korea and, having unique opportunities for obtaining reliable news it offers the public fairly accurate information on all Korean topics. It has correspondents in the various ports and purposes to represent not only Seoul but all Korea in its columns.

As an advertising medium, of course THE INDEPENDENT offers unsurpassed opportunities to those who wish to secure a share of the rapidly growing Korean trade.

HOLME, RINGER & CO.

Chomulpo, Korea

Agents of
RUSSIAN STEAM NAVIGATION
IN THE EAST.
PENINSULAR & ORIENTAL STEAM
NAVIGATION COMPANY.
CANADIAN PACIFIC ROYAL MAIL
STEAMSHIP COMPANY.
PACIFIC MAIL STEAMSHIP COMPANY,
OCCIDENTAL AND ORIENTAL
STEAMSHIP COMPANY. AND
NORTHERN STEAMSHIP COMPANY.

Through bills of lading and passage tickets issued to all parts of America and Europe.

J. GAILLARD JEUNE.

No. 1. Main St.
Chemulpo.

I have received by the last ship from Shanghai a new stock of Butter, Cheese, Parisian perfumery, assorted preserves, fine wines, Champagnes, Whiskies &c. &c. &c.

French Bread made on the premises by an Expert French Baker. A trial is earnestly solicited. Hot bread may be had every day at 3 p.m.

J. Giacinti
Manager
8-28

ADVERTISEMENTS.

FOR
Kunsan, Mokpo, Cheiju, Chwasuyung, Samchonpo, Tongyung, Masanpo, Fusan, Yumpo, Pohang, Wonsan, Soho, Sinpo, Sinchang, Chaho, Sungchin, Myengchon, and Kyengsung.

S. S. "HYENIK."

Capt. C. G. Benzenius.

Will be dispatched to above on Thursday the 3rd March, 1898.

For freight and passage apply to

E. Meyer Co.

Agents,
Chemulpo.

MISCELLANEOUS NEWS.

(From other papers.)

A very rich "ledge" is said to have been discovered on the Yukon, the quartz being stated to assay from $3,000 to $10,000 to the ton. The ledge was discovered in several places about the same time. Frank F. Slavin, the pugilist, and Captain Tapple, formerly one of the commanders in the employ of the Nippon Yusen Kaisha Steamship Company, who also commanded a transport during the Chinese war, were the first to locate it.

The *Novoe Vremya* accepts the denial that England has any intention of occupying some place in the Far East as compensation for Russia's appearance at Port Arthur, but is sure that the British government will try to persuade China by threats and demands to cede something in order to make things equal. But the old game will not answer now that the fleets of two other great powers like Russia and Germany are in Chinese water, "where England's hitherto exclusive position has passed away forever." The best thing for England to do would be "to come to an arrangement with Russia, France, and Germany, but Lord Salisbury will hardly consent to the proposal, knowing as he does that with such an agreement the lion's share of China would no fall to England."

The same correspondent, writing again on 26th December, gives the following:
The *Novosti* and *Novoe Vremya* both continue to descant upon this isolation of England, who, says the first-mentioned journal, must now take into account the aims of the triple alliance in Asia. The *Novoe Vremya* declares that the news of the Russians at Port Arthur has disconcerted more of the European powers except England, and that the latter would not be allowed to take possession of any position near Shanghai that could command this port, which is the main gateway of Chinese trade with Europe.

It is stated that one of the first operations of the newly-established Russo-Korean Bank will be the formation of a company with the necessary capital for building an extension of the railway to Port Arthur. The Russian vice-president of the Eastern Chinese Railway will start for Manchuria in Feb. to inspect the proposed variations of the route and to make a final decision on other matters.

Several Italian journals announce that Italian warships are to be sent to the Far East. Though the news is semi-officially denied, the Democratic *Secolo* and the Conservative *Corriere di Napoli* alike, urge the government to dispatch vessels as being in the true interests of Italy. These journals say that the government will curtail in its duty if it does not send warships to Chinese waters alongside those of England, Germany, and France. The *Corriere di Napoli* urges a cordial understanding between England and Italy in the Far East.

The *Novosti* arguing that Japan has no reasons for being antagonistic to Russia, since the relations between the two countries as far as Korea is concerned are already formally regulated to their common satisfaction, and Russia, instead of fearing Japanese competition in China, will soon be able to augment her commerce with Japan by means of the Siberian Railway. The journal then goes on to exhort Japan to draw closer to Russia and France, seeing that, as the *Novosti* allleges, this rapprochement will enable her to obtain results which would be otherwise impossible. The *Novosti* scouts the idea of an international conference on the affairs of the Far East at the present time.

It is reported in St. Petersburg that the Chinese government has given its consent for surveys to be made by Russian engineers of the proposed railway route to Port Arthur. According to the plan, the line to Port Arthur would be a branch of the Russian Trans-Manchuria Railway, and not a mere extension of the Chinese Tientsin Railway, to be joined by a branch from the Russian line through Manchuria. It is also stipulated that the capital city of the Chinese dynasty, Moukden, is to be avoided in tracking out the route.

The *Temps* dwells on the good relations existing between China and Russia, which it regards as inconsistent with the existence of an agreement between Russia and Germany.

« THE INDEPENDENT », ORGANO DEL CIRCOLO DELL'INDIPENDENZA, IL PRIMO GIORNALE QUOTIDIANO IN LINGUA EUROPEA PUBBLICATOSI IN COREA.

13 교통수단

1 전차·철도

2 가마·기타

II-198

*서울의 정거장으로
사진의 배경 부분이 생략되어 있어서 이곳이 정확히 어디인지는 판독하기 어렵지만, 사진제목의 뜻에 비추어 본다면 제물포역 구내가 아닌가 추정된다.

II-198

제물포역의 일본군인들
제물포역에서 촬영한 일본군대의 이동장면인 듯하다. 객차의 위쪽에는 'SEOUL-CHEMULPO RAILWAY'라고 쓴 글자가 눈에 띈다.

II-199

한강철교와 경인철도
경인철도(京仁鐵道)의 한 구간을 이루는 한강철교의 전경이다. 한강을 가로지르는 철도의 건설은 제물포와 노량진 구간의 경인철도 부분개통에 앞서 1899년 4월 하순에 기공되었으나 그해 여름 대홍수로 공사 시설물이 전부 유실되어 공사가 지연된 끝에 그 이듬해인 1900년 7월에야 완공을 보았다. 다리의 구조는 한강 본류가 흐르는 노량진 쪽 연안으로는 9개의 교각을 설치한 철교(鐵橋, 길이 2,062피트)를 건설하고, 나머지 모래사장을 이루고 있던 용산 쪽 연안으로는 목교(木橋, 길이 660피트)를 병행하여 가설하는 방식으로 이루어졌다. 1900년 7월 5일 한강철교가 준공되자, 같은 해 7월 8일 서대문정거장과 제물포를 연결하는 경인철도는 완전한 개통을 보게 되었다.

II-201

II-199

II-201

II-202

* **서울의 전차**
종로거리의 남대문 방향 분기선로 앞에 멈춰선 전차의 모습이다. 전차의 앞쪽으로는 도로 적치물이나 통행인과의 충돌에 대비한 안전장치가 따로 설치되어 있는 모습을 엿볼 수 있다. 저 너머 오른쪽으로 시계탑이 보이는 건물은 1901년에 건립된 한성전기회사(漢城電氣會社)의 사옥이다.

II-202

보통의 가마
여기에 보이는 것은 보통의 가마인 보교(步轎)의 모습인데, 원문에는 '남여(藍輿)'라고 잘못 소개하고 있다. 남여는 관청의 관리들이 타고 다니는 가마의 일종으로 의자 모양에다 덮개가 없는 형태를 하고 있다.

II-073

보통의 가마
원문에는 '보통의 가마 장보교(帳步轎)'라고 소개하고 있으나, 이는 정확한 설명이 아니다. '장보교'는 "네 귀에 기둥을 세우고 휘장을 둘렀다 폈다 하는 가마"를 말하므로, 삽화에 보이는 가마와는 다소간 다른 형태라고 할 수 있다.

II-075

II-070

II-071

한 줄로 늘어선 가마행렬
원문에는 '황궁에서 벌어진 축제의 가마들'이라고 표시되어 있으나, 가마 옆으로 철로의 모양이 확연하게 드러나 있는 걸로 보아 이곳은 궁궐 안이 아니라 '서대문정거장'과 같은 공간일 가능성이 높아 보인다. 사진에 보이는 가마는 모두 사인교(四人轎)이다.　　II-070

보통의 가마
가마꾼 둘이 보교(步轎)를 메고 선 장면이다. 뒤쪽으로 보이는 신농유업(神農遺業)이란 글자는 '한약방' 표시이다.　　II-071

초헌(軺軒)
바퀴가 달려 있어서 마치 외발수레와 같은 모양을 한 것이 '초헌(軺軒)'인데, 종2품 이상의 고관들이 이용하던 교통수단이었다. 초헌은 앞에서 두 사람이 끌고 뒤에서 한 사람이 받치며, 옆에서 두 사람이 지탱하는 등 최소한 5명이 한조가 되어 움직이는 것이 보통인데, 여기서는 앞뒤로 두 사람만이 끌고 가는 형태로 묘사되어 있다. "대소 관원들이 공무나 사적인 일로 다닐 때 평교자(平轎子)와 초헌(軺軒)을 타는 일"은 갑오경장(甲午更張)으로 영원히 폐지되었다.　　II-072

II–050

I–132

II-038

*한국의 짐꾼들이 이용하는 지게
서양인들의 눈에 보기에 '지게'는 가장 이채롭고 효율적인 운반수단의 하나였다.   II-050

*가마와 가마꾼
가마꾼들이 손님을 대기하는 장소의 모습인 듯하다.   I-132

보통의 가마 '보교'
원문의 설명에는 'Pu-kyo'라고 적혀 있는데, 아마도 보교(步轎)를 말함인 듯하다.   II-038

II-021

한강횡단
원문에는 이곳을 '한강'이라고 설명하고 있으나, 확실히 맞는지는 분명하지 않다. 한편, 언더우드 부인(Lillias H. Underwood; 1851~1921)이 지은 『상투쟁이들과의 15년(Fifteen Years among The Top-Knots)』(1904)에도 동일한 판형이 수록되어 있는데, 여기에는 '대동강'이라고 표시하고 있다.　　　　　　　　　　　　　　　　　　　　　　　　　　II-021

한강나룻배
한강을 건너가는 나룻배의 모습으로 배 위에 말과 가마도 함께 올려진 광경이 이채롭다.
　　　　　　　　　　　　　　　　　　　　　　　　　　　　　　　　II-096

한강나룻배
강을 다 건너온 모양인지 길마를 얹은 소 한 마리가 나룻배에서 내리고 있는 모습이 눈에 띈다. 한편, 언더우드 부인(Lillias H. Underwood)의 『상투쟁이들과의 15년(Fifteen Years among The Top-Knots)』(1904)에도 이와 동일한 판형이 수록되어 있다.　　　　　II-097

II-096

II-097

II-203

I-148

II-206

*인력거 혹은 진리키샤, 서울에서 흔한 이동수단

여기에 나오는 '진리키샤'는 인력거(人力車)의 일본식 발음이다. 인력거가 우리나라에 처음 유입된 시기에 대해서는 정확히 규명된 바 없으나 『윤치호일기(尹致昊日記)』 1884년 6월 18일자에 '인력거꾼(人力車夫)'라는 단어가 이미 등장하고 있으므로, 생각보다는 꽤나 이른 시기에 들어왔던 것임을 짐작할 수 있다. 인력거에 탄 사람은 이 책의 저자인 로제티 자신이다.   II-203

*서울-한가로운 거리

손님을 태운 인력거가 한적한 길거리를 지나는 모습이다.   I-148

*서울의 유일한 마차 (군쯔부르그 남작의 소유)

배경에 보이는 건물은 이탈리아공사관이다. 여기에 나오는 군쯔부르그 남작(Baron Gabriel de Gunzburg)은 러시아인으로 주로 중국에서 활동하다가 1902년에 한국으로 건너와서 압록강 지역의 벌목을 위해 설립한 한국삼림회사(韓國森林會社, Korean Forest Company)의 대표자로 서울에 주재했던 인물이다.   II-206

183

"한반도의 전반적인 형상은 대체로 이탈리아의 그것을 떠올리게 한다. 실제로 이 나라 또한 이탈리아와 같이 대체로 산악지대로 이루어져 있으며 '흰 머리 산'이라는 뜻의 백두산 고봉은 알프스를 연상시키고, 금강산의 봉우리들을 만들어놓으면서 국토를 종단으로 뻗어 내린 산맥들은 한국의 아펜니노라고 부르기에 충분하다. 대동강은 한국의 아르노강으로, 한강은 테베레강으로, 제주도는 시칠리아섬이라 할 수 있다. 더구나 우리나라의 경우와 마찬가지로 이곳 한반도에서도 서해안과 동해안은 명확한 차이를 보이고 있다. 한쪽은 해안의 굴곡이 이루어져 좋은 정박지가 풍부한 반면 다른 한쪽은 변화 없이 단조로워 정박지로 확실히 좋지 못한 곳이다. 한국의 곡창지대로 불리는 전라도는 토양이 비옥하고 경관이 수려한 점에서 우리의 토스카나 지방에 견줄 만한 지역이다. 북부에는 우리의 피에몬테 지방에 해당할 만한 평안도가 있는데 이곳 사람들은 조용히 글을 공부하는 것보다 전쟁의 참혹함에 더 익숙하며 지금도 평양투사들로 알려진 가장 훌륭한 전사들을 공급하고 있다." (Part I, pp.16~18)

14 형벌제도

II-105

II-106

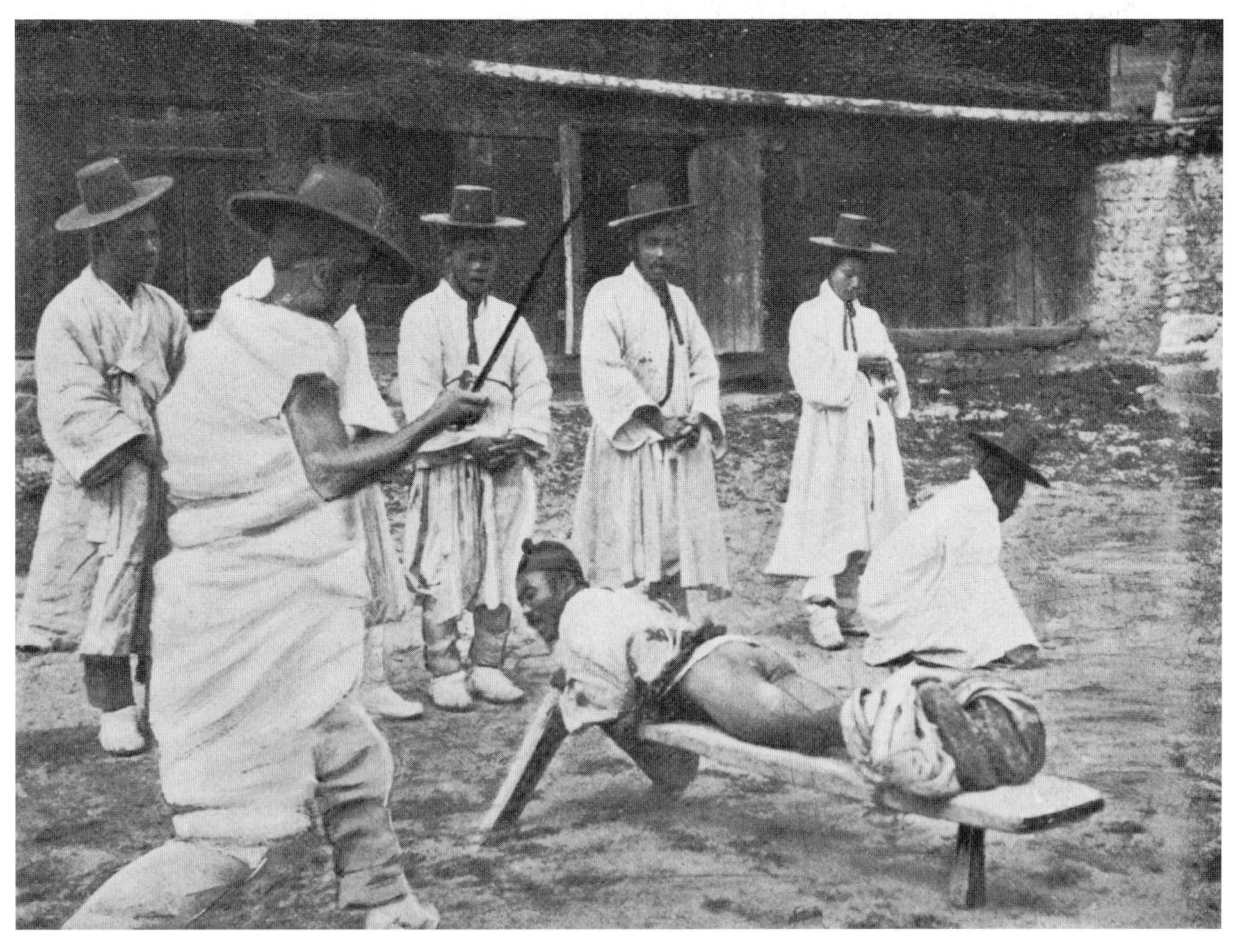

관가(ganca)의 기결죄수
목에 칼을 차고 한군데에 모여 벌을 쬐고 있는 듯한 죄인들의 모습이다. 근대시기 서양인들의 저작물에 비교적 널리 소개되어 있는 사진 자료이다.　　　　　　　　　　　　　　　　　　Ⅱ-105

한국의 형벌 절차 – 증인심문
주변에 구경꾼들이 모여든 가운데 갈모를 쓴 형리들이 죄수의 팔다리를 묶어 주리를 틀고 있는 장면이다. 제임스 게일(James S. Gale)이 지은 『선구자(The Vanguard)』(1904)에도 동일한 판형의 사진자료가 수록되어 있다.　　　　　　　　　　　　　　　　　　　　Ⅱ-106

한국 법정의 심문
여러 명의 형리(刑吏)가 둘러싼 가운데 죄수의 볼기짝에 회초리로 매질을 하는 태형(笞刑)을 집행하고 있는 광경이다.　　　　　　　　　　　　　　　　　　　　　　　　Ⅱ-107

II-109

정의가 실현되다

1884년 갑신정변의 주역이었던 김옥균(金玉均; 1851~1894)의 잘린 목이 한강변 양화진(楊花鎭)에서 효수(梟首)되고 있는 광경이다. 그의 목을 걸어둔 삼각대에는 '대역부도옥균(大逆不道玉均)'이라고 쓴 글씨도 함께 붙어 있다. 1894년 3월 중국 상하이에서 홍종우(洪鍾宇; 1854~1913)가 그를 쏘아죽이자, 그의 시신은 곧 조선으로 옮겨져 이곳에서 능지처참을 당하였다. 로제티는 이 사진에다 흥미롭게도 '정의가 실현되다(Giustizia e fatta)'라는 제목을 붙이고 있다. II-108

반란의 종말

참수형을 당하고 죽은 죄수들의 목을 효수(梟首)하여 놓은 광경을 담은 스케치이다. 하지만 이것은 현장에서 직접 그려낸 것이 아니라 사진자료를 바탕으로 로제티의 형제인 L. 로제티(L. Rossetti)가 출판을 위해 펜으로 그려준 삽화이다. II-109

"서울에 거주하는 유럽인들만을 대상으로 하여 이익을 얻는 한 부류의 중개인들이 있다. 그들은 서양인 애호가들이 많은 관심을 가질 것이라고 믿는 모든 것을 찾기 위해 돌아다닌다. 그리고 자신들이 구한 상품을 보이기 위해 당신의 집으로 찾아온다. 보통 그들은 아침식사 시간 무렵에 찾아오는데, 그 역시 낮 시간을 덜 무의미하고 단순하게 보내기 위한 방법이다. 그들은 아주 엄숙하게 포장을 열고 자신이 발견한 몇 가지 물건을 내어놓는다. 그리고 그 상품을 보고 난 당신의 얼굴표정을 주의 깊게 관찰한다. 왜냐하면 그것이 가격을 정하는 유일한 방법이기 때문이다. 그 외에 다른 것은 없다. 가격은 표정뿐만 아니라 당신의 지위에 따라서도 결정된다. 이것은 또 다른 한국인들의 장사방식이기도 하다. 즉 당신의 사회적 지위가 높을수록 가격은 올라가고, 당신은 더 지불해야 한다. 여러 해 동안 총영사로 서울에 체류한 내 친구에 따르면, 그의 직원들 중에 실무를 담당하던 사람이 있었는데, 그 사람은 한국에 머물던 동안 매달 말에 계속적으로 물건을 사곤 했다. 그런데 그가 떠나던 날에는 그 가격이 이전 가격의 정확하게 두 배가 되었다고 한다. 그 직원이 떠나간 뒤 자동적으로 구입이 줄었고 정상가격으로 되돌아왔다." (Part II, pp.184~185)

15 한국사람들 – 가게 · 시장

I-077a

I-077b

I-125

*갓 수선공
길옆에 좌판을 펼친 갓 수선공이 작업을 하다 멈추고 잠시 사진촬영에 응하고 있는 모습이다.

I-077a

*갓 수선공과 고객
갓을 고치는 일에 열중하고 있는 수선공 앞에 이를 맡긴 손님이 서서 작업과정을 구경하고 있다.

I-077b

*다듬이 방망이를 만드는 사람
뒤쪽으로 보이는 것은 '히이로' 담배 광고이다. '히이로(Hero)'는 무라이형제상회(村井兄弟商會)가 판매하던 일본제 지권련초(紙卷煙草)인데, 1900년 무렵 수입담배 가운데는 점유율이 가장 높았던 것으로 알려진다. 『독립신문』이나 『황성신문』을 비롯하여 그 시절의 일간지 등에 수록된 이 담배의 광고문안은 그다지 어렵지 않게 찾아낼 수 있다.

I-125

I-078

I-128

I-152

*장례용품 가게
십여 명의 사람들이 모여 있는 가게 옆으로 여러 가지 제기(祭器)를 늘어놓은 모습이 눈에 띈다.

I-078

*떠돌이 신발수선공
길옆에 신발 수선도구를 펼쳐놓고 손님을 기다리고 있는 신발수선공의 모습이다.

I-128

*4월, 달콤한 낮잠
짚신장수가 따사로운 햇살 아래 졸음에 겨운지 좌판 앞에서 꾸벅꾸벅 졸고 있는 광경이다.

I-152

I-160a

I-160b

I-158

*밤장수
밤장수인 어린아이 하나가 좌판에다 작은 무더기로 지어 생밤을 배열하고 있고, 그 앞으로는 여러 명의 다른 아이들이 옹기종기 모여 있는 장면이다.　　　　　　　　　　　　　　　I-160a

*어린 군밤장수
어린아이가 길거리에 좌판을 벌여놓고 직접 불을 피워 군밤을 팔고 있는 모습이다.
　　　　　　　　　　　　　　　　　　　　　　　　　　　　　　　　　　　　I-160b

*서울의 옹기장수
가게 앞에 항아리와 질그릇 등을 내어놓고 손님을 기다리는 옹기장수의 모습이다.　　　I-158

**서울거리의 안경장수
정자관을 갖추고 '선글라스'를 낀 안경장수의 행색이 무척 이채롭게 보인다. (뒷면)　　　I-159

*까끼장수
로제티는 이 사람을 '까끼(kaki, 깍기)장수'로 설명하고 있는데, '까끼'가 정확히 무엇을 말하는 지는 잘 알 수 없다. (뒷면)　　　　　　　　　　　　　　　　　　　　　　　I-161a

건어물상점
북어, 문어다리, 해초 등과 같은 건어물을 늘어놓은 가게의 모습이다. (뒷면)　　　　II-034

유기전(鍮器廛)
좌판 위에 놋그릇, 촛대, 꽹과리 등을 늘어놓은 모습이 눈에 띈다. (뒷면)　　　　　II-182

I-159

I-161a

II-034

II-182

I-161b

I-162

I-168

*서울거리의 싸구려 식당
거리의 한 모퉁이에서 부침개를 팔고 있는 여인의 모습이다.   I-161b

*나막신 수선공
갓 쓴 차림에 나막신을 수선하는 사람과 '게다'를 신고 이를 지켜보는 일본인 어린아이의 모습이 묘한 대조를 이루고 있다.   I-162

*가마상점
가마를 수선하거나 만들어서 파는 가게의 모습이다.   I-168

I-076

I-025

II-023a

II-022a

II-186

＊숯장수
사진에는 '숯장수' 라는 설명이 붙어 있으나, 두 사람의 정체가 무엇인지는 잘 분간이 되지 않는다.
(앞면)　　　　　　　　　　　　　　　　　　　　　　　　　　　　　　　　I-076

＊서울의 거리에서 - 쿨리
'독장수' 의 모습인지 아니면 독을 배달해주는 '지게꾼' 의 모습인지는 잘 분간이 되지 않으나, 로제티는 서울의 길거리에서 마주친 이 사람에 대해 '쿨리(coolie)' 라는 명칭을 붙여놓고 있다.
(앞면)　　　　　　　　　　　　　　　　　　　　　　　　　　　　　　　　I-025

＊땔감장수
지게에 땔감을 져 나르는 모습인데, 이 사람의 신분은 정확치 않다. (앞면)　　　II-023a

＊꿩장수
잡아들인 꿩을 줄줄이 엮어 꿰차고 이를 팔러 다니는 행상의 모습이다. (앞면)　　II-022a

한국의 어느 대장간
대장장이 두 사람이 망치로 달군 쇠를 두드리고 있는 광경이다.　　　　　　　II-186

떠돌아다니는 부상(負商)
이러한 설명문과는 달리 떡시루와 같은 항아리를 져 나르고 있는 지게꾼의 모습인 듯하다.　II-187

소반(小盤)을 져 나르는 짐꾼
소반을 한 줄씩 묶어서 지게 위에 잔뜩 쌓아올린 광경이 이채롭다.　　　　　　II-150

II-187

II-150

II-035

II-051

II-174

** 서울-곡물시장
이 시장의 위치는 정확하게 표시되어 있지 않으나 건물의 형태로 보아 오늘날의 남대문시장에 해당하는 '선혜창장시(宣惠倉場市)'의 모습인 듯하다.   II-035

의자를 운반하는 두 '쿨리'들
로제티는 의자를 져 나르고 있는 이들 지게꾼에게도 '쿨리(coolie)'라는 명칭을 사용하고 있다.
    II-051

염색하는 구역에서
전차선로가 놓여 있는 한길에서 흰 천에다 진한 물감을 칠하고 있는 장면이다. 저 뒤로는 '안경방(眼鏡房)'이라고 쓴 간판이 보인다.   II-174

II-177

II-179

II-183

골동품가게
사진에는 '골동품가게'라는 제목이 붙어 있으나, 정확히 어떤 품목을 취급하는지는 잘 가늠하기 어렵다. 가게 앞에는 아이들과 함께 개 한 마리가 함께 서 있는 모습이 눈길을 끈다.　　II-177

바구니가게와 철물점
왼쪽은 죽제품을 다루는 가게이고, 오른쪽은 농기구와 같은 철물을 취급하는 가게이다. 두 가게의 사이에는 지붕처마에 석유등(石油燈)을 달아놓은 모습도 보인다.　　II-179

서울의 잡화점
그야말로 만물상과 같이 다양한 상품이 진열되어 있는 잡화점의 모습이다.　　II-183

I-129a

＊떠돌이 신발수선공
길옆에 판을 벌여놓고 수선작업에 열중하고 있는 신발수선공의 모습이다.　　　　I-129a

16 한국사람들 – 거리풍경

I-120a

* **혼례행렬**
말을 탄 신랑이 앞서고 가마를 탄 신부가 뒤따르는 전형적인 한국식 혼례행렬의 모습이다. 이 광경이 무척 인상적이었던 모양인지, 로제티의 책 '제1권' 속표지를 장식하는 이미지로 바로 이 사진을 선택하여 그 자리에 배치하고 있다. 말하자면 〈도판 I-001〉은 이 사진과 동일한 판형이므로 이를 별도로 게재하지 않기로 한다. I-120a

* **지붕의 이엉엮기**
초가지붕에 얹을 이엉을 엮다가 잠시 사진 촬영에 응하고 있는 사람들의 모습이다. I-069

서울의 한 거리
개천(開川, 청계천)의 천변길을 통행하는 사람들의 모습이다. I-070

I-069

I-070

I-018b

I-019a

* **서울 교외의 농부**
삿갓을 쓰고 망태를 멘 모습에서 농부의 기본적인 차림새를 느낄 수 있다. I-018b

* **한국 평민의 전형**
로제티가 서울에 머물던 당시 전형적인 한국사람의 모습이라고 판단하여 지나가는 사람을 불러 세워 그대로 사진에 담아낸 듯하다. 그야말로 의관을 정제한 가지런한 차림새이다. I-019a

* **아이와 소년과 노인**
상투 차림의 노인과 머리를 뒤로 땋은 소년, 그리고 어린아이가 거리에 나란히 선 모습이다.
I-018a

* **한국의 어린이들**
서당과 같은 곳에 다니는 아이들이 단체로 가벼운 작업도구 등을 들고 나와서 집 앞에서 사진촬영에 응하고 있는 모습이다. 사진의 한가운데에 개 한 마리도 자리를 차지하고 있는 것이 인상적이다. I-127

I-018a

I-127

I-072

한국의 짐수레
진고개 인근에서 소달구지에 석재를 실어 나르는 광경이다. 사진의 왼쪽 위에 보이는 서양식 건물은 명동성당의 남쪽구역에 자리했던 '샬트르 성바오로 수도회'의 수녀원(修女院) 건물이다. 이 가운데 앞쪽으로 낮게 보이는 2층 목조건물은 1890년 9월에 준공된 최초의 수녀원(나중에 고아원으로 전용)이며, 뒤쪽으로 높게 보이는 3층 벽돌건물은 10년 뒤에 새로 지은 수녀원 본원(1897년 8월 착공, 1900년 9월 준공)이다. I-072

＊서울거리의 한 가지 즐거움
땔감시장에서 팔려나갈 장작을 묶어 황소의 잔등에 높이 매달아 올린 모습이 인상적이다. I-074

＊＊서울의 거리에서 - 땔감을 실은 황소
땔감용 잔솔가지를 잔뜩 실은 황소를 끌고 사람들이 삼삼오오 모여 있는 광경이다. 로제티는 이러한 땔감시장이 육조거리와 종각 부근의 교차로에 형성되어 있다고 적었다. I-073

I-074

I-073

I-126

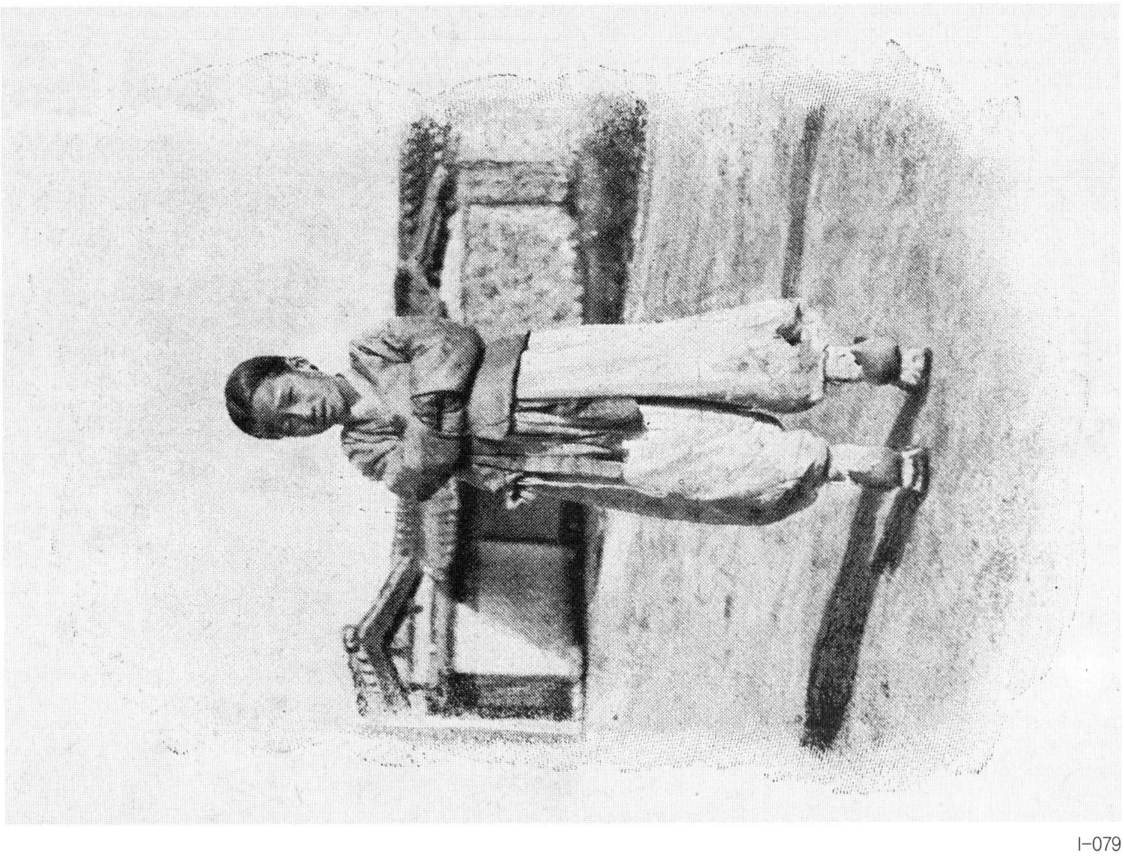

I-079

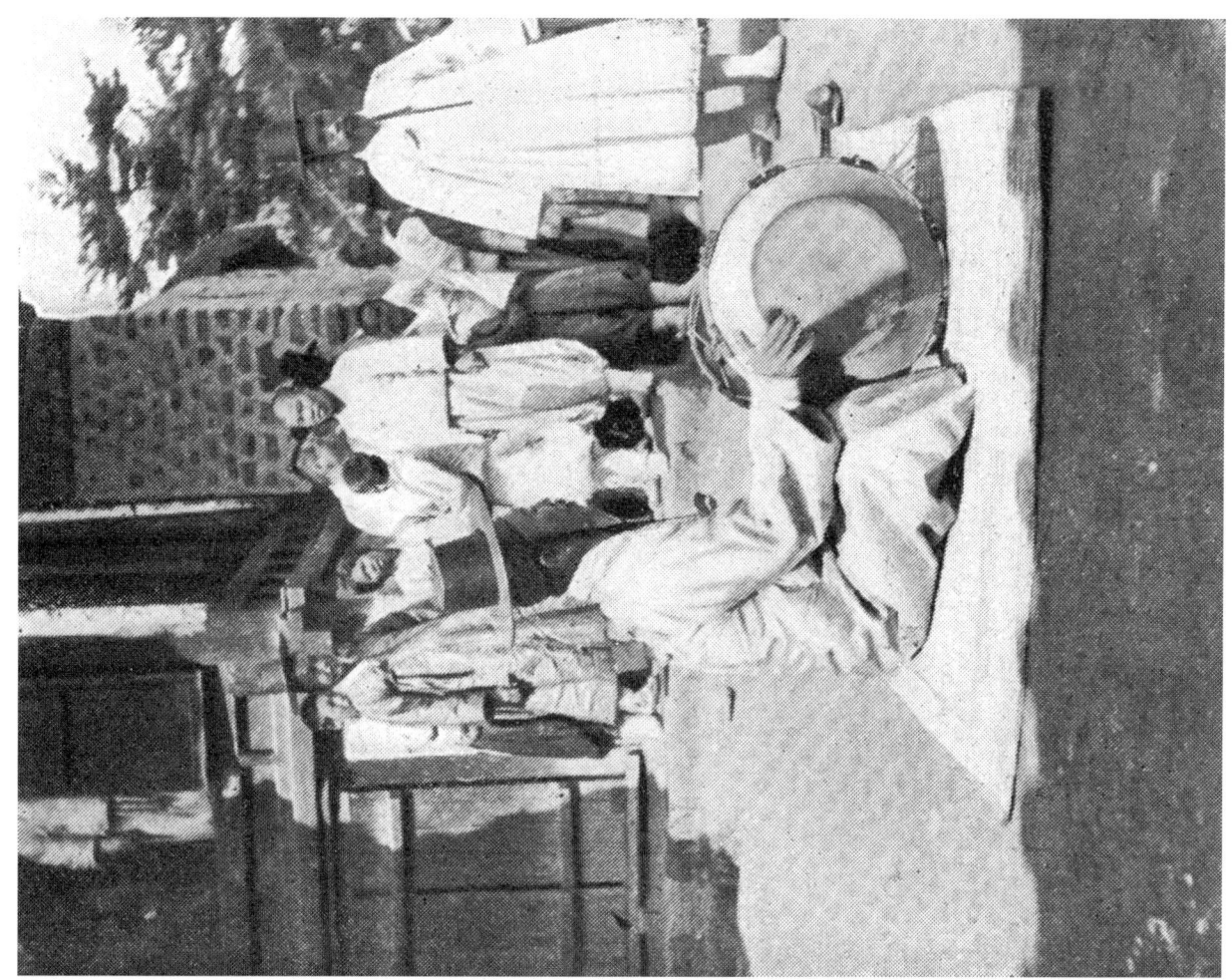

I-147

* **한국의 어린이들**
길거리에 여러 명의 아이와 어른 한 사람이 나란히 늘어선 모습이다. 길바닥이 질퍽한 탓인지 모두들 나막신을 신고 있는 모습이 눈에 띈다.   I-126

* **나막신을 신은 소년**
서울거리에서 마주친 나막신을 신은 어린아이의 모습이다. 로제티는 "서울거리의 진흙길은 너무나 질퍽거리므로 주민들은 바닥이 높은 나막신을 신고 다니는데 이 때문에 걸음걸이가 매우 부자연스러워서 마치 목발 위에서 걸어가는 것 같다"고 하면서 "이동(泥洞, 진골)이라는 마을 이름은 차라리 서울 전체에 붙이는 것이 더 적합하다"고 적었다.   I-079

* **한국의 가락**
길 한쪽에 거적을 깔고 앉아 장고의 장단을 맞추고 있는 사내의 모습이다.   I-147

서울의 거리에서, 가리아쪼의 작품
서울거리의 풍경을 삼색 컬러로 담아낸 이 도판은 이탈리아 화가 가리아쪼(P. A. Gariazzo)가 그린 그림이다. 그의 정체에 대해서는 자세히 알려진 바 없으나, 로제티가 쓴 서문에서만 그의 이름이 등장하는 것으로 보아 그는 로제티가 수집한 사진 자료를 바탕으로 하여 단지 출판을 위한 그림을 그려준 역할을 했던 것으로 판단된다. 물론 그가 직접 서울에 와서 이 그림을 그렸다는 특별한 증거는 찾아볼 수 없다.
I-124f

순수한 한국인 혈통

이탈리아의 화가 가리아쪼(P. A. Gariazzo)가 그린 서울거리의 풍경이다. 로제티의 책을 살펴보면 그가 직접 서울에 와서 그림을 그렸다는 증거는 전혀 찾아볼 수 없으므로, 이 그림은 로제티가 수집한 사진자료를 바탕으로 단지 출판을 위해 다시 그려낸 것으로 판단된다. 그림의 배경이 되는 공간은 육조거리의 땔감시장인 듯하나, 실제 장소에 비한다면 필선이 많이 생략된 느낌이다.

II-092f

I-153a

I-153b

I-170

*어려운 행마
길거리의 양지바른 곳에 두 사람이 거적을 깔고 앉아 장기판에 열중하고 있다.

I-153a

장기 한판
야외에서 몇 사람이 모여 장기판을 벌이고 있는 광경이다. 그런데 이 사진은 1904년 러일전쟁 당시 한국이 처한 상황을 빗대어 드러내기 위해 서양의 화보잡지와 저작물 등에 간혹 인용되기도 했다. 예를 들어 『일뤼스트라시옹(L'Illustration)』 1904년 9월 3일자에는 "자신의 영토가 분란이 되고 있는 동안에 한가로이 장기나 두고 있는 한국사람들"이라는 의미로 이 사진을 옮겨 그린 삽화가 소개된 바 있다.

I-153b

*서울 거지들의 움막
공사를 위해 목재더미를 쌓아둔 곳에 거지들의 움막이 설치되어 있다. 움막 앞에는 따스한 햇살에 몸이 늘어진 것인지 잠을 자는 어린 아이의 모습도 보인다.

I-170

I-163

*밥 먹는 사람들
지게꾼 두 사람이 움막처럼 만들어진 곳에서 술과 식사를 즐기는 모습이다. 뒤로 보이는 축대의 모양으로 보아 이곳은 하천변에 만들어진 움막집이 아닌가 여겨진다.　　　I-163

**서울성벽 아래의 여인들
어딘가로 함께 이동을 하는 것인지 보따리를 머리에 인 비슷한 복색의 여인들이 성벽아래에 모여 있는 장면이다. 때마침 이곳을 지나던 일본인 복장의 한 남자도 이들을 배경으로 사진촬영에 응하고 있다.　　　II-028

**한국 농촌의 아이들
갈퀴로 땔감에 쓸 잔솔가지를 망태에 가득 담은 아이들이 사진촬영에 응하여 한 자리에 모여든 장면이다.　　　II-029

II-028

II-029

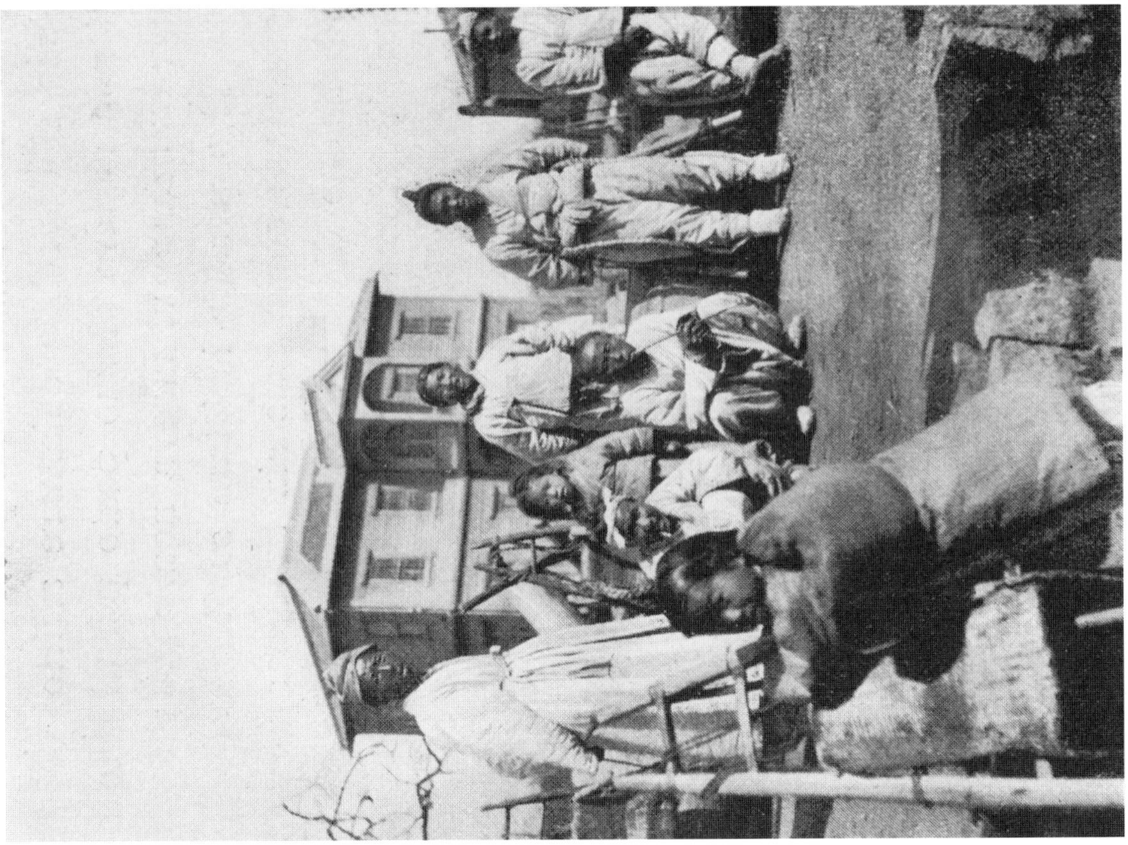

II-069

I-154

I-130

*한 무리의 쿨리들
추운 날씨에 한 군데에 모여 일거리를 기다리며 소일하는 지게꾼들의 모습이다. II-069

*명상
남루한 행색의 노인 한 사람이 담뱃대를 물고 햇볕을 즐기며 한가로이 시간을 보내는 광경이다. 어쨌거나 이 사진에는 '명상'이라는 근사한 제목이 붙어 있다. I-154

*아무 일도 하지 않는 것의 달콤함
걸인 행색의 두 사람이 양지바른 곳에 앉아 한가로이 햇볕을 즐기고 있는 모습이다. 거의 '무위도식'에 가까운 상태인 듯하다. I-130

II-086

II-087

II-119

한국의 편자 박기
소의 발바닥에는 따로 편자를 붙일 일이 거의 없으므로, 사진에 보이는 것은 소 발굽을 다듬거나 고쳐주는 광경이라고 보면 맞을 것이다.

II-086

한강의 얼음낚시
일가족인 듯한 사람들이 매서운 날씨에 한강의 얼음을 깨고 겨울낚시를 하고 있는 광경이다.

II-087

서울의 어느 마구간
마구간에서 말들이 여물을 먹고 있는 장면이다.

II-119

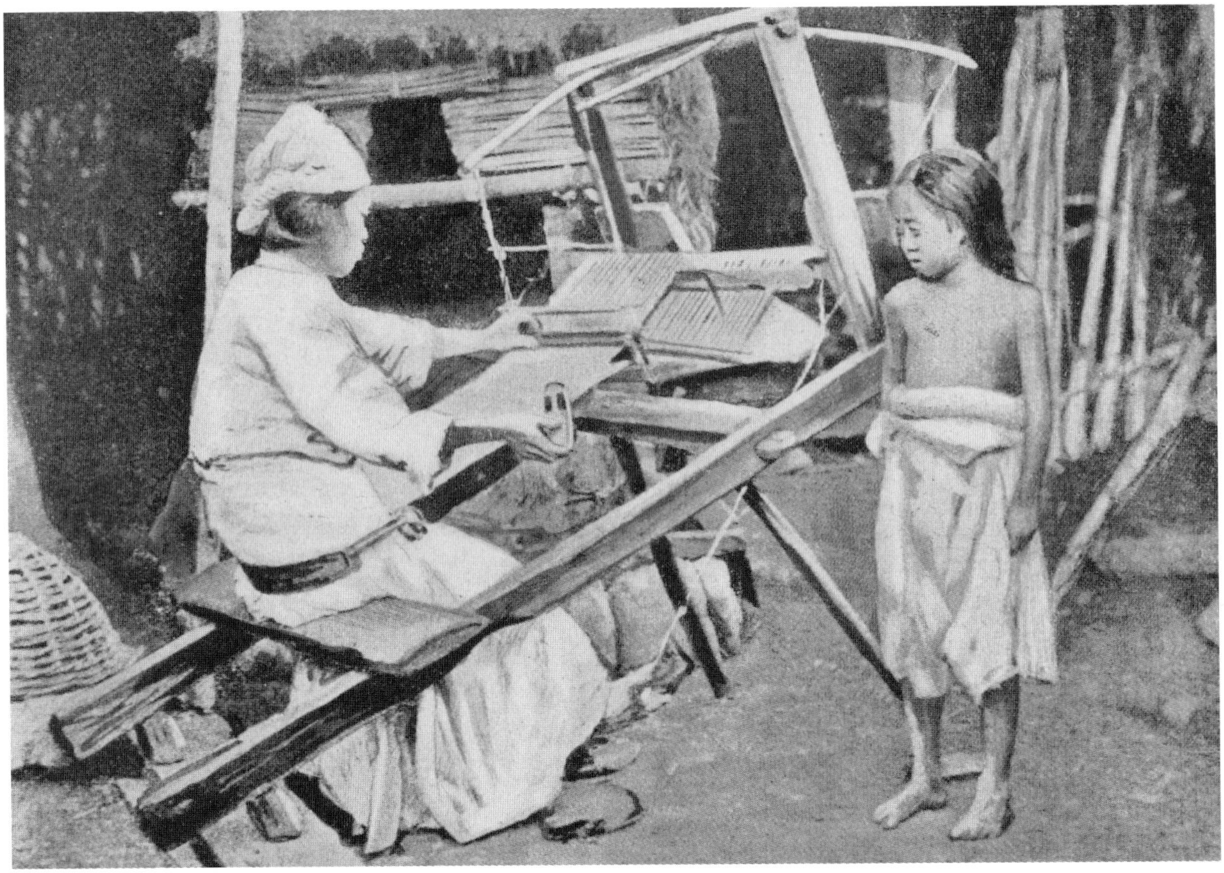

II-154

II-155

II-162

베틀 짜기
베틀을 짜는 어느 아낙네와 이를 지켜보는 아이의 모습이다.   II-154

땅을 뒤집는 농부들
여러 사람들이 모여 가래질을 하면서 집터 고르기를 하거나 터파기를 하는 광경인 듯하다. 뒤쪽으로 인왕산 자락이 보이는 것으로 보아 이곳이 서울이라는 점에서도, 이 사람들의 신분을 '농부들' 이라고 하는 설명은 잘못된 것으로 보인다.   II-155

토담 쌓기
세운 널빤지로 틀을 짜 만들고 그 안에 채운 흙을 다져 담장을 쌓아 올리는 광경이다. 앵거스 해밀턴(Angus Hamilton)의 『코리아(Korea)』(1904)에도 이와 동일한 판형이 수록되어 있다.   II-162

서울의 어느 장례식
서울의 어느 거리를 제법 성대한 장례행렬이 지나고 있는 광경이다. (뒷면)   II-158

잡담
담뱃대를 문 두 사람이 한가로이 잡담을 나누는 광경인데, 이건 사진 자료를 바탕으로 펜으로 다시 그려낸 스케치이다. 로제티가 정리한 도판목록에는 그의 형제인 L. 로제티(L. Rossetti)가 출판을 위해 펜으로 그려준 것이라는 설명이 남아 있다. (뒷면)   II-099

II-158

II-099

232

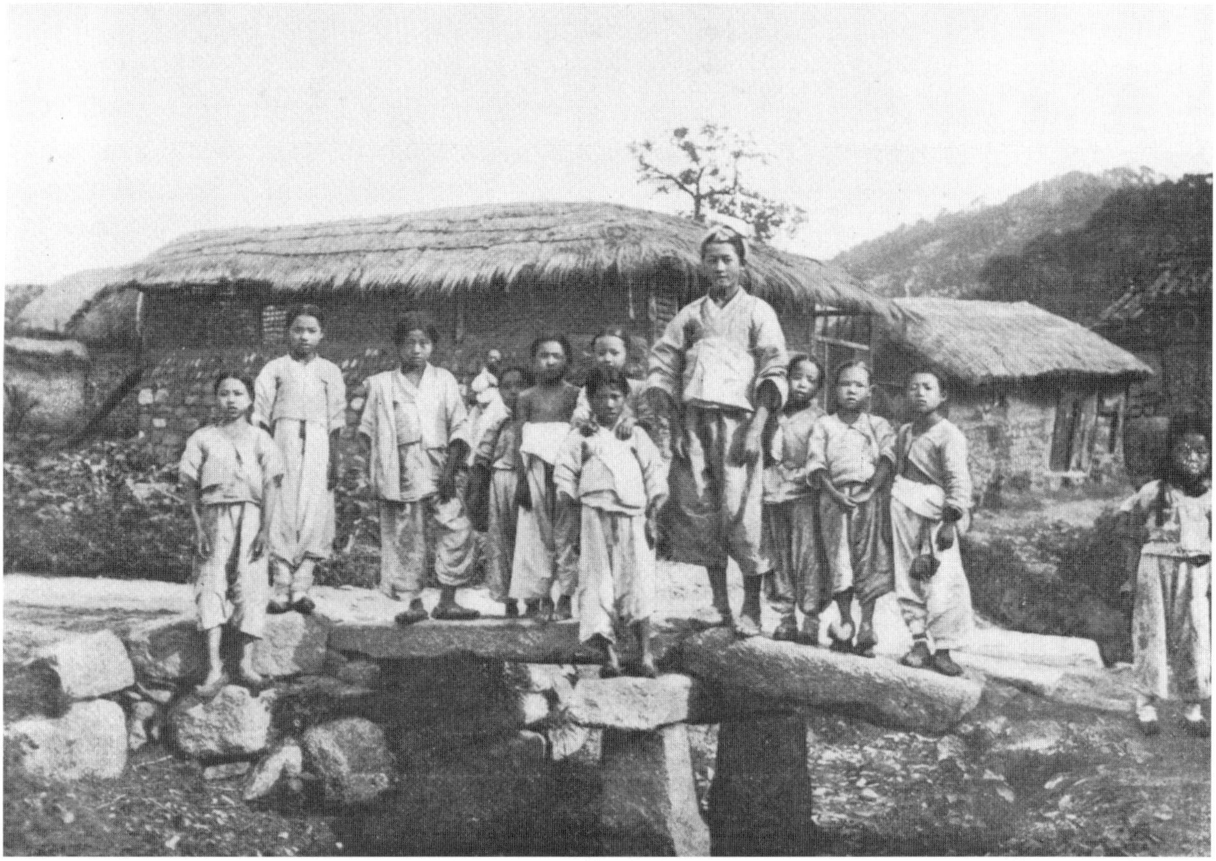

II-165

II-063

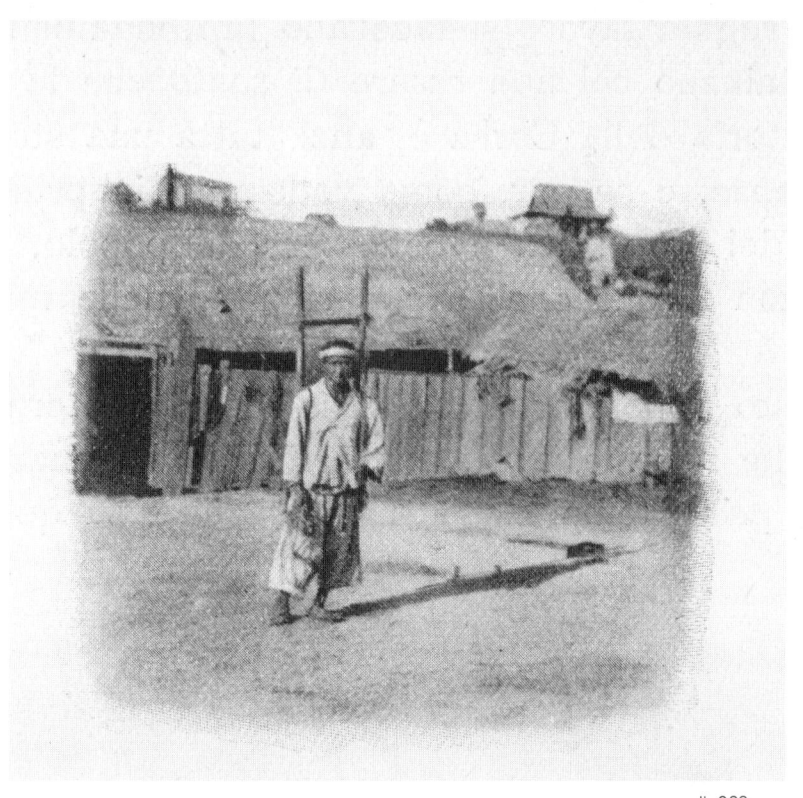

한국의 시골 어린이들
작은 돌다리 위에 잔뜩 모여든 동네 아이들의 모습이다. II-165

***어느 쿨리**
로제티는 지게꾼에 대해 예외 없이 '쿨리(coolie)'라는 표현을 붙이고 있다. II-063

I-129b

II-163

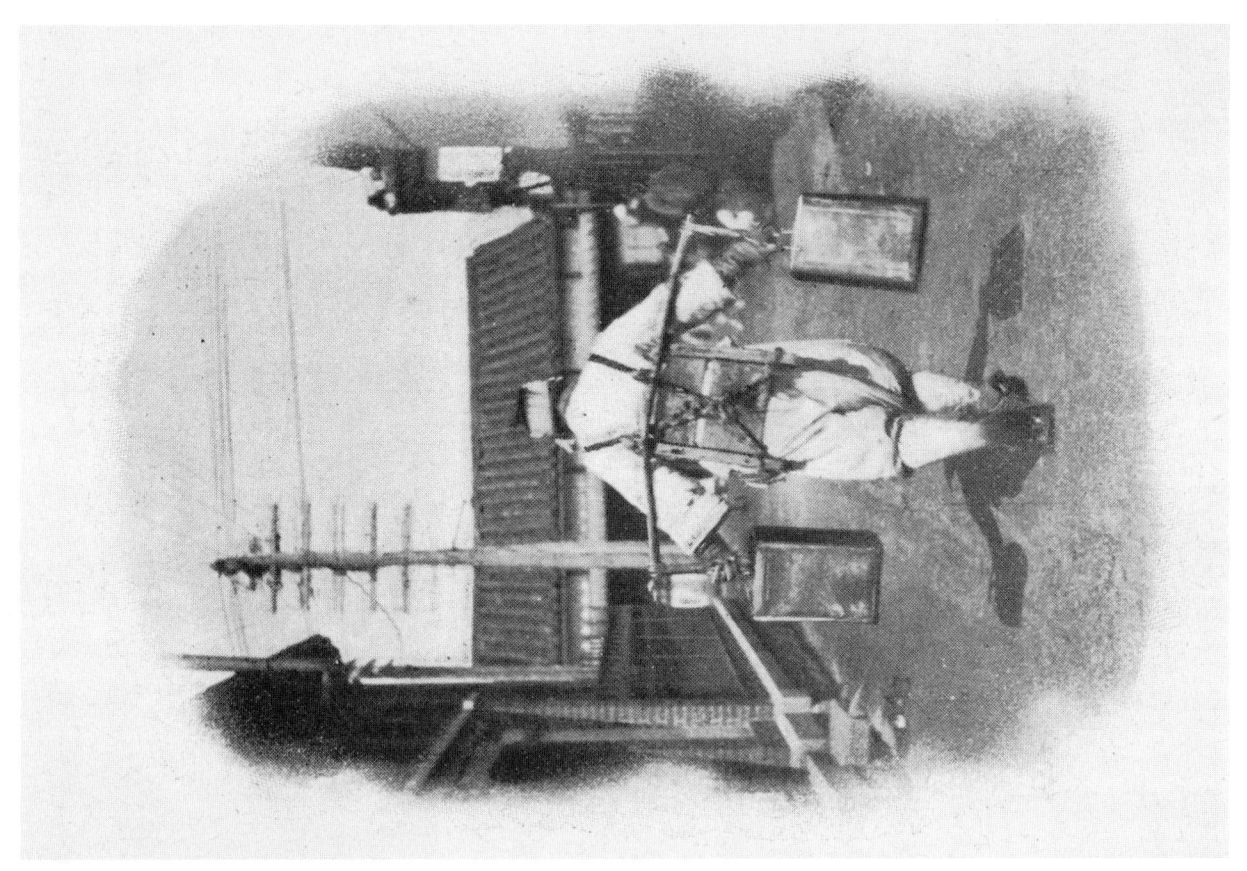

Ⅱ-025

*빨래터
사진의 왼쪽 위로 서울성벽이 이어진 모습이 눈에 띄는 걸로 보아 이곳은 서대문 바깥쪽에 있는
어느 빨래터의 풍경인 듯하다.   I-129b

한국의 혼례식
전통혼례복식을 갖춘 신랑신부가 나란히 선 모습이다.   Ⅱ-163

*물지게꾼
물지게에 양철통 양동이를 지고 골목길을 걸어가는 물장수의 뒷모습이다. 원래 물지게꾼들은 나
무로 짠 물통을 사용하는 것이 보통이었으나 수입 석유통이 등장하면서 이를 개조하여 만든 가벼
운 양철물통이 그 자리를 대신하게 되었다.   Ⅱ-025

*빨래터
정확한 위치는 알 수 없으나 작은 개울에 만들어진 빨래터의 모습이다. 여기에 십여 명의 아낙네들이 모여들어 빨래를 하고 있고, 그 옆으로는 어떤 사내가 창호지를 새로 바르기 위해 창살문을 뜯어 와서 씻고 있는 광경도 눈에 띈다.   I-047

빨래터
하천의 폭이 제법 넓고 천변에 석축이 가지런히 정돈되어 있는 모양으로 판단컨대, 이곳은 개천 (開川, 청계천)에 있던 어느 빨래터의 광경으로 여겨진다.   II-020

**서울의 거리에서 – 우물
서울의 어느 공동우물에 몇 명의 아낙네들이 모여들어 물을 긷는 풍경이다. 그 옆에는 각 가정으로 식수를 배달하는 물지게꾼의 모습도 보인다.   I-067

II-020

I-067

한낮
걸인의 움막처럼 보이는 곳에서 밥을 먹고 있는 광경이다. 그 뒤로 보이는 사람들은 일거리를 기다리는 지게꾼들이다. 에밀 부르다레(Emile Bourdaret)의 『한국에서(En Coree)』(1904)에도 이와 동일한 도판이 수록되어 있다.

17 한국사람들 – 야외행사

I-139b

II-060Ia

*서울 근교

사진의 원문에는 특별한 표시가 없이 '서울 근교'로만 표시되어 있어서 정확한 위치를 가늠하기 어렵다. 다만, 〈도판 II-060fa〉와 비교해보면 이것과 거의 동일한 지역에서 촬영된 것인 듯하다. 사진 속에는 어떤 행사를 위해 사람들이 점점 모여드는 장면이 담겨져 있는데, 이것은 〈도판 I-169a〉 등에서 보이는 천연두(天然痘)에 걸린 영친왕(英親王; 1897~1970)이 병에서 회복된 것을 축하하기 위해 베풀어진 야외행사와 관련된 것으로 판단된다.   I-139b

서울 근교

이것은 〈도판 I-139b〉와 거의 동일한 지역에서 촬영된 것으로 보이며, 천연두에 걸린 영친왕이 병에서 회복된 것을 축하하기 위해 베풀어진 야외행사와 관련된 것인 듯하다.   II-060fa

*천연두의 혼령을 위해 황제폐하에 의해 베풀어진 야외잔치

사진에 보이는 것은 1903년 4월에 어린 나이의 영친왕이 천연두에 걸렸다가 병세가 회복되자 이를 경축하기 위해 벌어진 야외 행사 장면이다. 로제티는 이와 관련하여 "병이 생긴 지 30일째 되는 날, 천연두의 혼령이 떠났다고 생각되면 환자가 위기에서 벗어났다고 큰 잔치를 벌인다. …… 이외에도 특별한 축하 행사들이 마련되었는데 서울의 주위에는 8일 이상 황실이 제공해주는 공연을 즐기기 위해 모여든 사람들의 흥겨운 노래와 음악소리가 울려퍼졌다"고 적고 있다.   I-169a

*천연두의 혼령을 위해 황제폐하에 의해 베풀어진 야외잔치

사진의 제목에 '천연두의 혼령'이라고 한 것은 '두신(痘神)'을 가리킨다. 로제티의 책에는 궁내부 시의였던 서양인 의사 분쉬(Richard Wunsch, 富彦士; 1869~1911)의 진찰을 마다하고 무당의 힘에 의지하여 병을 치료하는 상황을 꼬집는 한편 천연두의 혼령을 떠나보내는 풍속에 대한 소개가 자세히 수록되어 있다. 이와 관련하여 『황성신문』1903년 4월 18일자에는 "영친왕전하께옵서 두후(痘候)를 순경하오매 방가에 막대한 경사라 구래전행하는 속례를 의하야 두신(痘神)을 배송하는데 재작일에 동북양궐에서 송신(送神)하는 절차를 거행하였고, 작일에는 경운궁에 송신례(送神禮)를 성설하고 무녀 등을 소집하야 오강에 선척을 취람하고 노량강변까지 전송하는데 ……운운"하는 내용의 기사가 남아 있다. (뒷면)   I-169b

*군중

사진에는 단지 '군중'이라고만 표시되어 있으나, 이것은 〈도판 I-169a〉와 〈도판 I-169b〉에 담겨진 내용과 동일한 연속사진이다. 1903년 4월에 영친왕의 천연두 발병으로 인하여 당시 궁궐과 관청의 업무가 모두 중단되었을 뿐만 아니라 당초 그달로 예정되어 있는 칭경기념예식(稱慶紀念禮式)이 재차 연기되기도 하였다.

(뒷면)   I-140fb

18 한국사람들 – 관리 · 인물

I-109b

한국의 관리들
각각 차림새를 달리한 네 사람이 사진관에서 기념 촬영을 한 모습이다. 사진에는 '한국의 관리들'
이라는 설명이 붙어 있으나, 이들의 신분이 실제로 관리들인지 아니면 한국의 풍물을 소개하기 위
해 인위적으로 '연출한' 사진관사진의 일종인지는 분명하지 않다.

I-109b

**한국의 어느 대신
사진에는 '대신'이라는 설명이 붙어 있으나, 아쉽게도 이 사람이 누구인지는 구체적으로 잘 알 수
없다.

I-102

외부대신 조병식
조병식(趙秉式 ; 1832~1907)은 로제티가 이탈리아 영사로 서울에 부임했을 당시 외부대신(外
部大臣, 재임 1902. 10. 31~1903. 2. 7)이었던 인물이다.

I-103

I-102

I-103

245

II-094

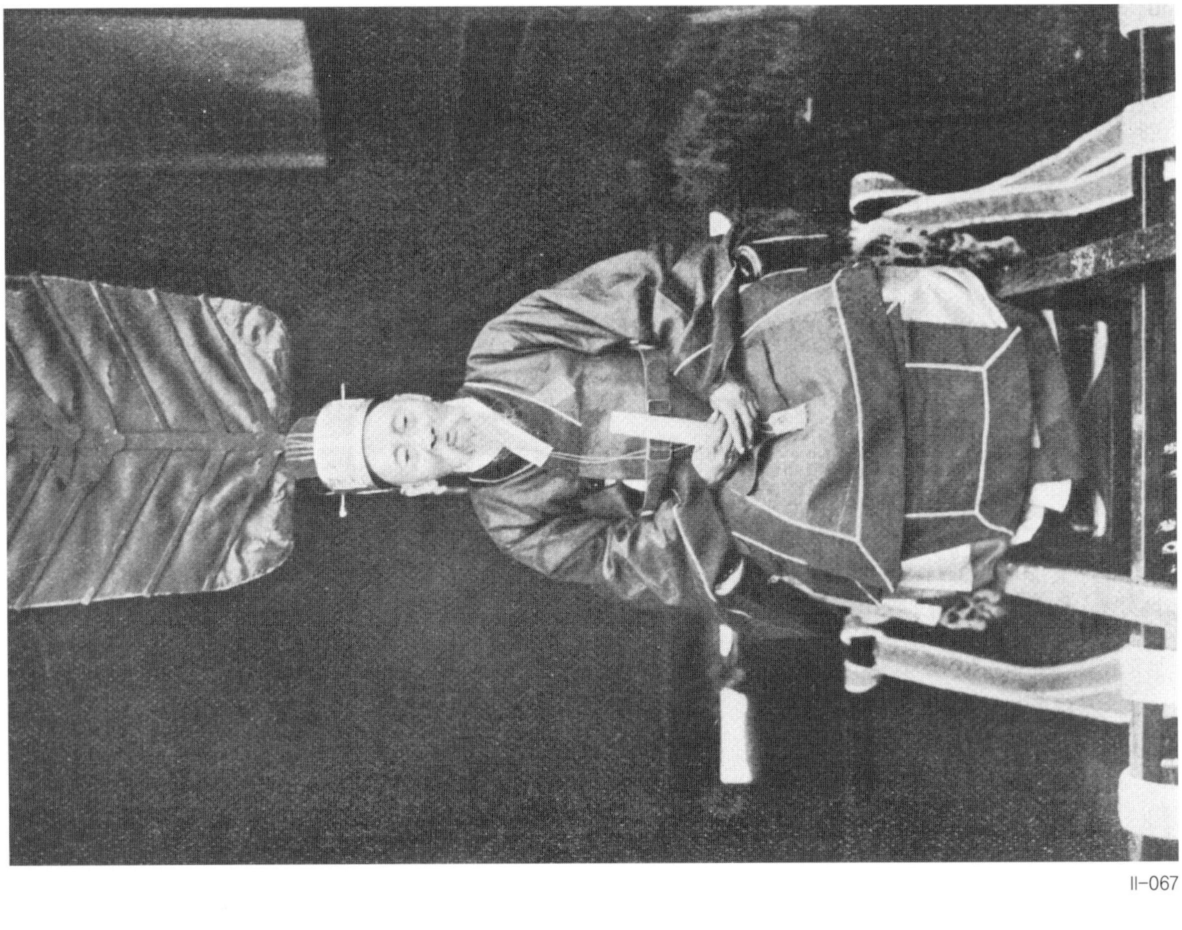

II-067

II-095

관복 차림의 전 내각총리대신 윤용선
1896년 이래 내각총리대신(內閣總理大臣)과 의정대신(議政大臣)을 여러 차례 지낸 윤용선(尹容善; 1829~1904)의 모습이다. 언더우드 부인(Lillias H. Underwood; 1851~1921)이 지은 『상투쟁이들과의 15년(Fifteen Years among The Top-Knots)』(1904)에도 이와 동일한 판형이 수록되어 있는데, 이 책에는 이 사람을 '김윤식(金允植)'이라고 잘못 소개하고 있다.   II-094

사인남여(四人籃輿)를 탄 대례복(大禮服) 차림의 한국 대신
사진 속의 인물은 윤용선(尹容善; 1829~1904)이다. 그는 1896년에 내각총리대신(內閣總理大臣)을 지냈으며, 1898년 이후로 여러 해 동안 의정대신(議政大臣)의 자리에 머물렀다. 그는 특히 순정효황후 윤씨(純貞孝皇后 尹氏; 1894~1966)의 증조부이기도 하다.

II-067

관복 차림의 고관(판서) 이정로
이정로(李正魯; 1838~1923)는 1892년에 공조판서(工曹判書)와 예조판서(禮曹判書)를, 그리고 1894년에 형조판서(刑曹判書)와 이조판서(吏曹判書)를 각각 역임하였고, 대한제국 시절에는 비서원경(秘書院卿), 장례원경(掌禮院卿), 시종원경(侍從院卿)의 직책을 두루 맡았던 인물이다. 그는 경술국치 이후 일제에 의해 조선귀족령(朝鮮貴族令)에 따른 남작(男爵)의 작위를 받은 사람이기도 하다.   II-095

II-114b

II-114a

II-114c

II-153b

민영환, 한국의 육군 장군

새삼 설명을 달 필요가 없을 만큼 잘 알려져 있는 민영환(閔泳煥; 1861~1905)의 모습이다. 그는 1896년 11월 12일에 군부대신(軍部大臣)의 자리에 오르기에 앞서 같은 날 육군부장(陸軍副將)에 임명된 바 있었다. 로제티의 책에 군복 '예복' 차림에다 '육군 장군'이라는 제목으로 민영환의 모습이 소개된 것은, 로제티 그 자신이 군인의 신분이었던 탓에 한국의 군사제도와 군대 상황 등에 대한 관심이 유독 많았기 때문으로 풀이된다. 실제로 로제티가 서울에 머물던 당시에는 민영환이 줄곧 표훈원 총재(表勳院 總裁)의 자리에 있었으나, 로제티에게는 그가 '육군부장'이라는 사실이 더 깊이 각인되었던 모양이다. (앞면)   II-114b

평상복을 갖춘 한국 장군

'상의(常衣)'라고 부르는 제복 차림의 사진 속 인물은 조동윤(趙東潤; 1871~1923)이다. 그는 신정왕후 조씨(神貞王后 趙氏, 조대비)의 친정 조카인 조영하(趙寧夏; 1845~1884)의 아들이기도 한데, 1898년 11월에 육군참장(陸軍參將)이 되는 동시에 군부협판(軍部協辦)의 자리에 오른 이후 1899년 8월에 육군부장(陸軍副將)으로 승진하였고, 이어서 무관학교장(武官學校長), 배종무관장(陪從武官長), 시종무관장(侍從武官長) 등을 역임하였다. 그리고 그는 경술국치 이후 일제에 의해 조선귀족령(朝鮮貴族令)에 따른 남작(男爵)의 작위를 받은 사람이기도 하다. (앞면)   II-114a

고위직 한국 장군

'예복'으로 부르는 군복 차림으로 사진에 나오는 인물은 1896년 이래 여러 차례 궁내부대신(宮內府大臣)을 지낸 이재순(李載純; 1851~1904)이다. 그는 은언군(恩彦君), 전계대원군(全溪大院君), 영평군(永平君)으로 이어지는 사도세자(思悼世子)의 직계후손이다. 근대시기 서울에 살던 서양인들에게는 그가 '황제의 사촌(cousin)'으로 알려져 있으나, 정확하게는 고종(高宗)과는 '팔촌지간'이다. 또한 그는 흔히 '뚱보공(The Fat Prince)'으로도 널리 호칭되었는데, 이는 그의 몸집이 비대한데다 그가 1899년에 '청안군(淸安君, Prince Chung-an)'으로 봉작된 데서 나온 별명이다. 한편, 로제티의 책에 그의 사진이 '한국 장군'으로 소개된 것은 그 역시 궁내부대신 시절이던 1899년 5월 14일에 육군부장(陸軍副將)으로 임명된 신분이었던 탓으로 풀이된다. (앞면)   II-114c

불교 승려

호머 헐버트(Homer B. Hulbert; 1863~1949)가 지은 『대한제국의 쇠망(The Passing of Korea)』(1906)에도 이와 동일한 도판이 수록되어 있다. 사진관 내부에서 촬영한 이 사람의 정체에 대해 간혹 '개화승 이동인(開化僧 李東仁)'이라고도 알려지고 있으나, 이 부분은 명확한 고증이 필요하다. 이동인의 모습으로 알려진 또 다른 사진자료와 비교해보면, 두 사람은 별개의 인물로 판단된다. (앞면)   II-153b

*이용익

대한제국 시절 탁지부 전원국장(度支部 典圜局長), 내장원경(內藏院卿), 탁지부협판(度支部協辦), 육군참장(陸軍參將), 육군부장(陸軍副將)을 거쳐 군부대신(軍部大臣)과 탁지부대신(度支部大臣)을 지낸 이용익(李容翊; 1854~1907)의 모습이다. 로제티의 책에는 이용익의 득세와 몰락과정에 대한 설명이 비교적 길고 자세하게 수록되어 있다.

II-091

"…… 매우 참담한 상태로 몰락한 양반(yang-ban)일지라도 그에게 당연히 표해야 할 존경을 부정하는 사람은 아무도 없으나, 반면에 아무리 유력한 관리일지라도 양반 출신이 아니면 그에 대한 존경은 부인되고 만다. 예를 들어 탁지부대신이며 황제의 총애를 받고 있던 저명한 이용익(Yi Yong Ik)은 당시 최고의 영예를 누리고 있었음에도 불구하고 나의 하인들 가운데 그 누구도 나를 방문하러 오는 그에게 양반 출신의 다른 정부 관리에게 보였던 존경의 태도를 보여주지 않았던 것으로 나는 기억한다. 그리고 한국인 명사들도 양반계급에 속하는 다른 누군가가 들어올 때면 꼬박꼬박 몸을 일으켜 인사를 하다가도 이용익이 들어오면 꿈쩍하는 사람은 아무도 없었다." (Part I, p.131)

"동양의 생활 특히 한국의 삶 전체가 서양인의 눈앞에 펼쳐지고 있으며 끊임없이 계속되는 변화무쌍한 장면들과 한 번도 본 적이 없는 진기한 풍습들이 느닷없이 주의를 끌게 되어, 시선은 호기심을 머금은 채 피로한 줄도 모르고 거기에 빠져들게 된다. 이들 거리는 믿을 수 없는 활기로 가득 차 있는데, 새벽부터 밤 늦게까지 마치 거리가 서서히 물결을 치는 듯한 한국사람들의 행렬이 이어진다. 이들은 가까이 다가오며, 부딪치고, 걸려 넘어지기도 하며 어떤 신비스러운 힘에 이끌려 영원 속을 헤매는 사람마냥 멍한 시선과 불안정한 걸음으로 앞으로 나아간다. 이 사람들은 침묵을 지키며 도대체 어디로 가고 있는 것일까? 보다 산업화된 우리나라 도시들의 중심지에나 있을 것 같은 군중의 움직임이나 분주함을 지구상에서 가장 한가한 민족의 하나인 이곳 서울에서 볼 수 있다는 것을 어떻게 설명할 수 있을까? 헛되이 당신이 이러한 움직임을 이해하려고 애쓸 필요는 없다. 눈을 주위로 돌려 시선 닿는 곳까지 내다보면 주위를 끌어당기는 예기치 않은 광경을 볼 수 있지 않을까 호기심을 갖게 되지만 그렇게 하지 않는 것이 좋다. 아무것도 볼 것이 없기 때문이기도 하지만, 무엇보다 당신이 혹 길을 멈춰선 군중들 모두의 구경거리가 될 수 있기 때문이다. 무엇을 감상하거나 시계를 보기 위해서거나 또는 어떤 이유로든지 걸음을 멈추게 되면 곧 주위에 사람들이 몰려들어 둥그렇게 당신을 둘러싸고 주의 깊게 관찰하며 점점 가까이 접근해 온다. 이들은 분홍빛 누더기를 걸친 소년에서부터 땋아 늘인 무거운 머리카락을 등 뒤로 넘긴 젊은이들, 전통적인 모자를 쓰고 여기저기 얼룩이 있는 흰옷을 입은 건장한 성인들, 그리고 소매 없는 하늘색 도포가 특별한 위엄을 느끼게 하는 존경할 만한 노인에 이르기까지 다양하지만 한국의 군중에 여인네는 단 한 명도 없다. 그리고 이들은 모두 당신을 바라본다. 입을 굳게 다문 열 개, 백 개, 천 개의 눈이 당신에게 고정된다. 이때 몸을 돌려 다소 도전적인 행동을 취해보라. 그러면 동근 원은 갈라지고 마치 갑작스러운 공포에 사로잡힌 양 모두 동요하며 도망가기 시작하지만 이것도 순간적일 뿐이다. 다시 웃음을 짓고 그 행동에 악의가 없었으며 어떠한 반감도 가지고 있지 않다는 것을 보이면 그들은 다시 옹기종기 모여들어 맑은 웃음을 터뜨리게 된다." (Part I, pp.66~68)

19 한국사람들 – 군인·경찰

II-053

II-103

II-115a

*가마로 입궐하는 외부대신(外部大臣)과 호위병
가마가 막 당도한 모양인지 바닥에 내려져 있고 그 앞으로는 가마꾼과 착검한 총을 어깨에 멘 군인들이 뒤섞여 있는 광경이다.
II-053

한국 경찰관과 병사들
사진의 설명문에는 '경찰관'이라고 되어 있으나 이들의 신분을 정확하게 가늠하기는 어렵다.
II-103

*아침 군악대
거리를 행진하고 있는 군인들의 대열을 이끌고 있는 군악대의 모습이다. 도로 옆으로 전차선로가 부설되어 있는 걸로 보아 이곳은 종로(鐘路)의 일부이다.
II-115a

II-113a

II-122

한국 장군의 옛날 전투복
'투구'에 '갑옷'을 입고 선 모습이 전체적으로 어색한 구도로 되어 있는 걸로 보아, 사진촬영을 위해 누군가 잠시 '모델' 역할을 하고 있는 상황인 듯하다.   II-113a

한국의 군졸(1882)
사진자료를 바탕으로 구식 군대의 복색을 갖춘 병졸 모습을 다시 그려낸 삽화이다.   II-122

한국의 옛날 무기
활과 화살, 칼 등을 포함한 옛 무기들을 한 자리에 수집하여 늘어놓은 모습이다. (옆면)   II-121

한국의 옛날 무기
청룡언월도(靑龍偃月 刀)를 그린 삽화이다. (옆면)   II-120

II-121

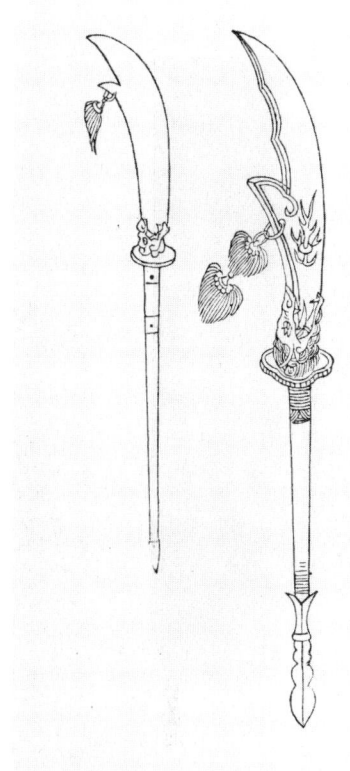

II-120

한국의 장군과 장교들
제복 차림의 군인들이 늘어서서 기념 촬영에 응하고 있는 모습이다. 뒤에 보이는 건물의 정체에 대해서는 별도의 설명이 없으나, 왼쪽 끝으로 벽돌로 지어진 이층 구조의 병영(兵營) 건물이 눈에 띄는 것으로 보아, 이곳은 1902년 이후 한성부(漢城府)와 징상평양진위대(徵上平壤鎭衛隊)가 자리했던 새문밖 옛 경기감영(京畿監營)의 안쪽인 듯하다. (뒷면)

II-111

*기병대의 장교
광화문 앞 육조거리에서 마주친 어느 기병대 장교의 모습이다. 로제티는 이 사진과 관련하여 "특히 이학균 장군이 심혈을 기울인 서울의 군사학교를 최근에 졸업한 젊은이들의 자부심은 대단하다. 바로 여기, 그 젊은 장교들 중 한명의 사진이 있다. 그는 멀리서 내가 사진기를 가지고 오는 것을 보자마자 즉시 렌즈 앞에서 포즈를 취하기 위해 부대에서 이탈하여 달려왔다. 여기 만족스러운 모습을 한 그의 사진이 있다"고 적었다. 여기에서 언급된 이학균(李學均; ?~1909)은 1899년 육군참장(陸軍參將)에 임명되었고, 1901년 3월부터 1903년 11월까지 무관학교장(武官學校長)을 지낸 인물이다. (뒷면)

II-112b

*한국기병대
여기에 보이는 '빨간 제복' 차림의 말 탄 군인들은 시위기병대(侍衛騎兵隊) 소속이다. 이 당시 시위기병대는 경복궁 서십자각이 있는 남서모서리 구역에 자리하고 있었으므로 육조거리는 당연히 이들의 주된 통행로로 사용되곤 하였다. 시위기병대는 1907년 군대 해산 당시에도 예외적으로 근위기병대(近衛騎兵隊)로 잔존하였으나, 다시 경술국치 이후 조선기병대(朝鮮騎兵隊)로 전환되었다가 이내 폐지되어 사라졌다. (뒷면)

II-110

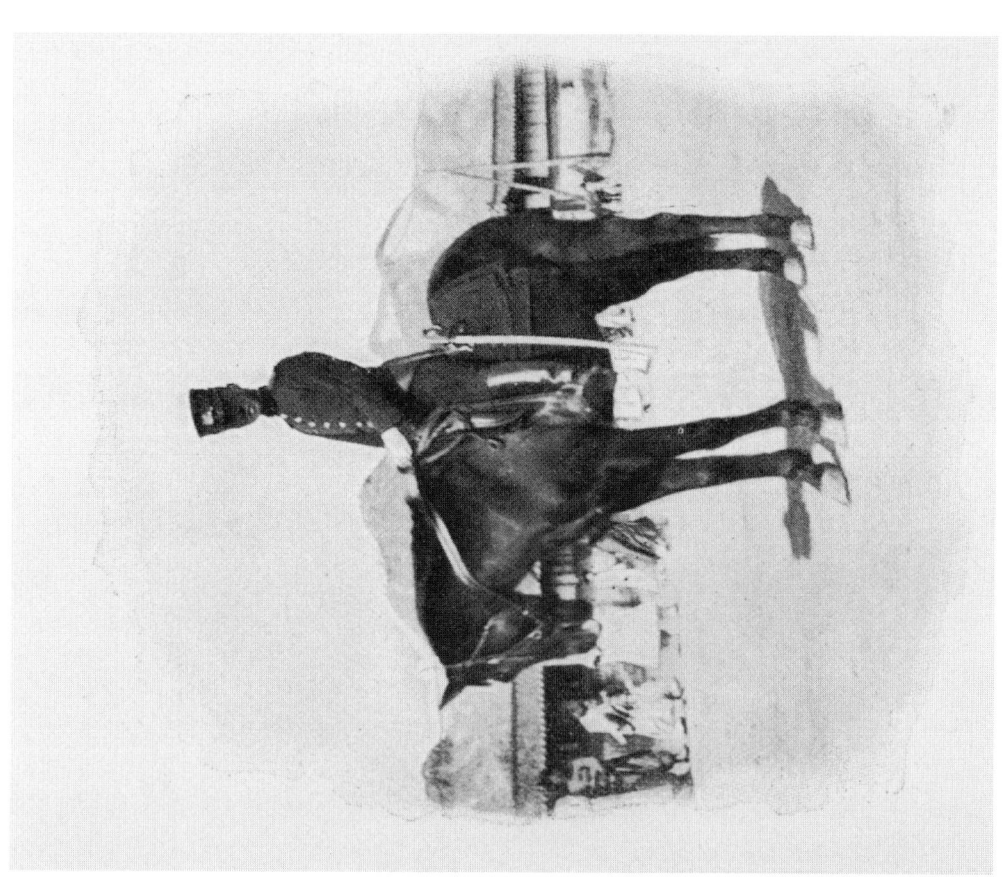

II-112b

II-110

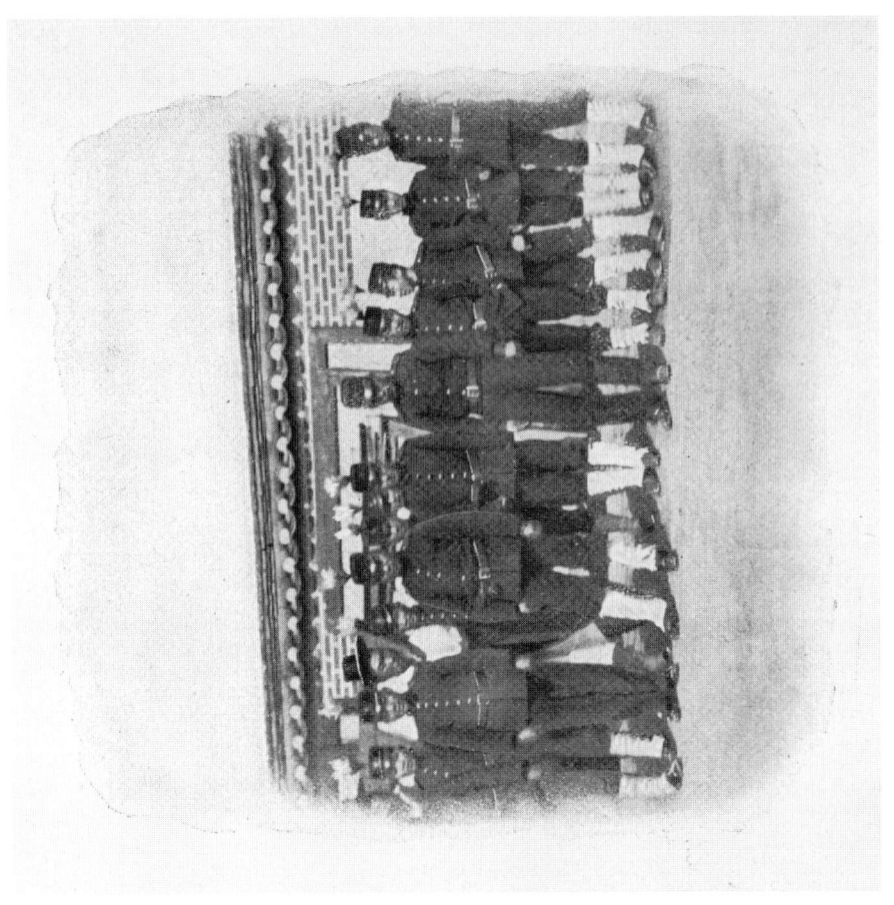

II-039

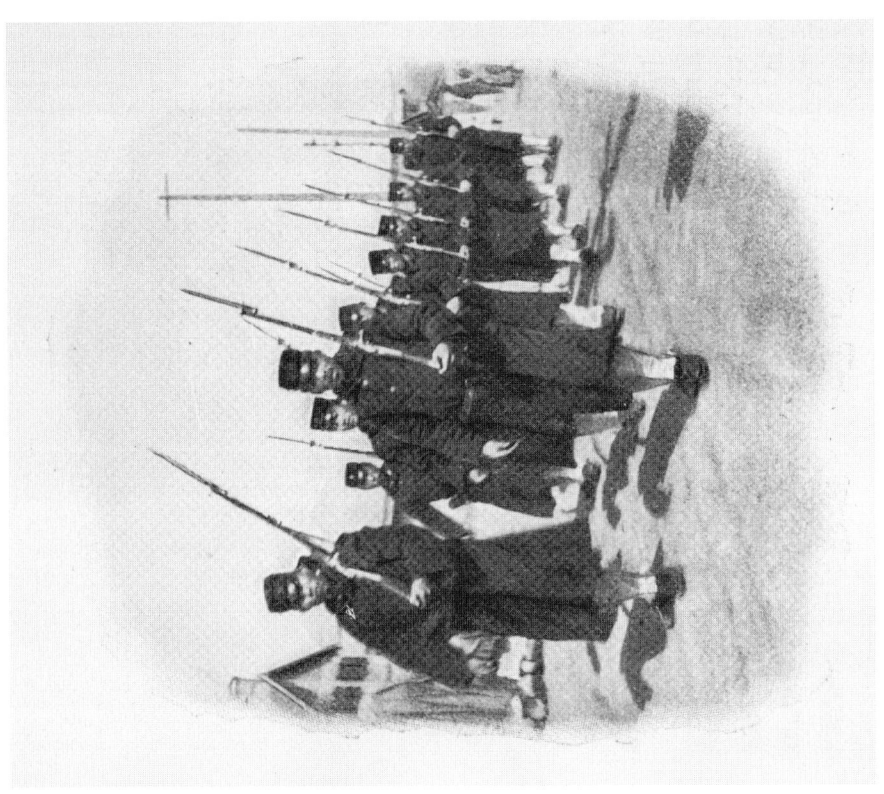

II-115b

260

*궁궐수비병
궁궐을 지키는 한 무리의 군인들이 자연스레 늘어서서 사진촬영에 응한 모습이다. II-039

*한국의 순찰대
대열을 지어 대로를 행진하고 있는 한국 군인들의 모습이다. II-115b

*한국의 나팔수
경운궁 대안문 앞에 나란히 선 나팔수 네 명의 모습이다. 뒤쪽으로 보이는 2층 높이의 벽돌 건물은 원수부(元帥府)이다. II-116

"**한**국의 신화에서 소화불량에 관한 부분이 많은 것은 과식에 의한 여러 가지 형태의 소화불량이 백성들에게 매우 빈번하다는 증거이다. 한국에서는 많이 먹는 것이 큰 자랑거리의 하나이며, 특히 젊은이들 사이에서는 누가 더 많이 먹는가 내기를 하는 것이 매우 흔한 일이다. 이 경우 그들이 먹어치우는 엄청난 양은 직접 눈으로 보지 않고서는 짐작도 할 수 없을 정도이다. 이러한 한국인의 체질로 인하여 상류층에서 가장 즐기는 오락이 바로 잔치라는 것은 그리 놀랄 일이 아니다. 혼령들을 위한 제사는 제쳐두더라도 결혼식 잔치에서부터 친척의 기일에 이르기까지 즐거운 연회가 항상 함께한다." (Part I, pp.163~164)

20 한국사람들 - 여성

***현지의 어느 미인**
거리에서 마주친 어느 여인의 모습을 로제티가 직접 촬영한 사진이다. 로제티는 이 여인의 미색에 반한 것인지, 사진에다 굳이 '미인'이라는 설명문을 덧붙여놓았다. 복색과 생김새로 보아 〈도판 I-119a〉에 등장하는 여인과 동일인인 듯하다. I-044

***한국의 젊은 처녀**
이것 역시 로제티가 직접 찍은 것으로 촬영 장소는 이탈리아영사관 안이다. 뒤로 보이는 병풍은 그가 수집한 한국의 민속품으로 다른 사진에서도 이 병풍의 존재를 확인할 수 있다. 그리고 비녀를 꽂은 이 여인을 구태여 돌려 앉혀 옆모습을 사진에 담아낸 것은 한국인의 체형 특징을 측정하기 위한 '인류학조사'의 기초자료로 활용하려는 로제티 자신의 의도가 반영된 결과이다.
I-118a

***한국의 젊은 처녀**
복색과 생김새로 보아 〈도판 I-044〉에 등장하는 여인과 동일인인 듯하다. 뒤에 보이는 병풍은 로제티의 수집품인데, 이탈리아영사관 통역 양홍묵과 로제티 영사가 함께 바둑을 두는 광경이 담겨진 〈도판 II-175〉에도 등장하는 것을 확인할 수 있다. 따라서 이 사진의 촬영 장소는 당연히 이탈리아영사관 안이라고 판단해도 무방하다. 물론 이 사진은 자료수집 목적으로 로제티가 직접 촬영한 것이다. I-119a

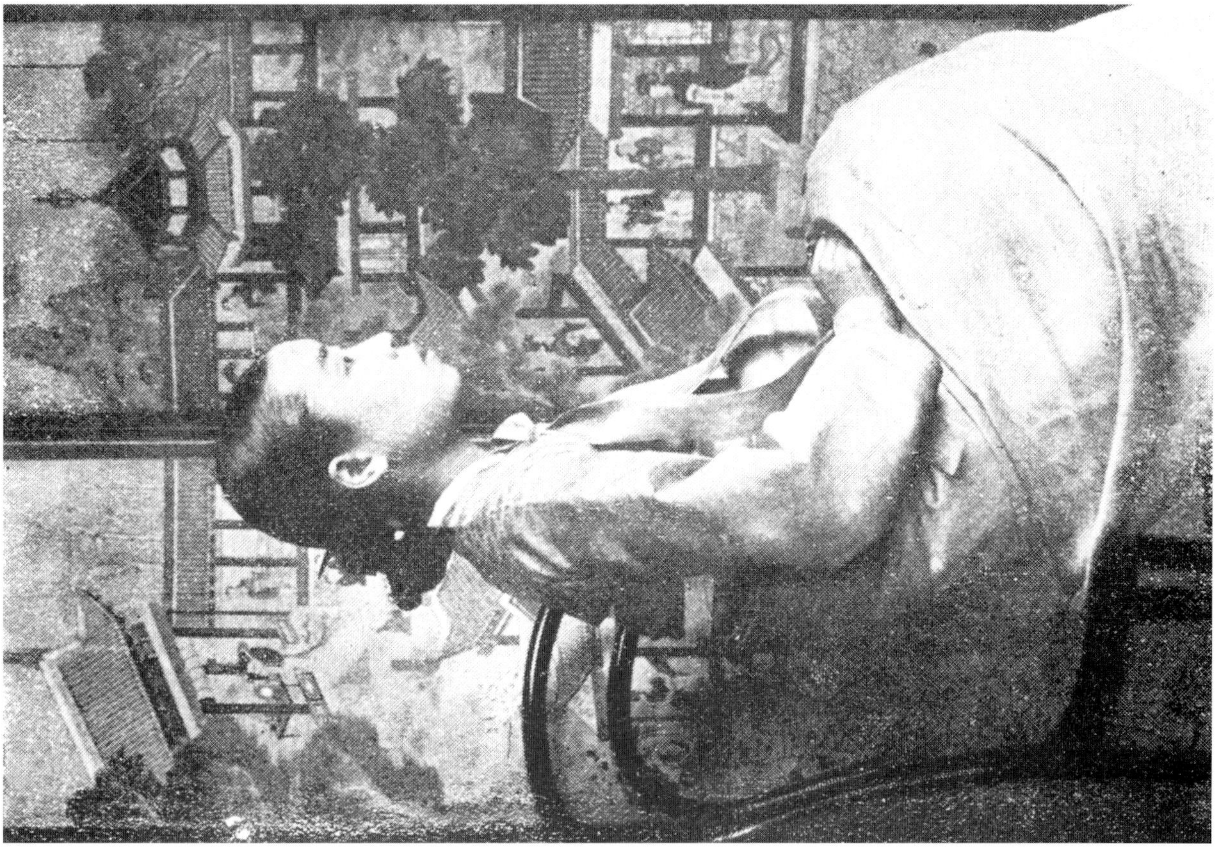

I-118a

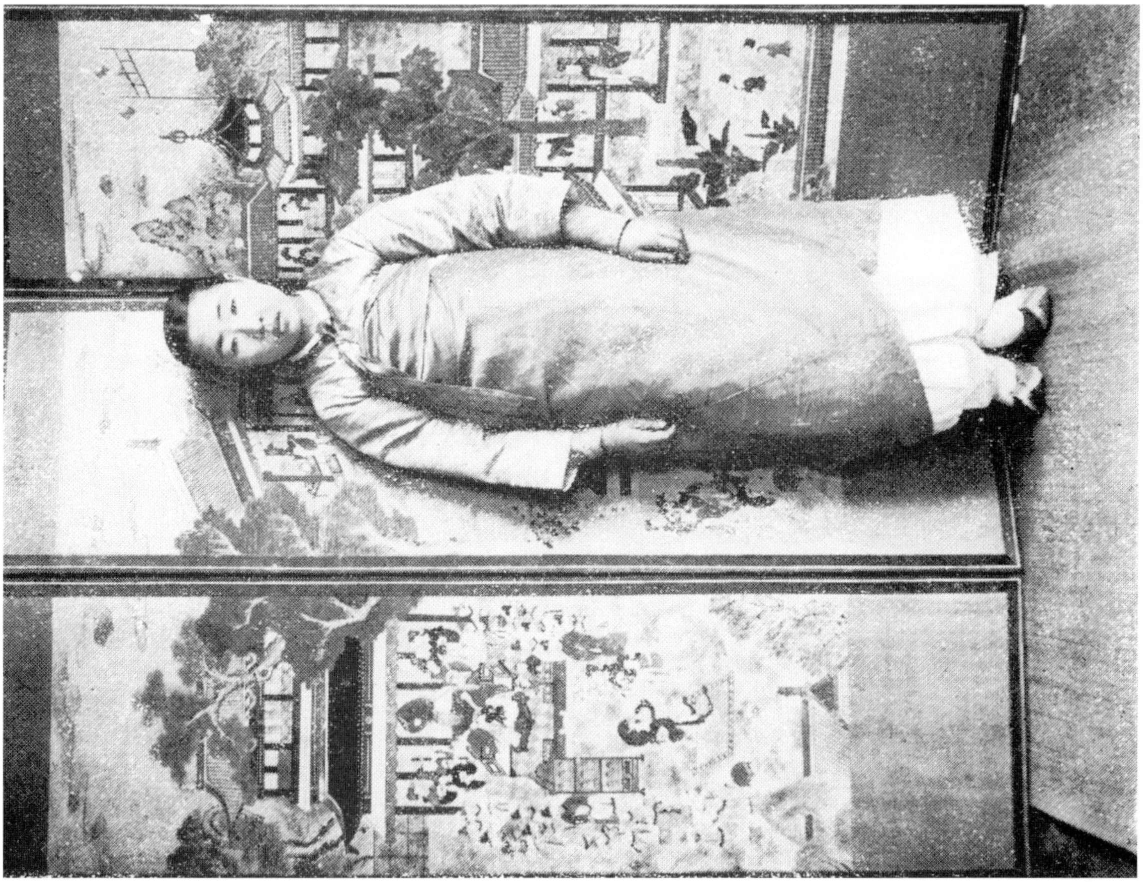

I-119a

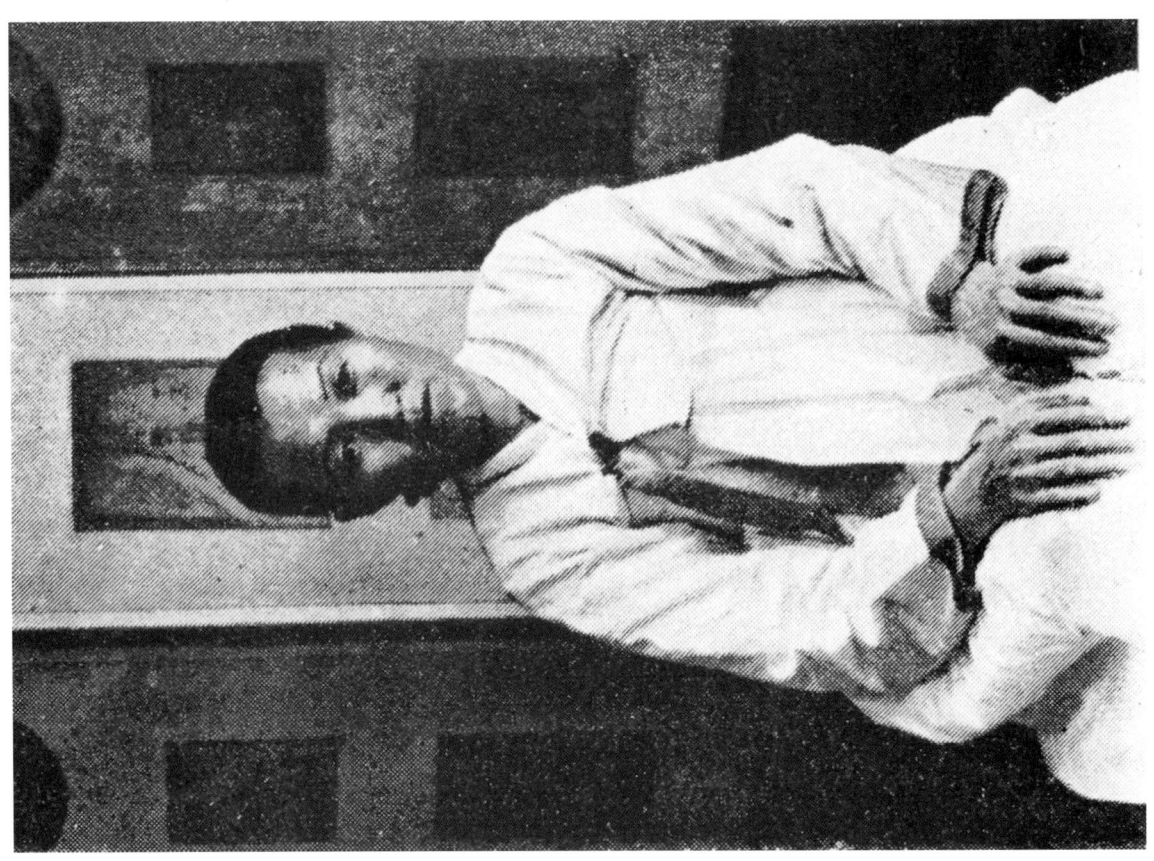

I-117

*한국 여인의 전형
이것은 자료수집을 위해 로제티가 직접 촬영한 사진이다. 아마도 이탈리아영사관에 소속된 한국인 직원과 관련된 여인인 듯하다.　　　　　　　　　　　　　　　　　　　　　　I-117

*서울 여인과 시골 여인
장옷과 쓰개치마를 쓴 두 여인의 뒷모습이다. 이들이 서 있는 곳은 전차선로가 깔려 있는 돈의문(敦義門, 새문)의 홍예이다. 로제티는 무슨 영문인지 이러한 제목을 붙여놓았다.　　I-122a

젊은 한국 여인들
사진관에서 기념 촬영을 한 여인들의 모습이다. 이들이 실제로 일가족인지 아니면 '의도된' 촬영을 위한 모델들인지는 분명하지 않다.　　　　　　　　　　　　　　　　　　　　　　I-045

칠반(七般) 계층의 한국 여인
쓰개치마를 쓴 신분이 낮은 여인과 아이를 등에 업은 소녀가 나란히 서 있다. (뒷면)
　　　　　　　　　　　　　　　　　　　　　　　　　　　　　　　　　　　　　I-119b

*외출복 차림을 한 중인계층의 한국 여인들
장옷을 쓴 여인들이 어느 서양식 건물 앞에 나란히 선 광경이다. (뒷면)　　　　　I-123a

*한국인 소녀
거리에서 마주친 한국 여인의 모습으로 로제티가 직접 촬영한 사진이다. (뒷면)　　I-118b

쌀 찧는 한국 여인들
절구질을 하는 두 시골 여인의 모습이다. (뒷면)　　　　　　　　　　　　　　II-088

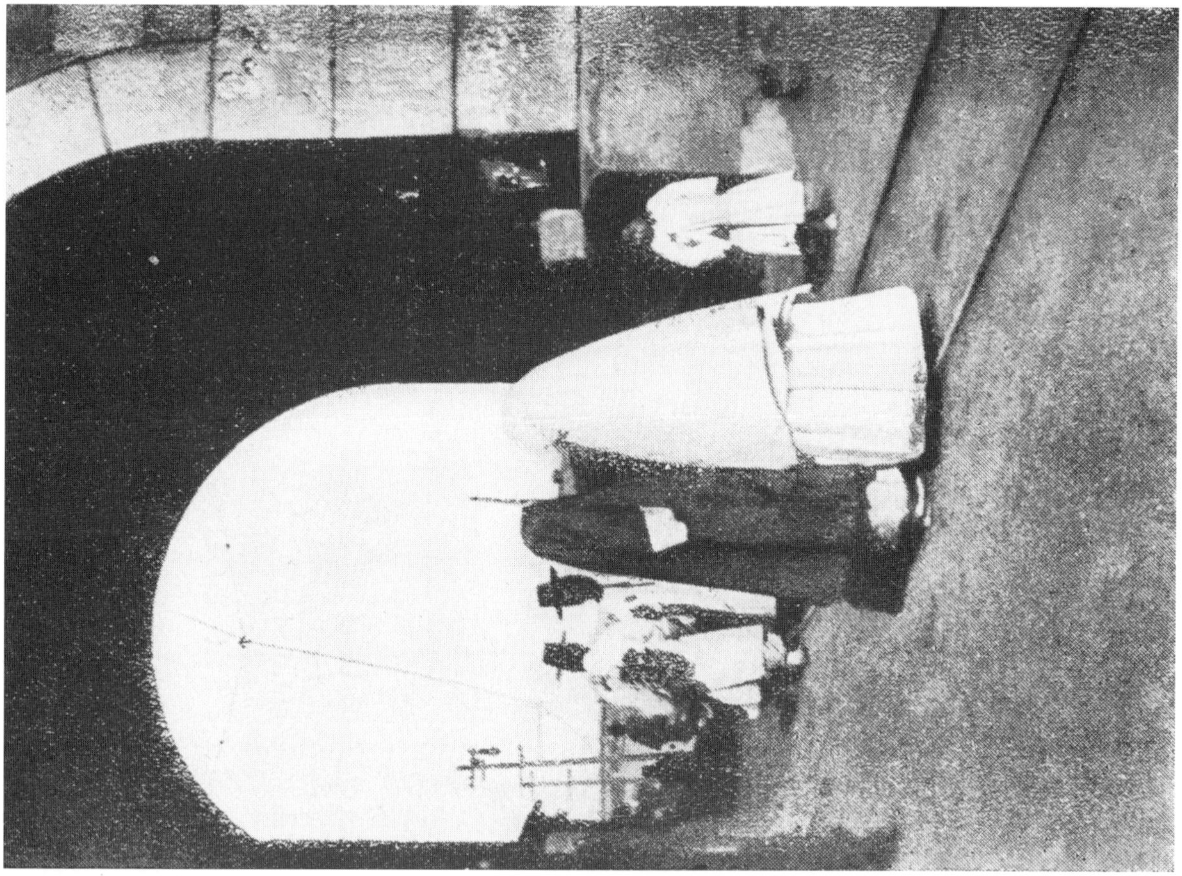

I-122a

I-045

I-119b

I-123a

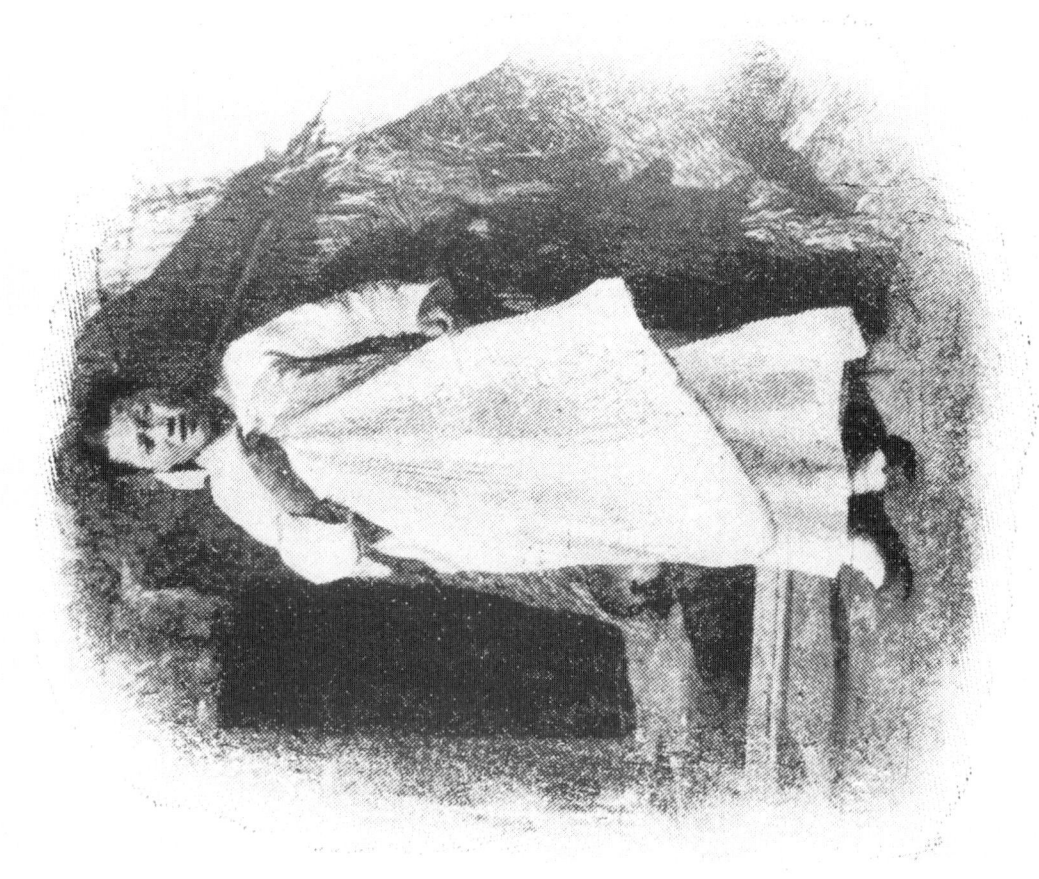

I-118b

II-088

I–123b

I–122b

II-200

칠반(七般) 계층의 한국 여인
이것은 사진관 실내가 아닌 야외에서 촬영한 '젖가슴을 드러낸 한국 여인'의 모습이다. 한쪽에서는 장옷으로 얼굴을 가리고 다니는 여인들이 있는가 하면 다른 한쪽에서는 아무렇지 않게 젖가슴을 드러내놓고 길거리를 다니는 여인들이 공존하는 한국사회가 서양인들의 눈에는 매우 기이하게 비칠 수밖에 없었을 것이다.

I-123b

**한국 여인의 기이한 복장
종종 논란이 되고 있는 '젖가슴을 드러낸 한국 여인'의 모습이다. 이 사진은 사진관 스튜디오에서 실내 촬영된 것으로, 이 때문에 이러한 기이한 모습이 사진촬영자의 요구에 따른 작위적인 연출의 결과물이라는 지적도 없지 않다. 하지만 '젖가슴을 드러내는 행위' 자체는 근대시기 서양인들의 저작물에도 무수히 채록되어 있을 만큼 우리나라에서 흔한 생활풍습의 하나인 것은 분명한 사실이므로, 위와 같은 종류의 사진이 의도된 조작물이라고 볼 수 있는 근거는 없다. 실제로 로제티의 경우에도 "가슴을 드러내놓고 거리를 활보하는 여인들은 모두 예외 없이 최하층 계급인 칠반에 속하는 사람들로, 지금은 영국과 미국 선교사들의 노력으로 거리에서 이들을 거의 볼 수 없게 되었다"고 자신의 목격담을 적고 있다.

I-122b

시골 여인
나무통을 머리에 인 시골 여인의 모습이다.

II-200

'궁중복색을 갖춘 궁궐여인'은 합성사진

I-099

궁중 복색을 갖춘 궁궐여인

간혹 '명성황후'라고 알려지기도 했던 문제의 사진자료이다. 로제티는 이 사진에 대해 단순히 '궁중여인(Una dama di Palazzo in abito di Corte)'으로만 표시하고 있다. 사진 속의 여인이 진짜 '명성황후'냐 아니냐 하는 문제는 차치하고라도, 이 사진은 서로 다른 두 장의 사진을 하나로 합성한 것으로 판명되어 별다른 사료가치를 갖기는 어렵다고 판단된다. 이것은 종종 '명성황후'가 맞다 아니다 하고 논란이 되고 있는 별개의 사진을 인물 부분만 오려내어, 로제티의 책에 '기생(ghi-sang)의 의복 한 벌'이라는 제목을 달아 수록된 〈도판 I-115〉에다 덧붙여 재촬영한 것으로 확인된다.

I-099

[참고도판] 복식을 갖춘 궁중여인

호머 헐버트(Homer B. Hulbert)의 『대한제국의 쇠망(The Passing of Korea)』(1906)에 수록된 궁중여인의 모습이다. 무수한 서양인들의 저작물에 끊임없이 재인용되곤 했던 이 사진은 최소한 1894년 이전에도 이미 존재했다는 사실이 분명히 확인되는 사진자료이다. 흔히 '명성황후'의 모습이라고도 주장되는 이 사진의 인물 부분을 잘라내어 〈도판 I-115〉 '기생의 의복 한 벌' 위에 올려놓으면, 전혀 다른 시기에 촬영된 별개의 두 사진은 이렇듯 〈도판 I-099〉와 동일한 내용의 도판으로 둔갑하게 되는 것이다.

**기생의 의복 한 벌   I-115

"한국을 방문하는 사람들이 겪는 흥미로운 사실 중 하나는 젊은 소년들을 여자로 착각하는 것이다. 거리의 군중들 사이에 여자들은 전무하다는 것, 그나마 거리에서 볼 수 있는 몇 안 되는 여인들은 몸을 드러내지 않는다는 것, 또 얼굴과 가슴을 드러내놓고 다니는 여인들은 시선을 끌 만한 매력이 전혀 없다는 사실 등이 한국 청년들의 여성스러운 복장, 그들의 어깨 뒤로 땋아 내린 머리다발, 가지런하고 우아한 이목구비 등과 합쳐져 방문객을 속아 넘어가게 한다. 내가 우리나라 전함에 승선하여 제물포에 도착했을 때, 우리 배 주위로 몰려든 삼판(sampan)이라 부르는 수많은 거룻배의 노를 젓고 있는 여인들을 보고 장교들이 몹시도 놀라워했던 것을 기억한다. 하지만 이들 중에 여자는 단 한 명도 없었으며 그들이 여자라고 생각했던 사람들은 다름 아닌 15세 정도의 소년들이었다." (Part I, pp.124~125)

21 한국사람들 – 기생·가무

I-107

궁중복색을 갖춘 황궁의 기생들
이들은 궁중행사 때 춤을 추거나 노래를 하는 여령(女伶)이다. 이들의 신분은 원래 관기(官妓)이지만, 필요에 따라서는 민간의 기녀(妓女)가 동원되기도 하였다고 전해진다. 배경에 보이는 병풍으로 보건대, 〈도판 I-110〉과 동일한 사진관의 스튜디오에서 촬영한 사진이다.   I-107

기생(ghi-sang)의 의복 한 벌
이것은 〈도판 I-114a〉 및 〈도판 I-114b〉에 등장하는 여령의 옷을 벗겨 사진관 실내에 배열한 것을 담아낸 사진자료이다. 앞에서 이미 소개하였지만 이 사진은 〈도판 I-099〉를 합성하여 만들어내기 위한 밑그림으로 사용되기도 하였다.   I-115

한국 부인의 의복 한 벌
한국 여성의 복식 한 벌을 사진관 실내에 전시해두고 이를 담아낸 사진자료이다. 〈도판 I-115〉와는 배경이 같아서, 동일한 스튜디오에서 일괄 제작된 '판매용 사진자료'의 일종이라는 것을 알 수 있다.   I-041

I-115

I-041

I–114b

I–114a

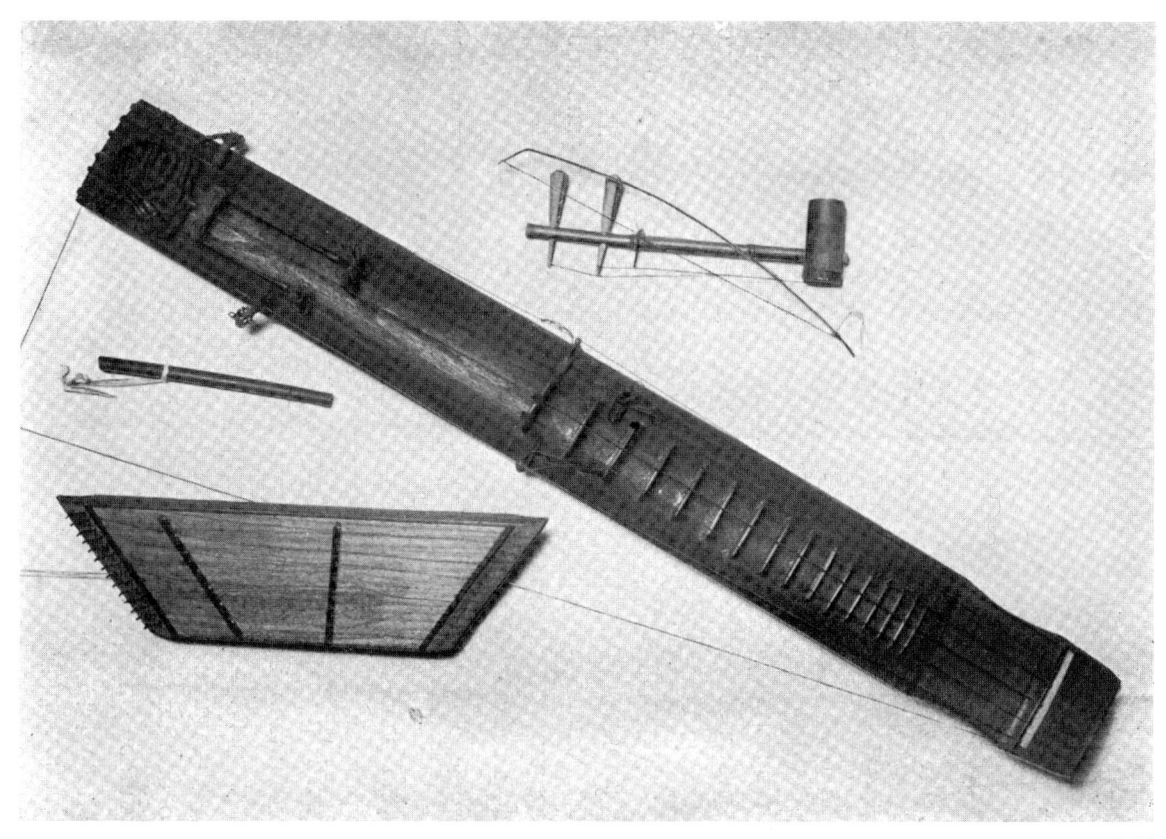

I-111

**궁중복색을 갖춘 기생
궁중에서 춤을 추는 여령(女伶)의 뒷모습을 담아낸 사진이다.   I-114a

**궁중복색을 갖춘 기생
궁중에서 춤을 추는 여령(女伶)의 차림새를 정면에서 담아낸 사진이다.   I-114b

한국의 악기들(저자의 수집품에서)
로제티가 직접 수집한 우리나라의 전통악기들이다. 양금, 피리, 거문고, 해금의 모습이 차례대로 보인다.   I-111

II-068

I-109a

I-113a

젊은 기생들
설명문에는 '기생들'이라고 표시되어 있으나 이들의 신분이 실제로 그러한지는 잘 판단하기 어렵다.
II-068

***황궁의 두 기생**
궁궐의 어느 출입문 앞에 선 두 여령(女伶)의 모습이다. 아마도 로제티가 직접 참석한 궁중행사 때에 촬영한 사진인 듯하다.
I-109a

기생의 장식 족두리(저자의 수집품에서)
여령(女伶)이 춤을 출 때 머리에 쓰는 화관(花冠)이다.
I-113a

[참고도판] **낯익은 스튜디오-무라카미사진관**
이것은 언더우드 목사(Horace G. Underwood)의 『한국의 부름(The Call of Korea)』(1908)에 수록된 기념사진으로 여기에는 레이놀즈 목사, 언더우드 자신, 게일 목사, 존스 목사가 차례대로 앉아 있다. 그런데 이들의 뒤로 보이는 병풍과 장막 등 배경 소품을 보아하니 무척 낯이 익은 것들이다. 바로 궁중악사와 여령(女伶)과 기생 의복을 담은 사진에 등장하는 공간과 동일한 배경이다. 이렇게 본다면 〈도판 I-041〉, 〈도판 I-107〉, 〈도판 I-110〉, 〈도판 I-114a〉, 〈도판 I-114b〉, 〈도판 I-115〉, 〈도판 II-068〉 등은 모두 동일한 사진관의 스튜디오에서 촬영된 것이라는 사실은 저절로 드러난다. 그리고 도판목록에 첨부된 로제티의 설명에 따르면, 해당 도판은 대부분 "서울의 사진사인 무라카미(Murakami)가 촬영한 것"으로 표시되어 있으므로, 결국 이 사진들은 일본인 사진사 무라카미 코지로(村上幸次郎; 1867~?)가 서울 진고개에서 운영했던 무라카미사진관(村上寫眞館, 天眞堂)에서 제작된 것임을 확인할 수 있다.

I-110

궁중악사들
여러 명의 악사들이 사진관의 스튜디오에 앉아 사진촬영에 응한 모습이다. 배경에 보이는 병풍은 〈도판 I-107〉에 등장하는 것과 동일하다.

I-110

*도회지 복색의 어린 기생들
정확한 장소는 알 수 없으나 어떤 야회 연회에 참가한 어린 기생들을 나란히 세워놓고 로제티가 직접 촬영한 사진이다. 아마도 1903년 4월 영친왕이 천연두에 걸렸다가 회복된 것을 경축하기 위해 벌어진 야외행사 때에 촬영한 것이 아닌가 짐작된다. (뒷면)

I-114c

한국인 악단
해금, 대금, 단소, 장구, 북 등의 전통악기를 다루는 악사들이 길거리에서 연주에 열중하고 있는 광경이다. (뒷면)

II-170

I-114c

II-170

22 한국사람들 – 사진관 연출사진

II-127

II-037

II-113b

학교의 선생님과 그의 학생들
서당 훈장과 학동들의 모습을 담은 이 사진은 스튜디오에서 판매용으로 제작된 것들 중에서 가장 널리 유포된 전형적인 '연출사진'의 하나이기도 하다. 이 사진은 1894년에 발행된 조지 커즌(George Curzon)의 『극동의 제문제(Problems of the Far East)』에도 수록되어 있고, 『더 일러스트레이티드 런던 뉴스(The Illustrated London News)』 1894년 8월 18일자를 통해서도 진즉에 소개되었던 것으로 확인된다. 따라서 이러한 종류의 연출사진을 제작하여 유포하는 일은 1890년대 초반부터 이미 성행하고 있었음을 알 수 있다.

II-127

옛날 복식을 입은 한국 선비
이 사진 역시 사진관 내에 일정한 소품을 갖춰놓고 판매용으로 만들어진 한국 풍속에 관한 '연출사진'의 일종이다.

II-037

구식예복을 갖춘 옛날 한국 장군
사진 속의 인물이 실제로 구식군대의 지휘관이라기보다는 단순히 조선의 다양한 인물상을 보여주기 위한 판매용 사진의 제작을 위해 '모델'의 역할을 했을 가능성이 높다고 여겨진다.

II-113b

II-136

II-137

I-124

한국의 어린이들
늘어뜨린 천막에다 풍경그림을 그려놓고 그 앞에는 야외와 같은 분위기가 나도록 처리한 스튜디오 세트장에서 여러 명의 어린이들을 사진에 담아낸 모습이다. 조금씩 나이 차가 나는 '모델들'을 의도적으로 배치하여 다양한 인물형태를 보여주고자 배려한 흔적을 느낄 수 있다. II-136

한국의 어린 학생들
두 아이가 서로 책을 보면서 자연스레 공부를 하는 형태를 취하고 있으나, 이것 역시 사진관에서 판매용으로 만들어낸 '연출사진'의 하나이다. II-137

한국식의 옷 다림질
다듬이질을 하는 여인의 모습이다. 하지만 이것은 실생활의 모습을 그대로 담아낸 것이 아니라 한국의 생활풍속에 관한 판매용 도판을 제작하기 위해 사진관 스튜디오에다 세트장을 꾸며놓고 의도적으로 담아낸 전형적인 '연출사진'의 일종이다. I-124

II-153a

상복 차림의 청년

이 사람이 실제로 상을 당하였다면 이러한 차림으로 사진을 촬영할 까닭이 거의 없다고 보이므로, 이것 역시 다양한 한국 풍습을 보여주기 위한 판매용 '연출사진'의 일종으로 보아야 할 것이다. 뒤쪽으로 상주(喪主)가 쓰는 방갓을 살짝 보이게 배치하고 손에는 얼굴가리개를 쥐여놓는 등 완전한 상복 차림을 갖춰놓은 것에서 이러한 의도를 엿볼 수 있다. 『더 일러스트레이티드 런던 뉴스(The Illustrated London News)』 1903년 11월 7일자에도 이와 동일한 도판이 수록되어 있다.

II-153a

23 한국사람들-인류학조사

"나는 이번 서울 체류 동안 『리용인류학회지』에 기고되었던 한국인에 대한 귀중한 연구물의 저자이며 대한제국 황실의 엔지니어인 나의 절친한 친구 에밀리오 부르다레(Emilio Bourdaret)와 함께 한국인에 대한 가능한 최대한의 신체검사 자료를 수집하려 하였다. 그러나 상당수의 대상에 대한 정면, 측면 사진 촬영은 별 무리 없이 진행되었던 반면, 단순한 신체검사를 어떤 나쁜 주술을 행하고 있는 것으로 오해한 주민들로 인해 불행하게도 내가 수집한 자료들은 그 결과를 연구에 이용하기에는 너무 적었다.

한편 부르다레는 나보다 운이 좋아 서울-송도 간 철도 건설을 위해 그에게 고용된 노동자들에게 우선적인 신체검사를 의무화하였고, 따라서 결정적인 단정을 내리기에는 다소 부족할지라도 한국인의 신체 특성에 대한 대략적인 개념을 세우기에는 충분한 수백여 점의 관측 자료를 수집할 수 있었다. 부르다레에 의해 측정된 113명의 평균 신장은 162cm로서 평균치를 상회한 것이며 이 수치는 대략 루벤토프(Lubentoff)가 함경도에서 관측한 자료로부터 뽑아낸 수치나 엘리세예프(Elisseyeff)가 얻은 수치와도 일치한다. 참고로 데니커(Deniker)에 의하면 중국인의 평균 신장은 161cm, 일본인의 평균 신장은 157~159cm 정도였다.

…… 앞에서 말했던 것처럼 평균 이상의 신장과 힘든 일에 견딜 수 있는 튼튼한 체력을 지닌 한국인들은 우수한 종족임에 틀림없다. 그러나 정신면으로 시선을 돌리면 우리는 다른 면을 보게 된다. 우수한 체력에 비해 정신력은 그에 못 미치는데, 그들은 분명 최상의 자질을 갖추고 있으면서도 마치 너울처럼 심한 무기력증에 빠져 있다. 동방인 몽고계와 남방인들의 교접에 의해 생겨난 탓으로 한국 민족 또한 너무나 다른 두 개체 간의 잡종 혈통에 가해지는 조기 절멸의 생물학적 법칙의 가혹한 운명을 피할 길이 없는 것 같다. 육체적으로는 아닐지 모르나 지금 한국인들은 정신적으로 쇠잔한 상태이다." (Part I, pp.20~24)

YI-YONG-HAVAN, 40 ans.

MON-SAN-HAK, 28 ans.

KIM-KOUNN-YANN, 19 ans.

PAK-TCHANG-SIX, 38 ans.

[참고도판] **부르다레의 인류학조사자료**
여기에 보이는 '서울의 한국인 네 사람'의 모습은 에른스트 샹트르(Eenest Chantre)와 에밀 부르다레(Emile Bourdaret)가 『리용인류학회지(Societe d'Anthropologie de Lyon)』 제21권(1902)에 공동발표한 '한국인, 그 인류학적 스케치(Les Coreens, esquisse anthropologique)'에 수록된 것으로, 전형적인 인류학조사 방식의 자료사진이다. 부르다레(E. Bourdaret, 武路多來)는 경의선 부설을 위해 설립된 서북철도국(西北鐵道局)의 프랑스인 고용기사(雇傭技師)이며, 1904년에는 자신의 경험을 바탕으로 『한국에서(En Coree)』라는 책을 펴내기도 했다.

I-019b

I-020a

I-020b

I-020c

I-021a

I-021b

I-021c

I-022a

I-022b

I-022c

I-022d

I-022e

I-023a

I-023b

I-023c

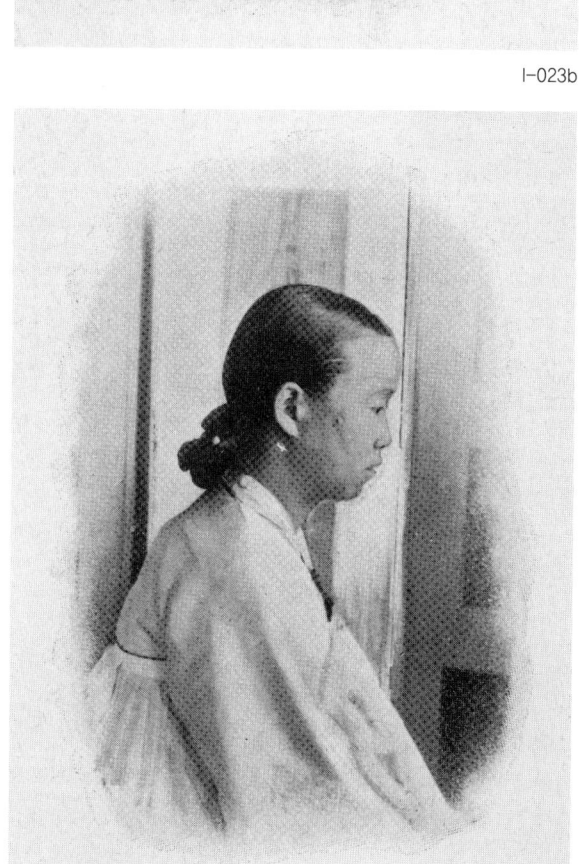

I-023d

I-023e

I-024b

*한국 상인의 전형 (앞면)	I-019b
*한국 상인의 전형 (앞면)	I-020a
*'관(冠)'이라고 부르는 실내모자를 쓴 한국중인계층의 전형, 소동선(So Tong Seun), 30세 (앞면)	I-020b
*한국 상인의 전형, 성인기(Sung In Ki), 41세 (앞면)	I-020c
*한국 상인의 전형 (앞면)	I-021a
*한국 상인의 전형, 성인기(Sung In Ki), 41세 (앞면)	I-021b
*한국 상인의 전형, 박개채군(Pak Kai Chai Kun), 45세 (앞면)	I-021c
*평민계층 한국인의 전형 (앞면)	I-022a
*한국 상인의 전형 (앞면)	I-022b
*한국인의 전형 (앞면)	I-022c
*한국인의 전형 (앞면)	I-022d
*한국인의 전형 (앞면)	I-022e
*평민계층 한국 여인의 전형 (앞면)	I-023a
*평민계층 한국 여인의 전형 (앞면)	I-023b
*평민계층 한국 여인의 전형 (앞면)	I-023c
*평민계층 한국 여인의 전형 (앞면)	I-023d
*평민계층 한국 여인의 전형	I-023e
*평민계층의 한국 여인	I-024b

I-043

I-037

*한국인 부인	I-043
*한국인 귀족(양반)	I-037
*평민계층 중인계층 한국인의 전형, 마양춘(Ma Yang Ciun), 42세 (뒷면)	I-024a
*한국인의 전형 (뒷면)	I-042
*마양춘(Ma Yang Ciun), 넘버원 보이(number one boy) (뒷면)	I-052a
*요리사 마양순(Ma Yang Sun) (뒷면)	I-052b
*이영순(Yi Yung Sun) (뒷면)	I-053a
*기수 김씨(Il Kishu Kim) (뒷면)	I-053b
*기수이자 문지기(mungighi) 최씨(Ceu) (뒷면)	I-054a
*이탈리아공사관의 통역 양홍묵(Yang Hong Muk)씨 (뒷면)	I-054b
*한국인 상인 (뒷면)	I-131a
*한국인 양반 (뒷면)	I-131b
*칠반(七般) 계층의 젊은 한국인, 최금석(Ceu Kum Sok) (뒷면)	I-131c
*평민계층 한국인의 전형 (뒷면)	II-022b

I-024a

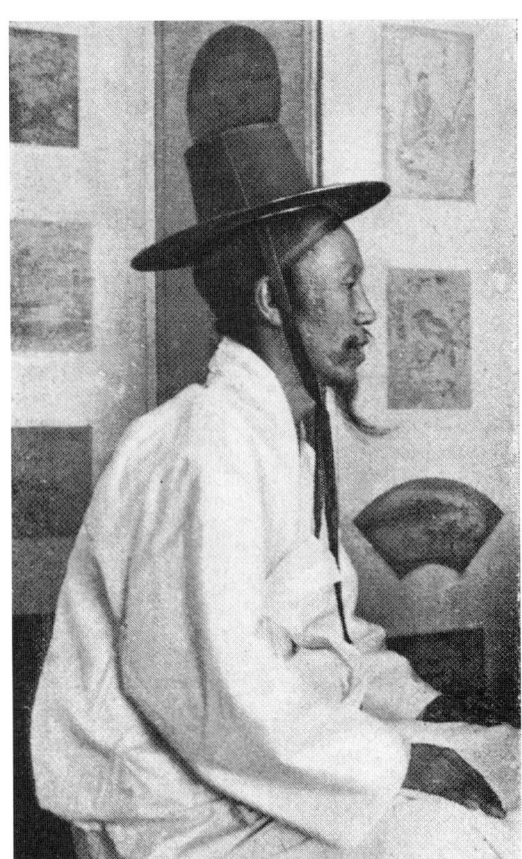
I-042

I-052a

I-052b

I-053a

I-053b

I-054a

I-054b

I-131a

I-131b

I-131c

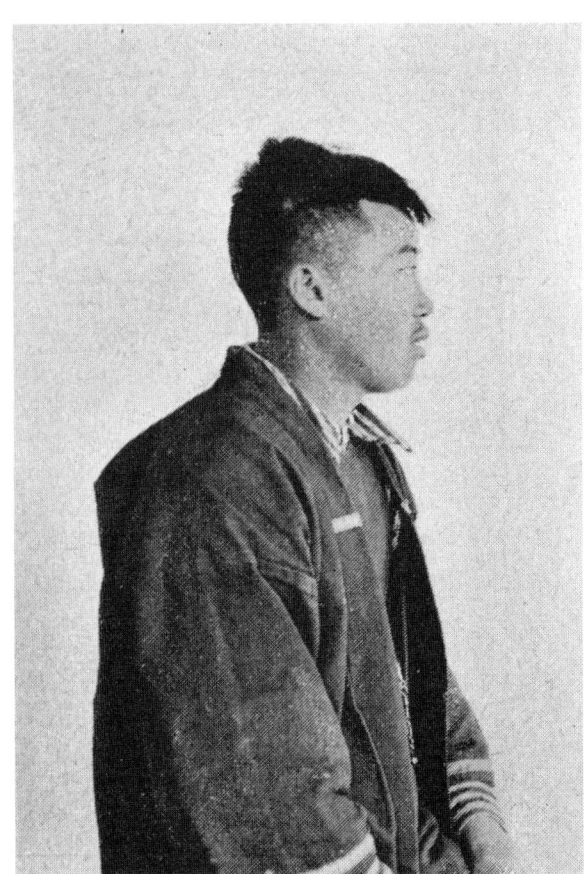

II-022b

24 민속품
1 모자
2 민화
3 기타

모자

*지금은 사용하지 않는 재래식 모자를 쓴 한국의 상인
양태가 넓은 '큰 갓'이다. 이러한 '큰 갓'은 흥선대원군의 집정 이후 '작은 갓'으로 대체되면서 사라졌다.

I-036a

한국의 모자(저자의 수집품에서)
1. 약혼한 소년의 모자 2. 승려의 모자 3. 평민들의 모자 4. 상중(喪中)에 쓰던 모자
5. 옛 군대의 모자 6. 가죽안감을 댄 겨울 모자

여성들의 머리 장식(저자의 수집품에서)
족두리, 아얌, 풍차 등 대표적인 여자들의 머리 장식품으로 로제티가 수집한 것들이다.

II-064

II-065

I-145

I-116

한국의 모자
1. 대례(大禮) 때에 쓰는 모자(빗갓) 2. 집 안에서 쓰는 모자(탕건, 宕巾)
3. 나비모양의 관모(사모, 紗帽)   II-064

한국의 모자
1. 궁중악사의 모자(야대) 2. 승려의 모자(감투) 3. 짐꾼의 모자   II-065

한국의 모자(저자의 수집품에서)
1. 해초로 만든 승려들의 모자(송낙, 松蘿) 2. 승려의 모자(대삿갓)
3. 상주들이 쓰는 큰 모자(방립, 方笠) 4. 대갓 안에 받쳐 쓰는 모자(승모) (뒷면) I-145

황제의 옛 군모(軍帽)와 옥단추(저자의 수집품에서)   I-116

*우모(雨帽, 갈모)를 쓴 한국 사람 (뒷면)   II-023b

서울에서 사용되는 비막이 모자 (뒷면)   II-089

상복 차림의 남자
상주들이 나들이 때 쓰고 다니던 '방갓'을 쓴 모습을 펜으로 다시 그려낸 삽화이다. (뒷면) II-090

**평양의 시골 여성
이것은 평안도 지방의 여자들이 얼굴가리개와 햇볕가리개의 용도를 겸해 사용하던 '방갓'의 모습
이다. (뒷면)   II-151

**평안도에서 사용하는 큰 모자를 쓴 이 지방의 여인들
얼굴가리개와 햇볕가리개의 용도를 겸해 사용하는 '방갓'으로, 〈도판 II-151〉에 등장하는 것과 동
일한 종류의 모자이다. (뒷면)   I-027

II-023b

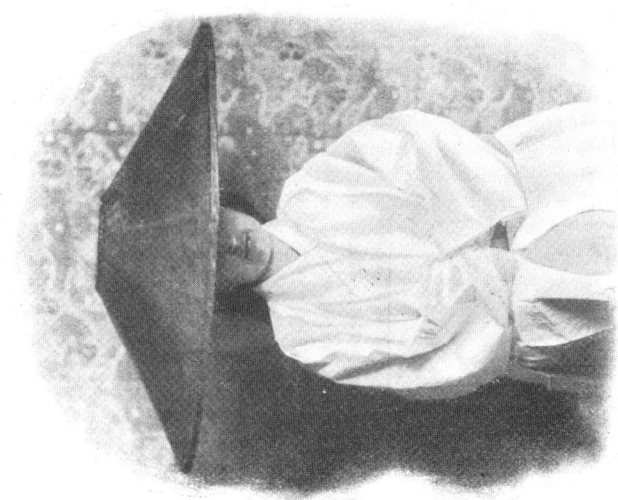

II-089

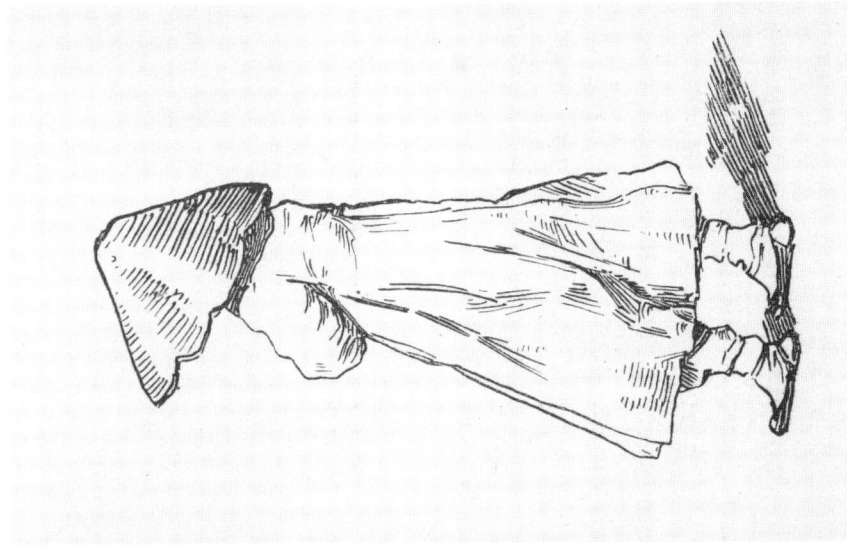

II-090

II-151

I-027

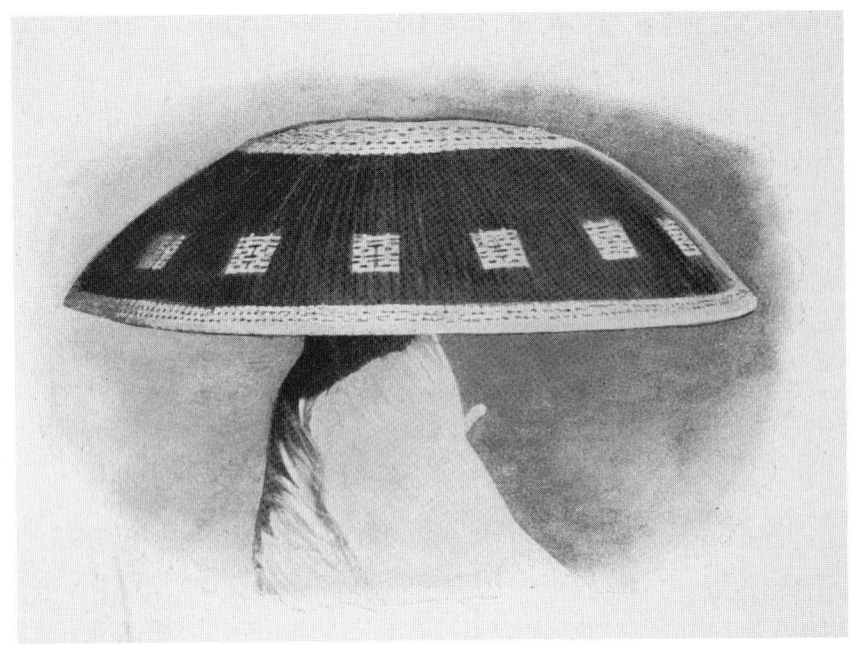

I-026

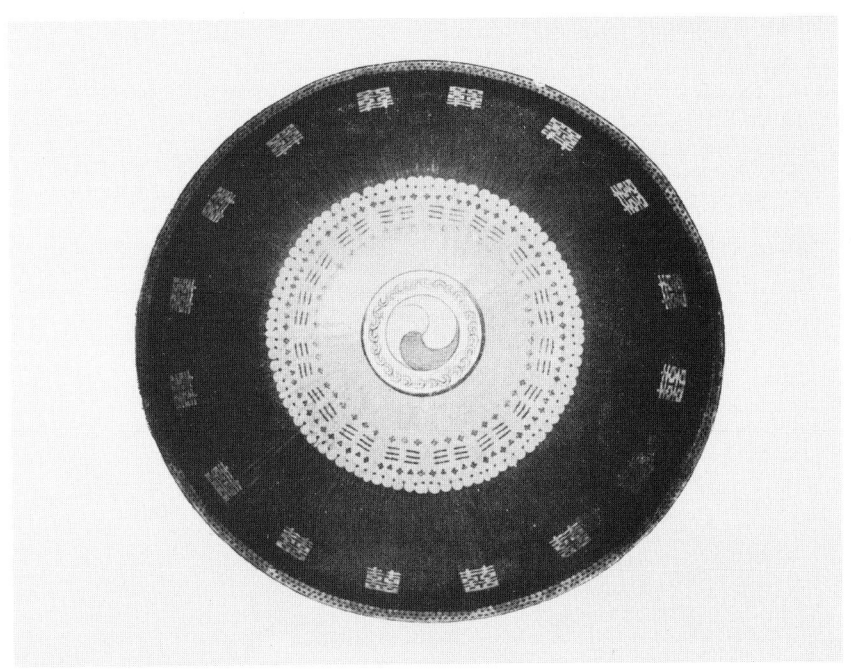

I-036b

*전라도 지방의 비막이 모자
〈도판 I-036b〉의 것과 동일한 종류의 모자이다.   I-026

세계에서 가장 넓은 모자-전모(氈帽), 전라도 지방의 비막이모자(저자의 수집품에서)   I-036b

310

I-044fa

I-044fb

＊조선의 국왕
이것은 로제티가 수집한 '병풍'에 그려진 그림이다.   I-044fa

＊조선의 왕비
이것은 로제티가 수집한 '병풍'에 그려진 그림이다.   I-044fb

I-155

I-016

*산신(山神)   I-155
*호랑이(한국의 그림에서)   I-016

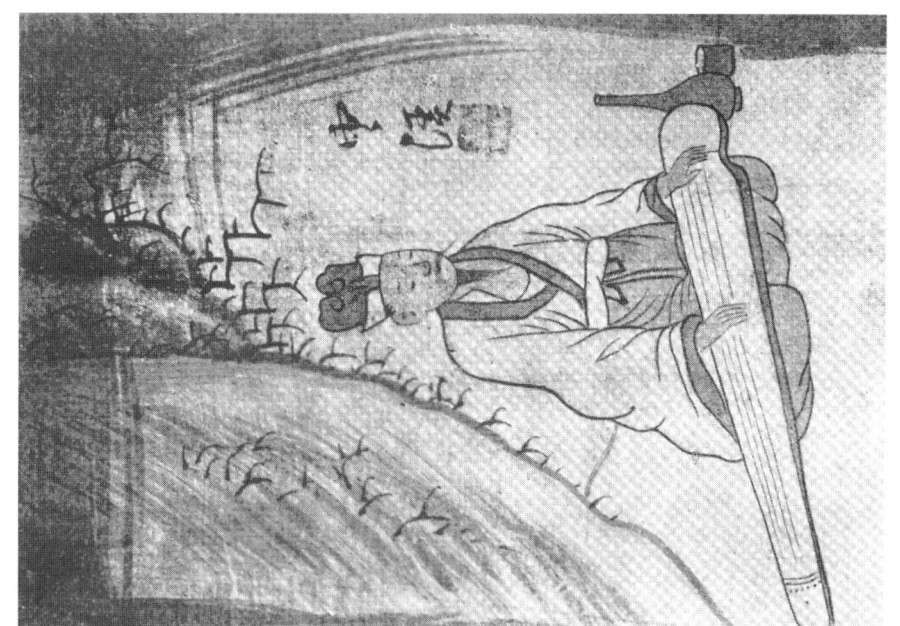

II-185

I-164b

한국의 그림(저자의 병풍에서)
II-185
*봉황   I-164b
*신령한 동물들   I-164a

I-164a

I-165a

I-165b

I-165c

I-165d

*기린	I-165a
*호랑이	I-165b
*개	I-165c
*닭	I-165d

*악귀들을 멀리하기 위해 한국 가정에서 사용하는 상상의 그림
I-166a

*악귀들을 멀리하기 위해 한국 가정에서 사용하는 상상의 그림
I-166b

II-066

최고 관직 관리의 흉배자수
사진에 보이는 것은 '쌍학흉배(雙鶴胸背)'로 문관인 정삼품 이상의 당상관(堂上官)만이 이를 착용할 수 있었다.

II-066

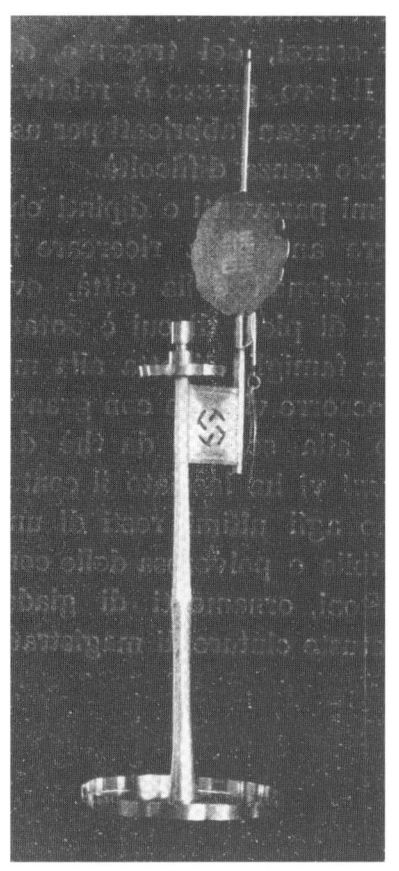
II-184a

II-184b

II-188

쇠와 은으로 만든 한국 촛대(저자의 수집품)	II-184a
한국의 부채들(저자의 수집품)	II-184b
놋그릇 세트(저자의 수집품)	II-188

I-039

I-040

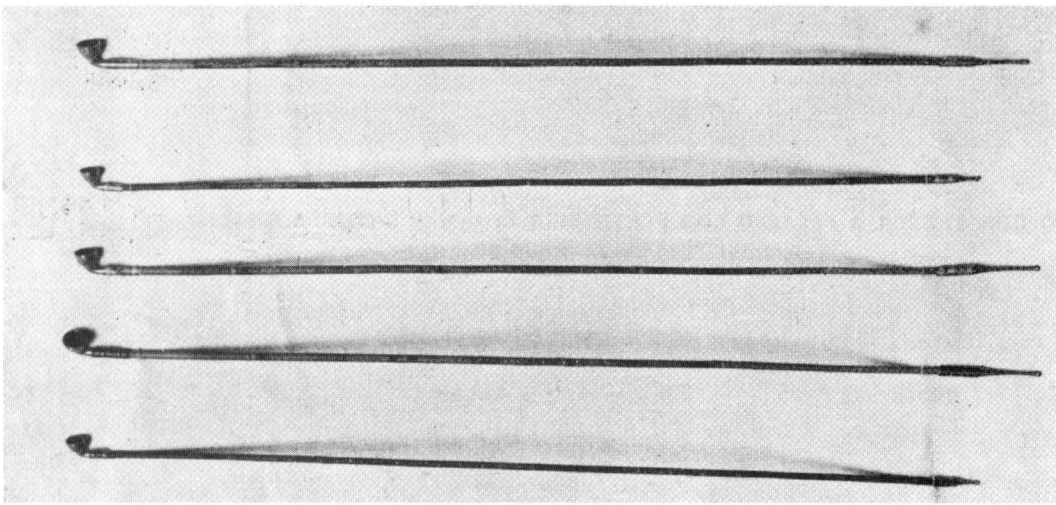

II-054

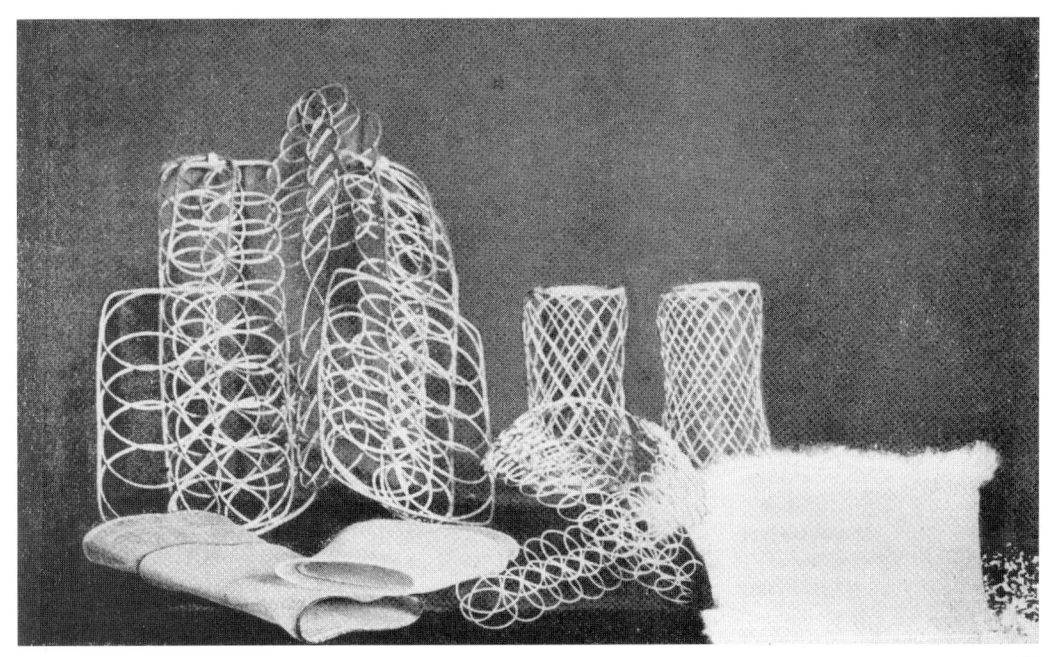

한국의 신발(저자의 수집품에서)
1. 의전용 신발 2. 나막신 3. 여인의 일상 신발 4. 남자의 일상 신발 5. 서민의 짚신   I-039

한국의 민속품(저자의 수집품에서)
1. 의복상자 2. 갓집 3. 부채 4. 예복의 요대 5. 주판   I-040

담뱃대
담뱃대는 설대가 긴 것을 '장죽'이라고 하고, 이것이 짧거나 없는 것을 '곰방대'라고 구분하여 부른다.   II-054

진기한 한국의 의복도구 : 대나무살로 만든 여름 옷의 옷깃, 소매, 상의(저자의 수집품에서)
여름에 땀이 배지 않도록 등나무 줄기를 가늘게 쪼개어 만들어 입는 조끼 모양의 등등거리(등배자)와 등토시 등의 모습이다.   I-167

먹, 붓, 벼루
'문방사우' 가운데 먹, 붓, 벼루를 펜으로 그려낸 모습이다.   II-138

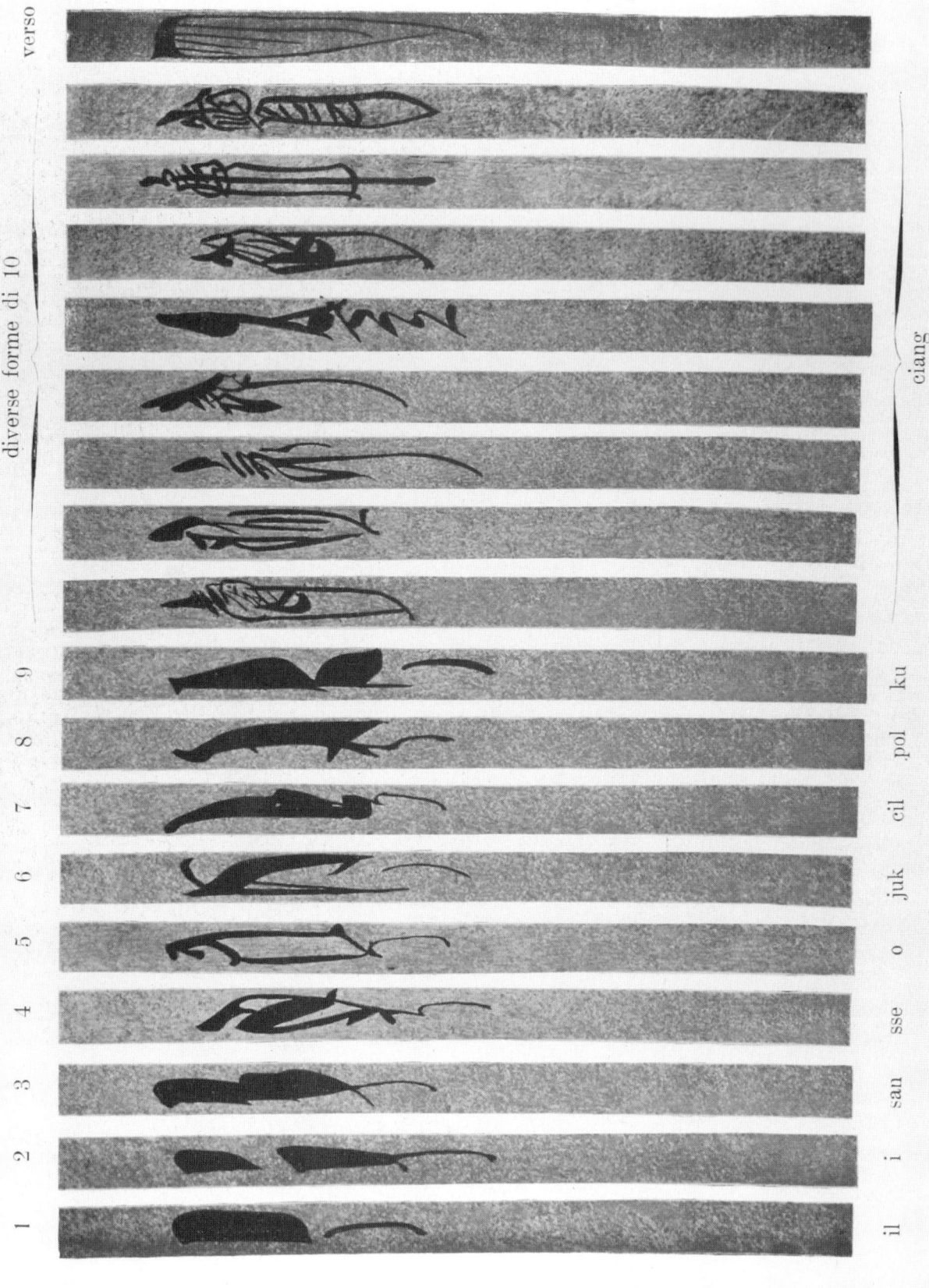

II-164

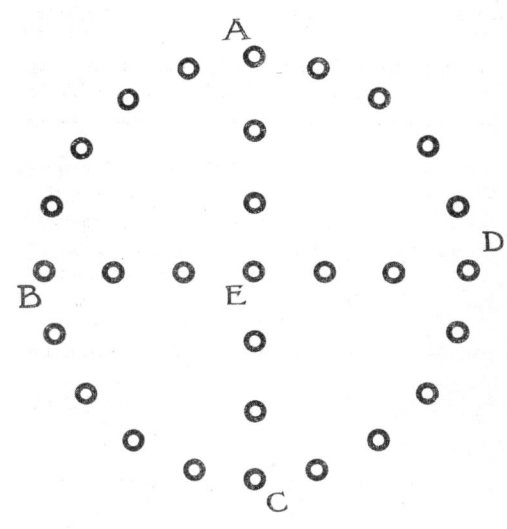

II-168

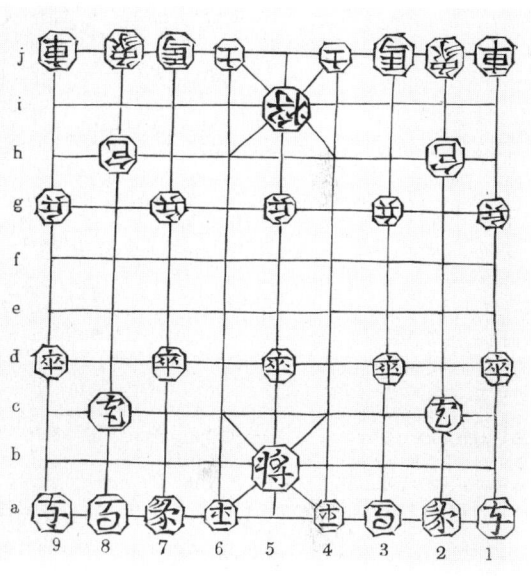

II-171

한국의 놀이 카드
투전(鬪錢)을 차례대로 늘어놓은 모습이다.

II-168f

한국의 놀이 : 카드와 도미노
한국 사람들이 즐기던 노름 가운데 가장 대표적인 투전(鬪錢)과 골패(骨牌)를 가지런히 늘어놓은 모습이다.

II-164

윷(nyut)
'윷판'을 그려놓은 모습이다. 로제티의 책에는 윷, 투전, 골패, 장기, 바둑 등과 같은 한국의 놀이 방법에 대해 비교적 자세한 설명이 수록되어 있다.

II-168

한국의 체스('코리안 리포지토리'에서)
장기판의 모습을 그려낸 삽화이다.

II-171

321

II-176

I-135

I-049

II-184c

II-224

검은 옻칠을 한 전라도산 가구(저자의 수집품에서)	II-176
한국의 서적과 독서대(저자의 수집품에서)	I-135
한국의 옛날 나침반	
패철(佩鐵)이라고도 부른다.	I-049
한국의 놋그릇(저자의 수집품)	II-184c
한국의 옛날 엽전꾸러미	II-224

II-181a

II-180

서울의 보석함(저자의 수집품)
II-181a
평양의 패물함(저자의 수집품)
II-180

II-181b

II-181c

쇠와 은으로 만든 담배 상자(저자의 수집품)
II-181b
쇠와 은으로 만들어진 보관함(저자의 수집품)
II-181c

오방장군(五方將軍)이라는 숭배물
'장승'과 '솟대'가 나란히 서 있는 풍경이다.

25 삽화-무예도보통지

"나는 한국을 떠나기 전 그(통역 양홍묵)로부터 한 가지 은혜를 입었다. 나는 오래전부터 옛날에 인쇄된 매우 흥미 있는 한국의 병법에 관한 책을 찾고 있었다. 그런데 내가 떠나는 바로 그날, 미스터 양이 자신에 대한 기념으로 간직하길 당부하면서 그 책의 멋진 원본 하나를 가지고 왔다. 내가 이미 한국을 영원히 떠나는 마당에 미스터 양이 더 이상 나에게 기대할 것도 없는 상황이었으므로 이것은 한층 더 고마운 일이었다." (Part I, pp. 56~57)

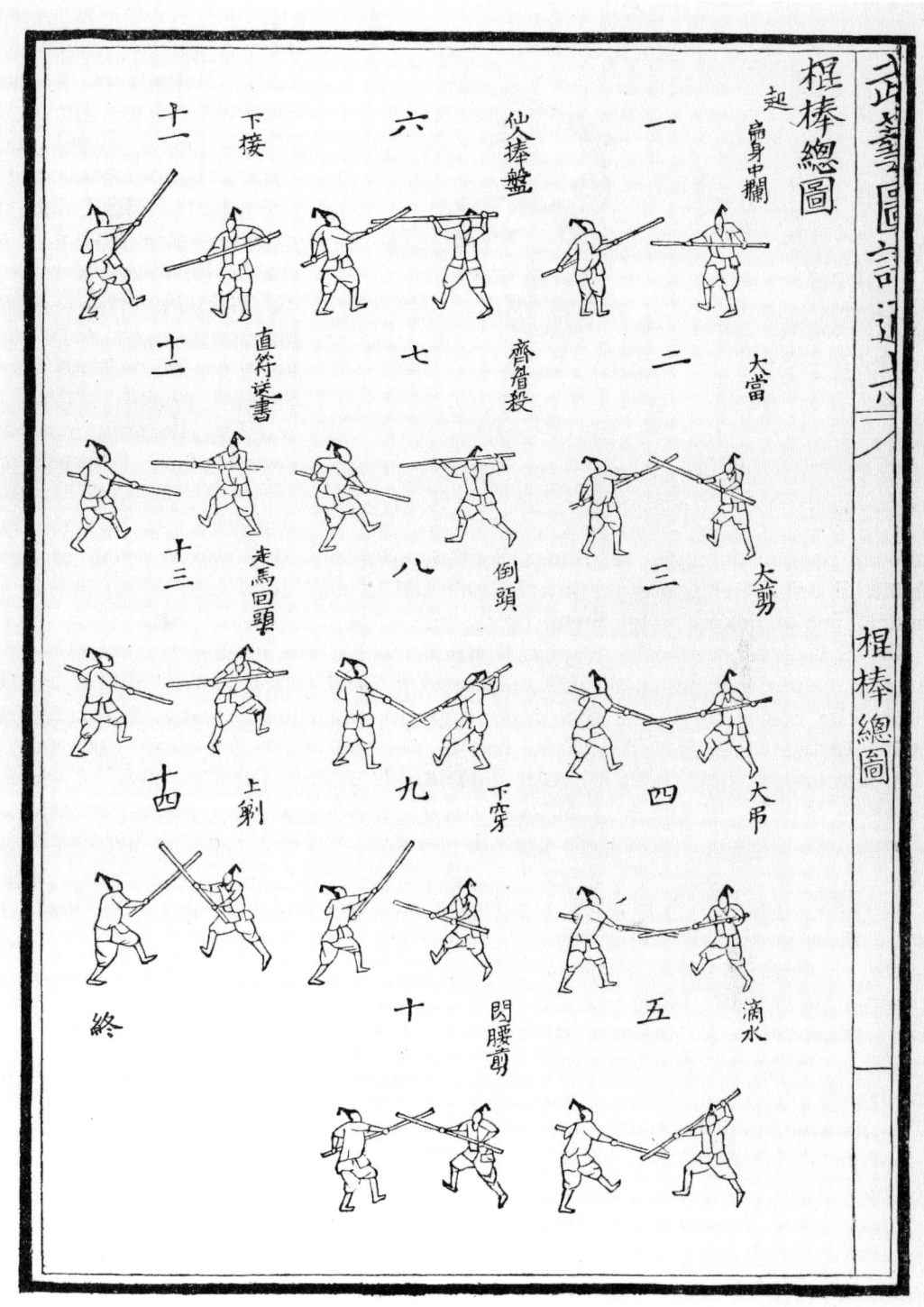

한국의 군사 조련에 관한 서적

로제티가 이탈리아 영사 통역 양홍묵에게서 선물로 건네받은 『무예도보통지(武藝圖譜通志)』가운데 '곤봉총도(棍棒總圖)' 해당 부분이다.

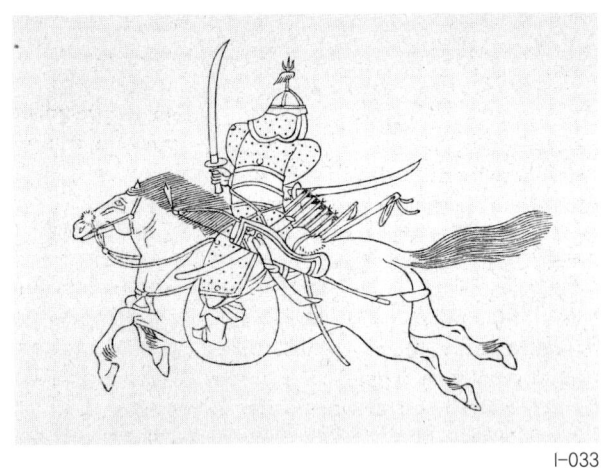

I-033

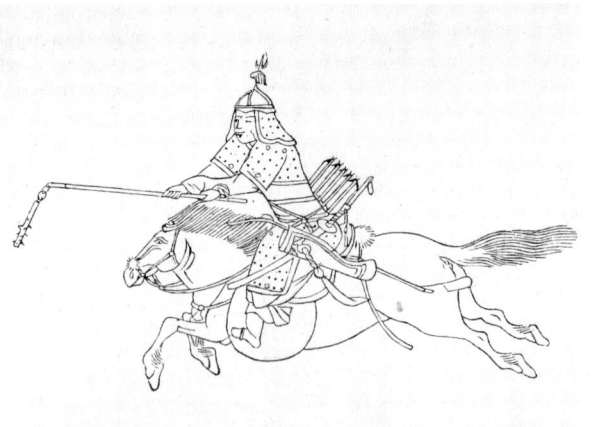

I-035a

I-034a

I-034b

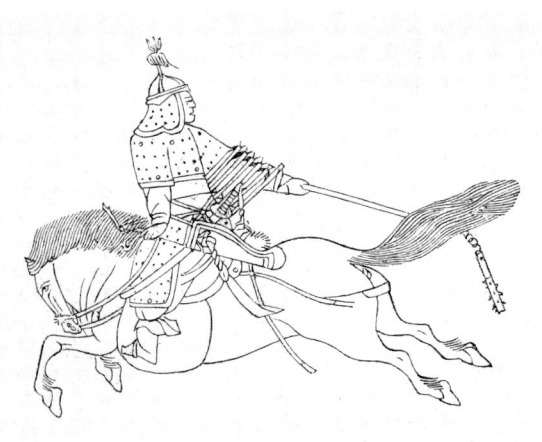

I-035b

한국의 옛날 기마병	I-033
한국의 옛날 기마병	I-035a
한국의 폴로 경기 '격구(擊毬)'를 말한다.	I-034a
한국의 폴로 경기 '격구(擊毬)'를 말한다.	I-034b
한국의 옛날 기마병	I-035b

한국의 무예 대련	II-124a
한국의 무예 대련	II-124b
한국의 무예 대련	II-125a
한국의 무예 대련	II-125b
옛날 전사(戰士)	II-024
창 찌르기	II-126

II-112a

I-032a

한국의 옛날 기마병
로제티의 책 '2권' 속표지를 장식한 이미지 〈도판번호 II-004〉와 동일하다.　II-112a
한국의 옛날 병사　I-032a
한국의 옛날 병사　I-032b

I-032b

26 삽화-기타

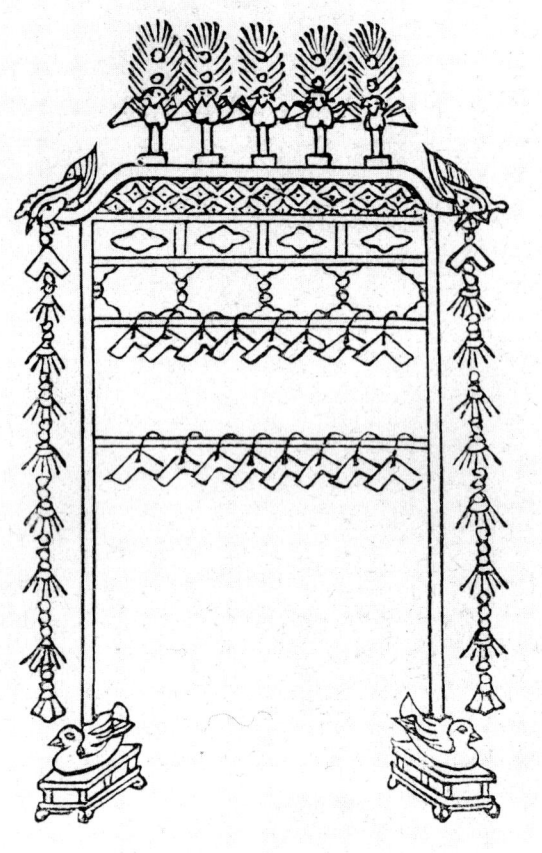

I-112a I-113b

옛날 악기
『진찬의궤(進饌儀軌)』에 수록된 것으로 '편경(編磬)'의 모습을 그려낸 삽화이다.　　I-112a

기생의 춤추는 모습
『진찬의궤(進饌儀軌)』에 그려진 것으로, 족자(簇子)를 든 여령 1인과 죽간자(竹竿子)를 든 여령 2인이 줄지어 선 모습이다.　　I-113b

제단(祭壇)
『진찬의궤(進饌儀軌)』에 그려진 다정(茶亭)의 모습이다.　　I-143a

향로(香爐)
『진찬의궤(進饌儀軌)』에 그려진 향로의 모습인 듯하다.　　I-143b

동기(童妓)의 화관(花冠)
원문에는 '제관(祭官)의 모자'라고 소개되어 있으나, 『진연의궤(進宴儀軌)』와 같은 자료에 그려진 그림에는 이것이 동기(童妓)가 쓰는 화관(花冠)으로 표시하고 있다.　　I-146

I-143a

I-143b

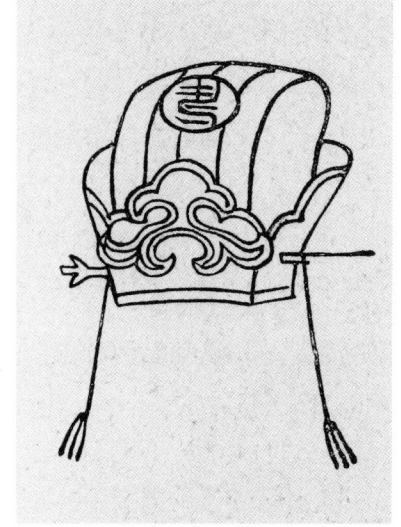
I-146

I-112b

I-142

특색 있는 기생의 춤

『진찬의궤(進饌儀軌)』에 그려진 것으로, 포구문(抛毬門)을 사이에 두고 풍류안(風流眼)으로 채구(彩毬)를 던지려는 찰나에 있는 여령(女伶)의 모습이다.   I-112b

처용무(處容舞)

원문에는 '제례복(祭禮服)'이라는 설명이 달려 있으나, 이는 잘못된 설명이다. 이것은 『진찬의궤(進饌儀軌)』에 수록된 '처용무(處容舞)' 장면을 그린 삽화이다.   I-142

우리홀본분은
존경샹데로다
죄를신코이쥬흐
령혼을구흐리면

II-130a

II-130b

Vocali	Consonanti		Dittonghi	
아 a	ㄱ	k	애 aì	
야 ya	ㄴ	n	의 ài	
어 e	ㄷ	t	에 ei	
여 yè	ㄹ	{ r, iniziale / l, finale	예 yei	
오 ou	ㅁ	m	의 euì	
요 yòu	ㅂ	p	와 oà	
우 óu	ㅅ	{ s, iniziale / t, finale	왜 oaì	
유 yù	ㅇ	ng	외 oè	
으 eu, ö	ㅈ	c	워 uò	
이 ii	ㅊ	c' aspirata	웨 ueì	
ㅇ a	ㅋ	k'	위 uì	
	ㅌ	t'	위 yuì	
	ㅍ	p'		
	ㅎ	h		

II-131

Consonanti Sanscrite				Consonanti Coreane moderne		equivalente
usuali	quali vennero introdotte in Corea al IV Secolo, d. C	quali si usavano al XV Secolo				
		stampate	scritte	scritte	stampate	
...	...	...	...	ㄱ	ㄱ	k
...	...	...	...	ㄴ	ㄴ	n
...	...	...	...	ㄷ	ㄷ	t
...	...	...	...	ㄹ	ㄹ	{l / r
...	...	...	...	ㅁ	ㅁ	m
...	...	...	...	ㅂ	ㅂ	p
...	...	...	...	ㅅ	ㅅ	s
...	...	...	...	ㅇ	ㅇ	ng
...	...	...	...	ㅈ	ㅈ	ch
...	...	...	...	ㅎ	ㅎ	h
...	...	...	...	ㅿ	ㅿ	j

II-133

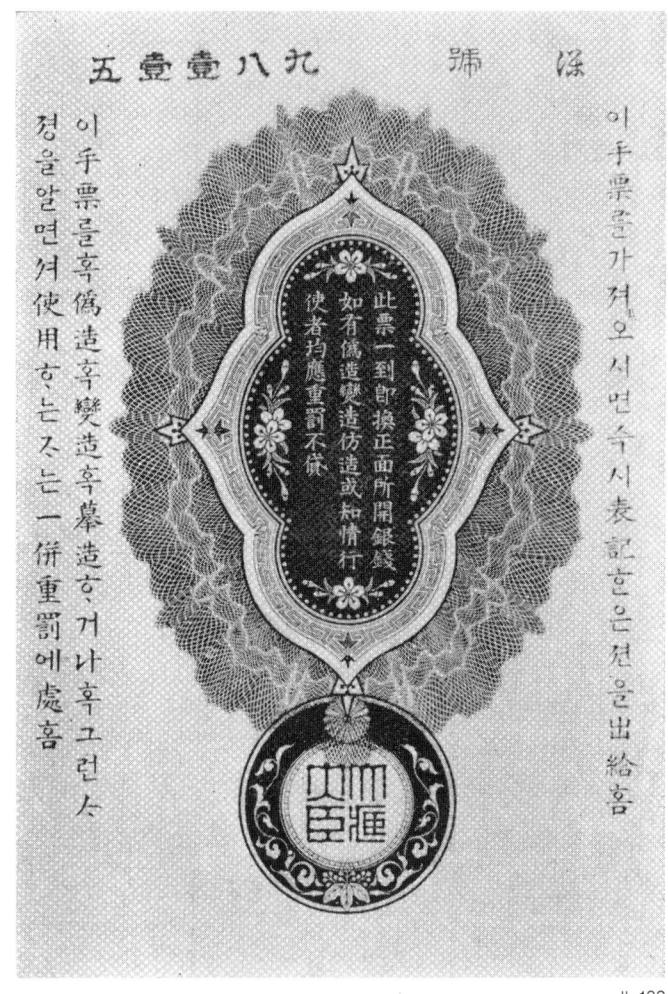

〈언문〉으로 된 인쇄물 (스코트의 '코리안 매뉴얼'에서) II-130a

〈언문〉으로 된 필사본 (스코트의 '코리안 매뉴얼'에서) II-130b

한국의 알파벳
한글의 자음과 모음, 그리고 발음기호를 나타낸 일람표이다. II-131

산스크리트어에서 파생한 한국 알파벳의 일람표 (스코트의 '코리안 매뉴얼'에서) II-133

격자 문양의 한국 창살
로제티는 한글의 창제원리와 관련하여 "이 문창살의 문양을 보고 아주 쉽게 글자를 만들어냈다"는 얘기가 있다고 기록하고 있다. II-134

(한국에서 특별 발행된) 최근의 일본은행권은 한자와 언문으로 혼용 인쇄한 면을 보여준다. II-132

한국 대신의 명함

여기에는 '탁지부대신 김성근(度支部大臣 金聲根: 1835~1919)'이라는 이름이 나타나 있다. 그는 1902년 11월 29일부터 1903년 10월 7일까지 탁지부대신을 지냈는데, 여기에 '공하신희(恭賀新禧)'라는 구절이 적혀 있는 걸로 보아 연하장(年賀狀)의 용도로 1903년 정초에 이탈리아 영사 로제티에게 건네진 것인 듯하다.

27 지도관련

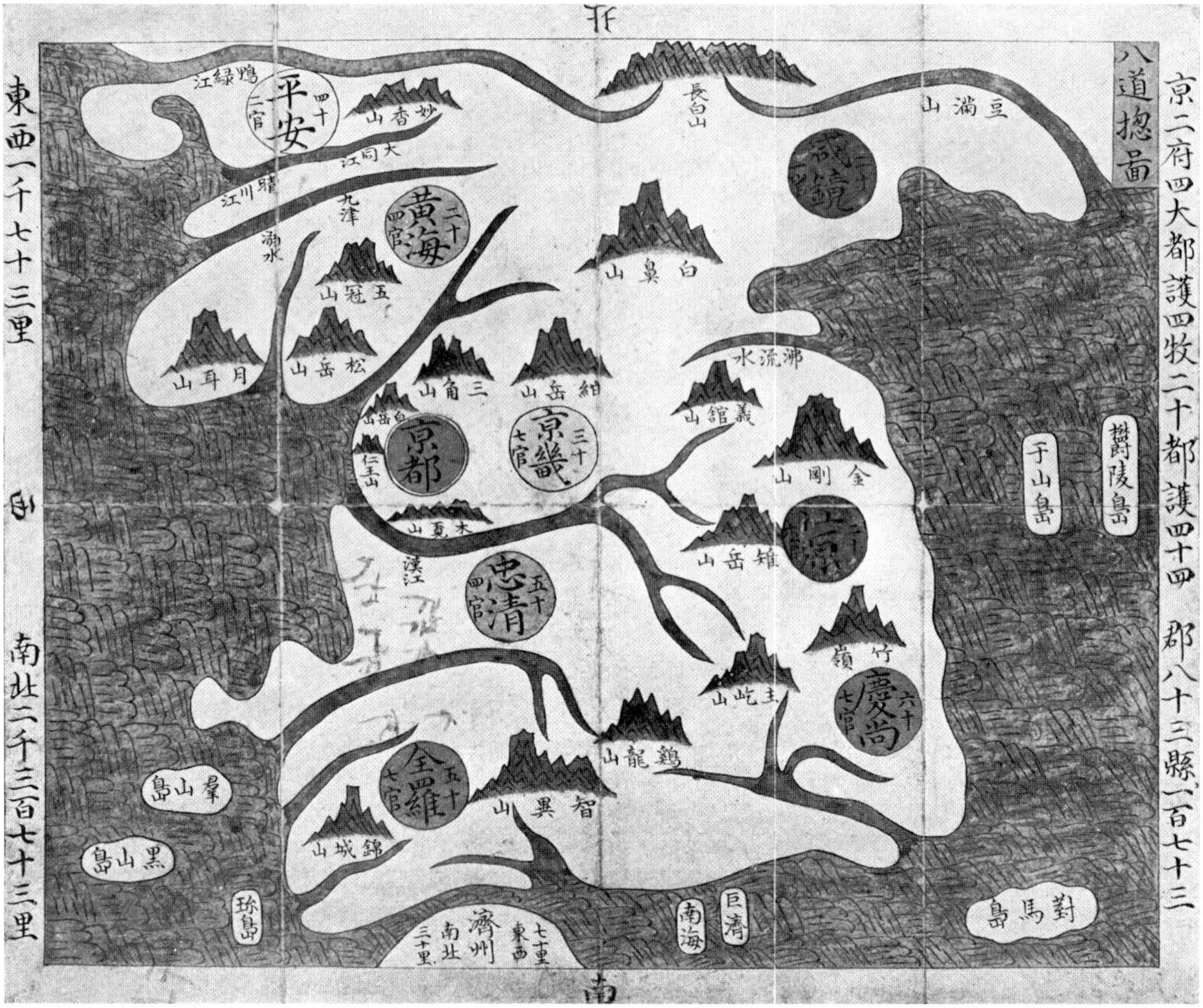

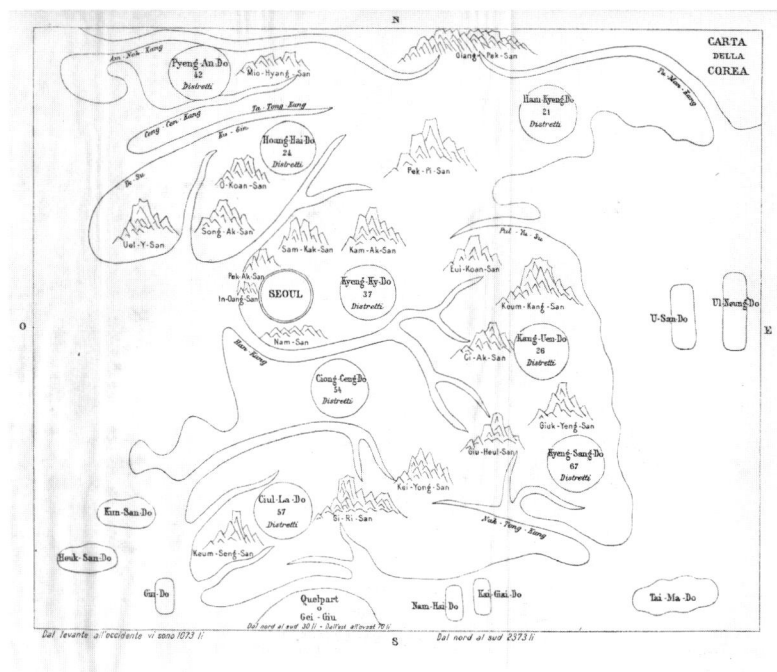

I-028fb

DA ANTICA STAMPA COREANA.

I-028fa

한국전도(한국의 고인쇄물에서)

팔도총도(八道摠圖)의 원본이다.

I-028fb

한국전도(한국의 고인쇄물에서)

팔도총도(八道摠圖)의 내용을 이탈리아의 독자에게 설명하기 위해 만든 번역 약도이다. I-028fa

II-038fb

II-038fa

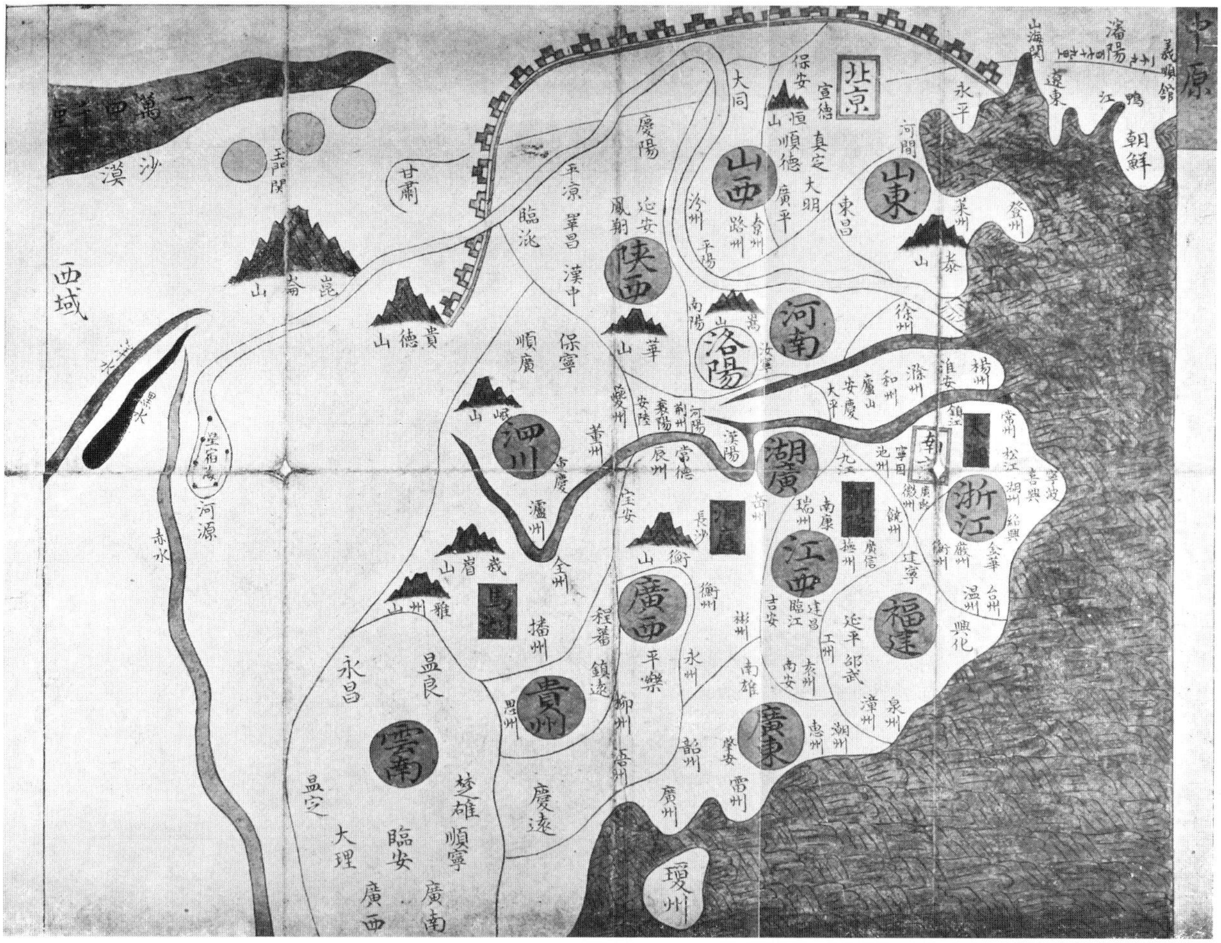

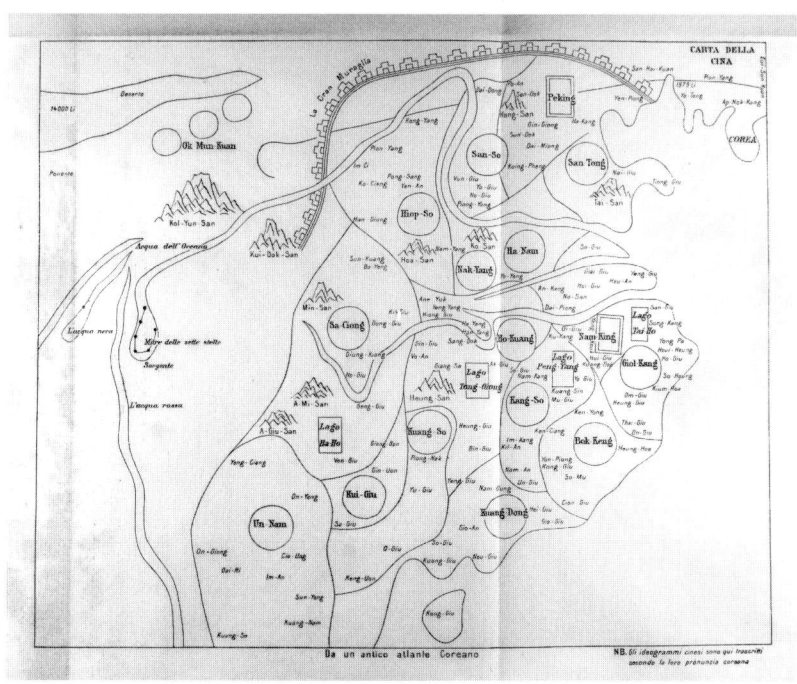

중국전도

중국전도의 원본이다. II-038fb

중국전도

중국전도의 내용을 이탈리아의 독자에게 설명하기 위해 만든 번역 약도이다. II-038fa

II-138fb

II-138fa

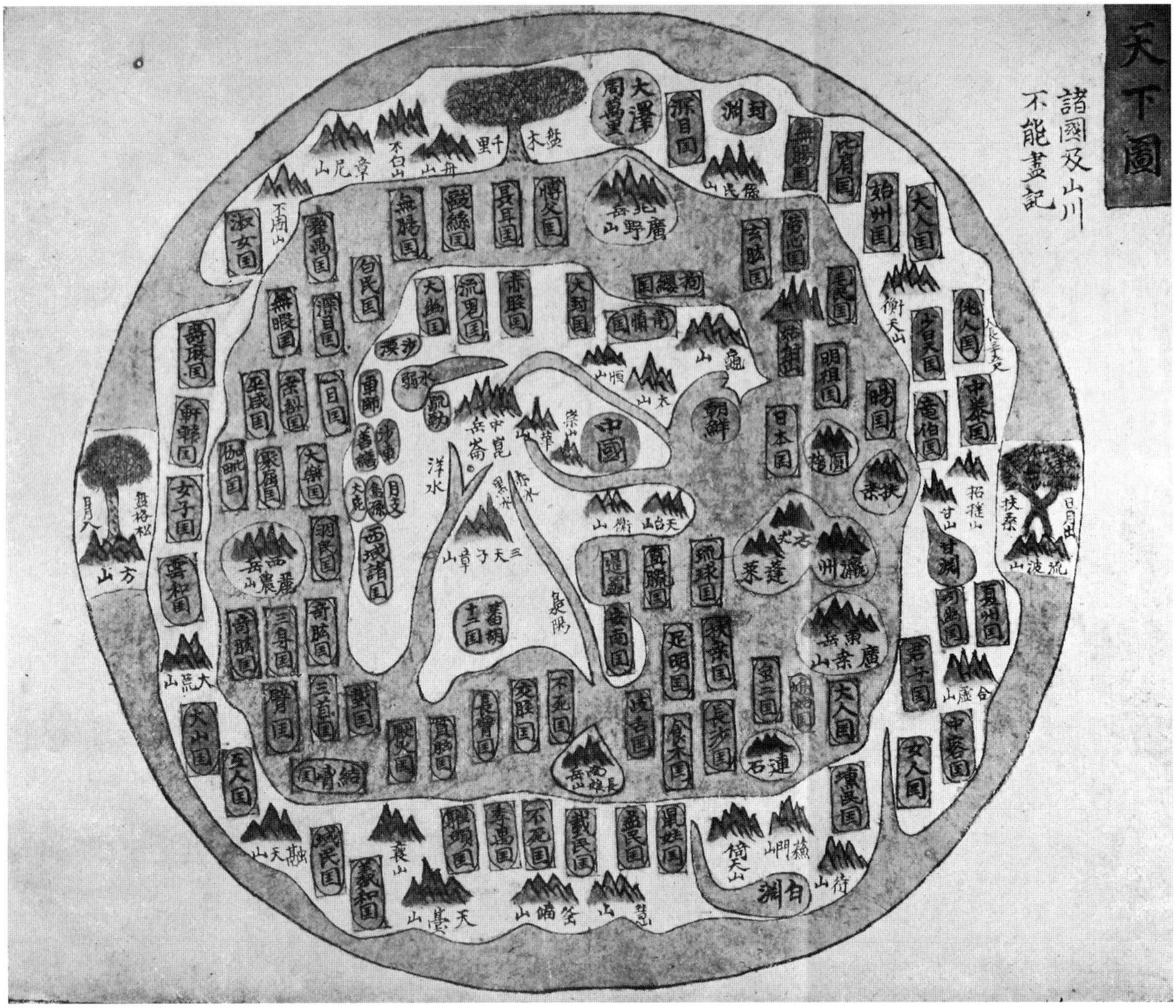

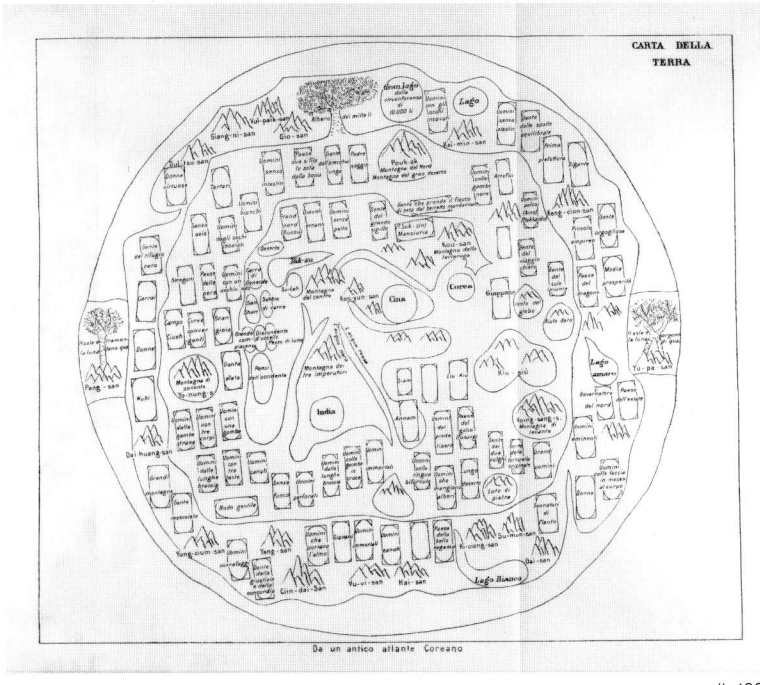

세계지도

천하도(天下圖)의 원본이다.

II-138fb

세계지도

천하도(天下圖)의 내용을 이탈리아의 독자에게 설명하기 위해 만든 번역 약도이다. II-138fa

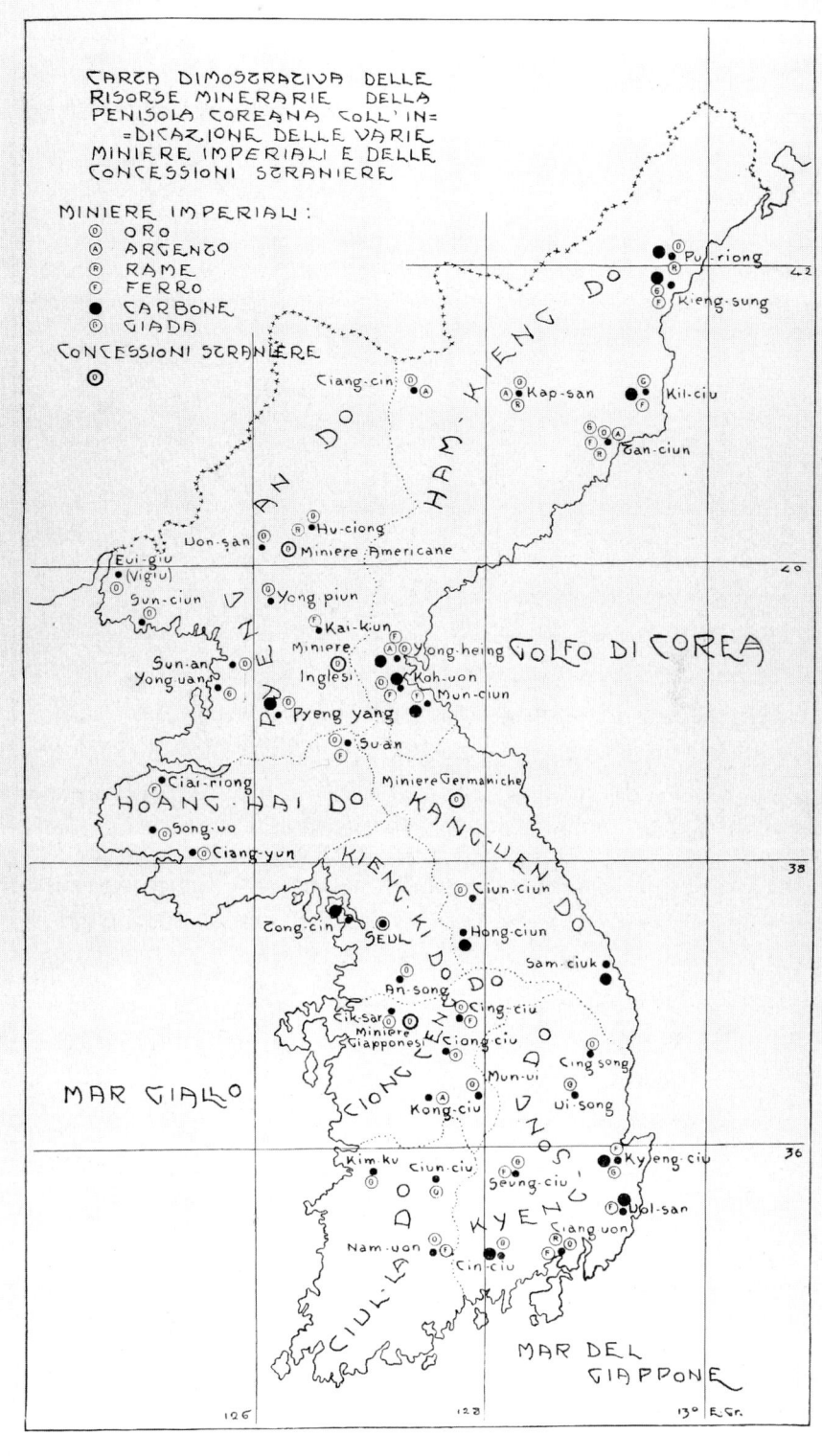

한국의 광산분포도
로제티가 직접 정리한 우리나라의 광산분포도이다.

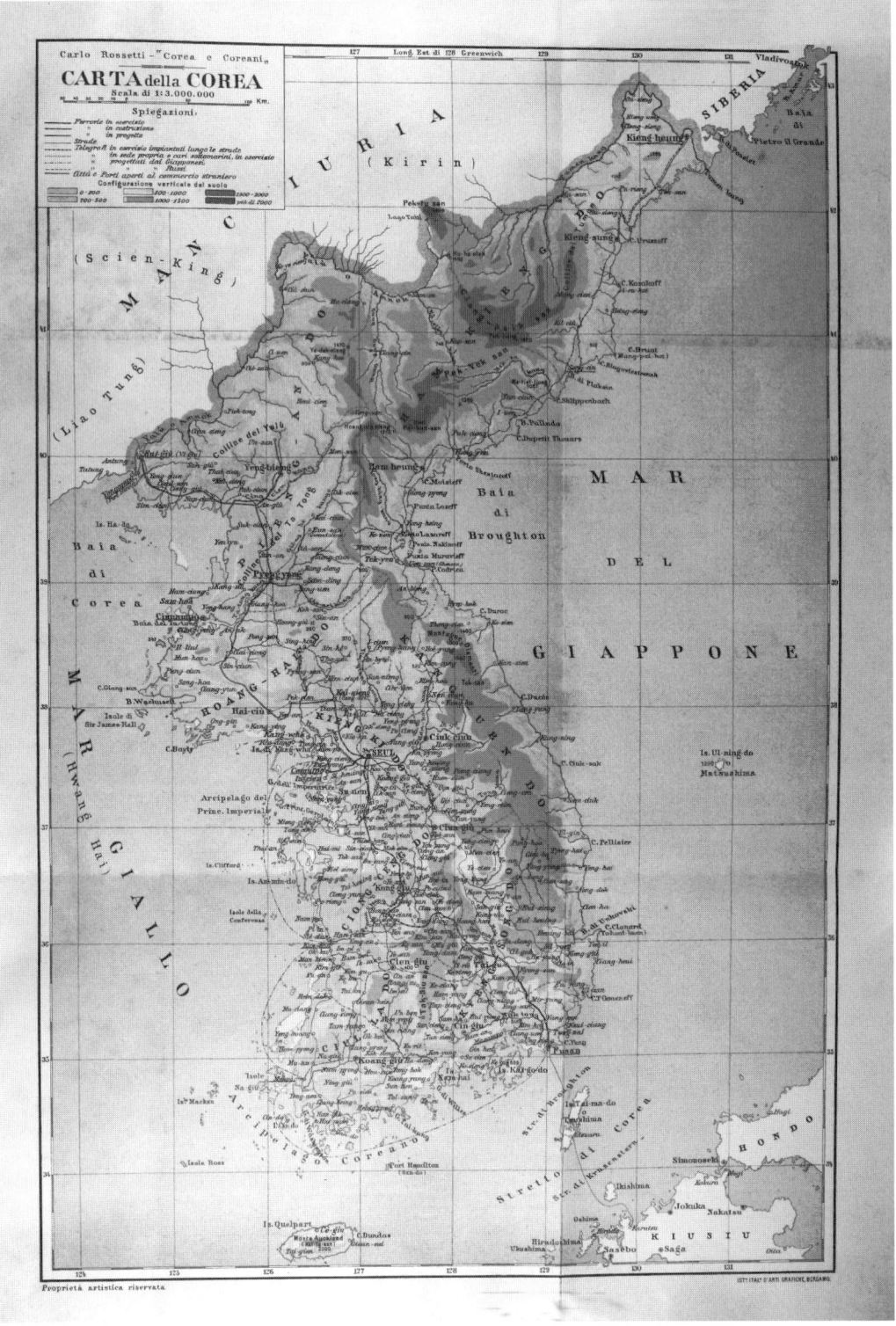

한국전도

도판목록

도판목록(파트 I)

I-001f 궁궐을 방문하기 위한 가마 안에서	… 18
I-001 *혼례 행렬	… 212
I-013 *서울−하궁(夏宮, 여름 궁전), 광화문	… 62
I-014 **제물포의 전경	… 141
I-015 썰물 때의 제물포 항구와 부두	… 140
I-016 *호랑이(한국의 그림에서)	… 312
I-017 **옛 궁궐의 후원	… 74
I-018a *아이와 소년과 노인	… 215
I-018b *서울 교외의 농부	… 214
I-019a *한국 평민의 전형	… 214
I-019b *한국 상인의 전형	… 294
I-020a *한국 상인의 전형	… 294
I-020b *'관(冠)'이라고 부르는 실내 모자를 쓴 한국 중인 계층의 전형, 소동선(So Tong Seun), 30세	… 294
I-020c *한국 상인의 전형, 성인기(Sung In Ki), 41세	… 294
I-021a *한국 상인의 전형	… 295
I-021b *한국 상인의 전형, 성인기(Sung In Ki), 41세	… 295
I-021c *한국 상인의 전형, 박개채군(Pak Kai Chai Kun), 45세	… 295
I-022a *평민계층 한국인의 전형	… 295
I-022b *한국 상인의 전형	… 296
I-022c *한국인의 전형	… 296
I-022d *한국인의 전형	… 296
I-022e *한국인의 전형	… 296
I-023a *평민계층 한국 여인의 전형	… 297
I-023b *평민계층 한국 여인의 전형	… 297
I-023c *평민계층 한국 여인의 전형	… 297
I-023d *평민계층 한국 여인의 전형	… 297
I-023e *평민계층 한국 여인의 전형	… 298
I-024a *중인계층 한국인의 전형, 마양춘(Ma Yang Ciun), 42세	… 300
I-024b *평민계층의 한국 여인	… 298
I-025 *서울의 거리에서−쿨리	… 202
I-026 *전라도 지방의 비막이 모자	… 310
I-027 **평안도에서 사용하는 큰 모자를 쓴 이 지방의 여인들	… 309
I-028fa 한국전도(한국의 고인쇄물에서)	… 340
I-028fb 한국전도(한국의 고인쇄물에서)	… 340
I-028 **고건물의 세부 건축	… 147
I-029 대원각사비(大圓覺寺碑) [송도의 기념비]	… 117
I-031 **송도의 성문	… 146
I-032a 한국의 옛날 병사	… 332
I-032b 한국의 옛날 병사	… 332
I-033 한국의 옛날 기마병	… 330
I-034a 한국의 폴로 경기	… 330
I-034b 한국의 폴로 경기	… 330
I-035a 한국의 옛날 기마병	… 330
I-035b 한국의 옛날 기마병	… 330
I-036a *지금은 사용하지 않는 재래식 모자를 쓴 한국의 상인	… 304
I-036b 세계에서 가장 넓은 모자−전모(氈帽), 전라도 지방의 비막이 모자 (저자의 수집품에서)	… 310
I-037 *한국인 귀족(양반)	… 299
I-038 한국의 모자(저자의 수집품에서)	… 305
1. 약혼한 소년의 모자 2. 승려의 모자	
3. 평민들의 모자 4. 상중(喪中)에 쓰던 모자 5. 옛 군대의 모자	
6. 가죽 안감을 댄 겨울 모자	
I-039 한국의 신발(저자의 수집품에서)	… 318
1. 의전용 신발 2. 나막신 3. 여인의 일상 신발	
4. 남자의 일상 신발 5. 서민의 짚신	
I-040 한국의 민속품(저자의 수집품에서)	… 318
1. 의복 상자 2. 갓집 3. 부채 4. 예복의 요대 5. 주판	
I-041 한국 부인의 의복 한 벌	… 277
I-042 *한국인의 전형	… 300
I-043 *한국인 부인	… 299
I-044fa *조선의 국왕	… 311
I-044fb *조선의 왕비	… 311
I-044 *현지의 어느 미인	… 264
I-045 젊은 한국 여인들	… 267
I-047 *빨래터	… 236
I-048 **부산의 일본인거류지	… 144
I-049 한국의 옛날 나침반	… 323
I-050 *옛 이탈리아영사관 자리	… 20
I-051 *서울의 이탈리아공사관	… 21
I-052a *마양춘(Ma Yang Ciun), 넘버원 보이(number one boy)	… 300
I-052b *요리사 마양순(Ma Yang Sun)	… 300
I-053a *이영순(Yi Yung Sun)	… 301
I-053b *기수 김씨(Il Kishu Kim)	… 301
I-054a *기수이자 문지기(mungighi) 최씨(Ceu)	… 301
I-054b *이탈리아공사관의 통역 양홍묵(Yang Hong Muk)씨	… 30, 301

별표 하나(*)로 표시된 도판은 저자가 촬영한 네가티브에서 얻어진 것이며, 별표 둘(**)인 것은 저자의 수집품에서 나왔지만, 서울의 사진사인 무라카미(Murakami, [村上幸次郞])가 촬영한 것이다. 저자가 직접 촬영하여 수집품에 포함된 한국 풍물에 관한 사진을 복제하는 일은 연구소(Istituto, [아트 그래픽 연구소])의 배려로 리보르노의 마르조치니(Marzocchini di Livorno)에 있는 사진작업소에서 이뤄졌다. 목판인쇄로 되어 있는 한국 삽화는 『진찬의궤(進饌儀軌)』와 『무예도보통지(武藝圖譜通志)』 두 책에서 재복사한 것이다.

I-055 *집무실의 미스터 양(Mr. Yang)	…	31
I-056 *이탈리아공사관거리	…	24
I-057 *파로디(N. Parodi)	…	23
I-058 *서대문	…	86
I-059 *남대문	…	82
I-060fa *동대문대로	…	104
I-060fb *남대문대로	…	113
I-060 **남동 구역	…	90
I-061 *서울 전경	…	91
I-062 *동대문	…	82
I-063 **육조거리와 북악산	…	63
I-064 *이탈리아공사관에서 바라본 남산의 전망	…	25
I-065 *동대문대로가 끝나는 곳	…	108
I-066 *동대문대로	…	102
I-067 **서울의 거리에서-우물	…	237
I-068 **서울의 한 구역	…	98
I-069 *지붕의 이엉 엮기	…	213
I-070 서울의 한 거리	…	213
I-071a *육조거리의 땔감시장	…	106
I-071b *동대문대로와 한성전기회사 사옥	…	107
I-072 한국의 짐수레	…	216
I-073 *서울의 거리에서-땔감을 실은 황소	…	217
I-074 *서울거리의 한 가지 즐거움	…	217
I-075 서울의 다리	…	116
I-076 *숯장수	…	202
I-077a *갓 수선공	…	192
I-077b *갓 수선공과 고객	…	192
I-078f 서울지도 : 기념물, 궁궐, 성문 등	…	56
I-078 *장례용품 가게	…	194
I-079 *나막신을 신은 소년	…	218
I-080 *외부(外部)의 정문	…	27
I-081 **대종(大鐘)	…	70
I-082 **대리석탑	…	118
I-083 **백불(白佛)	…	126
I-084 **하궁(夏宮)-안쪽에서 바라본 광화문	…	64
I-085 **하궁(夏宮)의 내부	…	64
I-086 **하궁(夏宮)의 대문 앞쪽에 있는 해태상	…	63
I-087 **창덕궁 인정전의 전경 [하궁(夏宮)의 대알현관]	…	72
I-088 **황제의 옥좌	…	73
I-089 **창덕궁 인정전 천정의 봉황 장식 [하궁(夏宮) 대알현관의 천정]	…	72
I-090 **여름철의 연지(蓮池)	…	69
I-091 **겨울철의 연지(蓮池)	…	66
I-092f **대리석탑 옆의 비석	…	119
I-092 **연지(蓮池)곁의 여름누각	…	67
I-093 **하궁(夏宮)의 누각	…	67
I-094 **하궁(夏宮) 안의 어느 다리	…	65
I-095 **황궁의 누각	…	71
I-097 *황궁-대알현관의 전경	…	40
I-098 **사직에 제사를 모시러 가는 황제의 장엄한 행렬	…	42
I-099 궁중복색을 갖춘 궁궐여인	…	272
I-100 *황제의 어가와 궁궐의 뜰	…	40
I-101 **정동의 황궁 정문	…	42
I-102 **한국의 어느 대신	…	245
I-103 외부대신 조병식	…	245
I-104 *궁정의 의전관과 황제폐하의 부관	…	46
I-105 *황제의 우산들	…	41
I-106 한국의 황제폐하	…	44
I-107 *궁중복색을 갖춘 황궁의 기생들	…	276
I-108f 황제폐하와 황태자전하	…	45
I-108 황제폐하의 연회 초대장	…	53
I-109a *황궁의 두 기생	…	280
I-109b 한국의 관리들	…	244
I-110 궁중 악사들	…	283
I-111 한국의 악기들(저자의 수집품에서)	…	279
I-112a 옛날 악기	…	334
I-112b 특색 있는 기생의 춤	…	335
I-113a 기생의 장식 족두리(저자의 수집품에서)	…	281
I-113b 기생의 춤추는 모습	…	334
I-114a **궁중복색을 갖춘 기생	…	278
I-114b **궁중복색을 갖춘 기생	…	278
I-114c *도회지 복색의 어린 기생들	…	284
I-115 **기생(ghi-sang)의 의복 한 벌	…	273, 277
I-116 황제의 옛 군모(軍帽)와 옥단추(저자의 수집품에서)	…	307
I-117 *한국 여인의 전형	…	266
I-118a *한국의 젊은 처녀	…	265
I-118b *한국인 소녀	…	269
I-119a *한국의 젊은 처녀	…	265
I-119b 칠반(七般) 계층의 한국 여인	…	268
I-120a *혼례행렬	…	212
I-120b 여성들의 머리 장식(저자의 수집품에서)	…	305
I-121 **한국인 군중	…	98
I-122a *서울 여인과 시골 여인	…	267
I-122b **한국 여인의 기이한 복장	…	270
I-123a *외출복 차림을 한 중인계층의 한국 여인들	…	268
I-123b 칠반(七般) 계층의 한국 여인	…	270
I-124f 서울의 거리에서, 가리아쪼의 작품	…	220
I-124 한국식의 옷 다림질	…	289
I-125 *다듬이 방망이를 만드는 사람	…	193
I-126 *한국의 어린이들	…	218
I-127 *한국의 어린이들	…	215
I-128 *떠돌이 신발수선공	…	194

I-129a *떠돌이 신발수선공	… 210		I-162 *나막신 수선공	… 200
I-129b *빨래터	… 234		I-163 *밥 먹는 사람들	… 224
I-130 *아무 일도 하지 않는 것의 달콤함	… 227		I-164a *신령한 동물들	… 313
I-131a *한국인 상인	… 302		I-164b *봉황	… 313
I-131b *한국인 양반	… 302		I-165a *기린	… 314
I-131c *칠반(七般) 계층의 젊은 한국인, 최금석(Ceu Kum Sok)	… 302		I-165b *호랑이	… 314
I-132 *가마와 가마꾼	… 178		I-165c *개	… 314
I-133 **하늘의 제단	… 121		I-165d *닭	… 314
I-135 한국의 서적과 독서대(저자의 수집품에서)	… 322		I-166a *악귀들을 멀리하기 위해 한국 가정에서 사용하는 상상의 그림	… 315
I-136 *비탈진 언덕 위에 있는 한국의 무덤들	… 138		I-166b *악귀들을 멀리하기 위해 한국 가정에서 사용하는 상상의 그림	… 315
I-137 **대원군 묘	… 136		I-167 진기한 한국의 의복도구 : 대나무살로 만든 여름 옷의 옷깃, 소매, 상의(저자의 수집품에서)	… 319
I-138 *서울-서소문	… 86		I-168 *가마 상점	… 201
I-139a *서울-이탈리아공사관거리 (공사관 창문을 통해 촬영한 전경)	… 26		I-169a *천연두의 혼령을 위해 황제폐하에 의해 베풀어진 야외 잔치	… 241
I-139b *서울 근교	… 240		I-169b *천연두의 혼령을 위해 황제폐하에 의해 베풀어진 야외 잔치	… 242
I-140fa *서울-공사관 구역	… 50		I-170 *서울 거지들의 움막	… 223
I-140fb *군중	… 242			
I-140 문인석	… 135			
I-141 **한국 무덤의 수호상(守護像)	… 134			
I-142 처용무(處容舞) [제례복(祭禮服)]	… 335			
I-143a 제단(祭壇)	… 335			
I-143b 향로(香爐)	… 335			
I-145 한국의 모자(저자의 수집품에서)	… 306			
1. 해초로 만든 승려들의 모자(송낙, 松蘿) 2. 승려의 모자(대삿갓)				
3. 상주들이 쓰는 큰 모자(방립, 方笠) 4. 대갓 안에 받쳐 쓰는 모자(승모)				
I-146 동기(童妓)의 화관(花冠) [제관(祭官)의 모자]	… 335			
I-147 *한국의 가락	… 219			
I-148 *서울-한가로운 거리	… 182			
I-149 **세검정 [북한산 위의 불교 성역]	… 127			
I-150 **불단(佛壇)	… 150			
I-151 **송도에 있는 어느 신성한 공간의 내부	… 148			
I-152 *4월, 달콤한 낮잠	… 195			
I-153a *어려운 행마	… 222			
I-153b 장기 한판	… 222			
I-154 *명상	… 226			
I-155 *산신(山神)	… 312			
I-156fa *남산 기슭에서 내려다본 서울전경	… 92			
I-156fb *남산 기슭에서 내려다본 서울전경	… 94			
I-156 **오방장군(五方將軍)이라는 숭배물	… 326			
I-157 **서대문에서 바라본 동대문대로	… 47			
I-158 *서울의 옹기장수	… 197			
I-159 **서울거리의 안경장수	… 198			
I-160a *밤장수	… 196			
I-160b *어린 군밤장수	… 196			
I-161a *까끼장수	… 198			
I-161b *서울거리의 싸구려 식당	… 200			

도판목록(파트 II)

II-001f 하늘의 제단 … 122	II-048 **북경로(北京路)의 옛 관문 … 130
II-004 한국의 옛날 기마병 … 332	II-049 **독립문 … 131
II-013 *이탈리아 함정 풀리아(Puglia)의 한국 관리들 … 29	II-050 *한국의 짐꾼들이 이용하는 지게 … 178
II-014 남산 … 123	II-051 의자를 운반하는 두 '쿨리'들 … 206
II-015 서울-상동(尙洞) 구역 … 96	II-053 *가마로 입궐하는 외부대신(外部大臣)과 호위병 … 254
II-016 서울-종묘거리 … 108	II-054 담뱃대 … 318
II-017 남대문대로 … 110	II-056 **창덕궁 후원의 어수문(魚水門) … 79
II-018 남부 지역의 거리 … 114	[여름 궁궐에 있는 사슴공원의 문]
II-019 서울-진고개 일본인거류지 … 96	II-057 동쪽 궁궐의 징광루(Il padi-glione Cing-Ciong) … 75
II-020 빨래터 … 237	II-058 동쪽 궁궐의 반월지 … 77
II-021 한강 횡단 … 180	II-059 **경복궁 교태전 건순각 … 68
II-022a 꿩장수 … 203	[민왕후(la regina Min)가 시해된 전각]
II-022b *평민계층 한국인의 전형 … 302	II-060fa 서울 근교 … 240
II-023a 땔감장수 … 203	II-060fb *정동의 황궁 … 48
II-023b *우모(雨帽, 갈모)를 쓴 한국 사람 … 308	II-061 **경복궁 교태전 내부 … 68
II-024f **내국인 구역에서 바라본 제물포의 전경 … 141	[민 왕후(la regina Min)가 시해된 방]
II-024 옛날 전사(戰士) … 331	II-062 동쪽 궁궐의 정원 한 모퉁이 … 75
II-025 *물지게꾼 … 235	II-063 *어느 쿨리 … 233
II-026 남산에서 본 서울전경 … 97	II-064 한국의 모자 … 306
II-027 서울, 남대문 밖 … 83	1. 대례(大禮) 때에 쓰는 모자(빗갓) 2. 집 안에서 쓰는 모자(탕건, 宕巾)
II-028 **서울 성벽 아래의 여인들 … 225	3. 나비 모양의 관모(사모, 紗帽)
II-029 **한국 농촌의 아이들 … 225	II-065 한국의 모자 … 306
II-030 서울-수구문 … 84	1. 궁중 악사의 모자(야대) 2. 승려의 모자(감투) 3. 짐꾼의 모자
II-031 창의문(彰義門) 밖의 한북문(漢北門) … 128	II-066 최고 관직 관리의 흉배자수 … 316
II-033 **서울성벽 … 87	II-067 사인남여(四人籃輿)를 탄 대례복(大禮服) 차림의 한국 대신 … 246
II-034 건어물 상점 … 199	II-068 젊은 기생들 … 280
II-035 **서울-곡물시장 … 206	II-069 *한 무리의 쿨리들 … 226
II-037 옛날 복식을 입은 한국 선비 … 286	II-070 한 줄로 늘어선 가마 행렬 [황궁에서 벌어진 축제의 가마들] … 176
II-038fa 중국전도 … 341	II-071 보통의 가마 … 176
II-038fb 중국전도 … 341	II-072 초헌(軺軒) … 177
II-038 보통의 가마 '보교' … 179	II-073 보통의 가마 [남여(藍輿)] … 175
II-039 *궁궐수비병 … 260	II-074f **한국의 시장 … 143
II-041 서울 거리의 일본군 병사들 … 114	II-075 보통의 가마 [보통의 가마 장보교(帳步轎)] … 175
II-042 북경로(北京路) … 130	II-076 *서울의 조폐국-견습생들 … 168
II-043 한북문(漢北門) [북한산의 북문] … 128	II-077a *서울의 조폐국-도안을 새기기 위한 팬터그래프 … 169
II-044f 서울 근교, 공덕리(孔德里) … 137	II-077b *서울의 조폐국-도안조각기 … 169
II-045 동쪽 궁궐의 정자 … 76	II-079 『디 인디펜던트(The Inde-pendent)』, 독립협회의 기관지 … 170
II-047 **한강의 서울포구, 용산(龍山)의 전망 … 129	II-080 무인석 … 135

별표 하나(*) 또는 별표 둘(**)이 표시된 도판은 저자의 수집품에서 나온 한국 풍물에 관한 것이며, 목판인쇄로 되어 있는 한국 삽화는 파트 I에서 소개했던 인용문헌들에서 나온 것들이다. 여기에 등장하는 펜으로 그려진 삽화들은 저자의 형제인 L. 로제티 씨(L. Rossetti) 덕분에 제작된 것들이며, 그 밖의 도판들은 고맙게도 저자에 대한 호의로써 서울의 영국 부영사였던 스미스 씨(J. L. Smith), 서울 주재 이탈리아공사관의 경비대장이었던 해군 중위 오나티(L. Ornati), 그리고 이등조타수이며 저자의 비서였던 파로디(N. Parodi)가 건네준 사진들에서 확보한 것들이다.

II-081 여주 신륵사 전탑 [장단(長湍)에 있는 화장사(華藏寺)의 옛 탑]	··· 151
II-083 한국 대신의 명함	··· 338
II-084 *서울 근교에 있는 덕소(Tok-so) 도로상의 황실 누각	··· 133
II-085 송도 근처의 인삼밭	··· 146
II-086 한국의 편자 박기	··· 228
II-087 한강의 얼음 낚시	··· 228
II-088 쌀 찧는 한국 여인들	··· 269
II-089 서울에서 사용되는 비막이 모자	··· 308
II-090 상복 차림의 남자	··· 308
II-091 *이용익	··· 251
II-092a 순수한 한국인 혈통	··· 221
II-093 *황궁 앞에서 벌어진 시위	··· 43
II-094 관복 차림의 전 내각총리대신 윤용선	··· 246
II-095 관복 차림의 고관(판서) 이정로	··· 247
II-096 한강 나룻배	··· 181
II-097 한강 나룻배	··· 181
II-099 잡담	··· 232
II-100 서대문 밖 어느 아문(衙門)	··· 164
II-101 수원 팔달문 [서울-동소문]	··· 149
II-103 한국 경찰관과 병사들	··· 254
II-105 관가(ganca)의 기결죄수	··· 186
II-106 한국의 형벌 절차-증인심문	··· 186
II-107 한국 법정의 심문	··· 187
II-108 정의가 실현되다	··· 188
II-109 반란의 종말	··· 189
II-110 *한국기병대	··· 259
II-111 한국의 장군과 장교들	··· 258
II-112a 한국의 옛날 기마병	··· 332
II-112b *기병대의 장교	··· 259
II-113a 한국 장군의 옛날 전투복	··· 256
II-113b 구식 예복을 갖춘 옛날 한국 장군	··· 287
II-114a 평상복을 갖춘 한국 장군	··· 248
II-114b 민영환, 한국의 육군 장군	··· 248
II-114c 고위직 한국 장군	··· 249
II-115a *아침군악대	··· 255
II-115b *한국의 순찰대	··· 260
II-116 *한국의 나팔수	··· 261
II-117 *서울의 어느 병영	··· 132
II-118 북한산	··· 125
II-119 서울의 어느 마구간	··· 229
II-120 한국의 옛날 무기	··· 257
II-121 한국의 옛날 무기	··· 257
II-122 한국의 군졸(1882)	··· 256
II-123 한국의 군사 조련에 관한 서적	··· 329
II-124a 한국의 무예 대련	··· 331
II-124b 한국의 무예 대련	··· 331
II-125a 한국의 무예 대련	··· 331
II-125b 한국의 무예 대련	··· 331
II-126 창 찌르기	··· 331
II-127 학교의 선생님과 그의 학생들	··· 286
II-129 새로운 이탈리아 영사의 임명에 관한 외부(外部)의 조복문서	··· 19
II-130a 〈언문〉으로 된 인쇄물(스코트의 '코리안 매뉴얼'에서)	··· 336
II-130b 〈언문〉으로 된 필사본(스코트의 '코리안 매뉴얼'에서)	··· 336
II-131 한국의 알파벳	··· 336
II-132 (한국에서 특별 발행된) 최근의 일본 은행권은 한자와 언문으로 혼용 인쇄한 면을 보여준다.	··· 337
II-133 산스크리트어에서 파생한 한국 알파벳의 일람표 (스코트의 '코리안 매뉴얼'에서)	··· 336
II-134 격자 문양의 한국 창살	··· 337
II-136 한국의 어린이들	··· 288
II-137 한국의 어린 학생들	··· 288
II-138fa 세계지도	··· 342
II-138fb 세계지도	··· 342
II-138 먹, 붓, 벼루	··· 319
II-139 *서울의 상급학교	··· 155
II-140a *서울의 상급학교 재학생들	··· 155
II-140b *서울의 상급학교 교사들	··· 156
II-141a *서울의 상급학교 물리학 시간	··· 156
II-141b *서울의 상급학교 대수학 시간	··· 157
II-142 서울의 어느 보통학교	··· 154
II-143 *독일어학교의 교장 볼얀 교수의 수업	··· 160
II-144 *프램톤 교수와 그의 조교들	··· 158
II-145a *영어학교의 수업시간	··· 158
II-145b *서울의 영어학교 학생들	··· 159
II-147 *프랑스어학교의 교장 마르텔 교수와 그의 조교들	··· 162
II-148 *러시아어학교에서 수업중인 포미앙코 교수	··· 161
II-149 *러시아어학교의 학생들	··· 161
II-150 소반(小盤)을 져 나르는 짐꾼	··· 205
II-151 **평양의 시골 여성	··· 309
II-153a 상복 차림의 청년	··· 290
II-153b 불교 승려	··· 249
II-154 베틀 짜기	··· 230
II-155 땅을 뒤집는 농부들	··· 230
II-156 황제폐하 즉위 40주년 기념전각	··· 124
II-157 서울-백불(白佛)	··· 126
II-158 서울의 어느 장례식	··· 232
II-159 불교 축제	··· 150
II-161 청계천 오간수문 [동대문 밖의 다리]	··· 84
II-162 토담 쌓기	··· 231
II-163 한국의 혼례식	··· 234
II-164 한국의 놀이 : 카드와 도미노	··· 321
II-165 한국의 시골 어린이들	··· 233

II-168f 한국의 놀이 카드	… 320
II-168 윷(nyut)	… 321
II-169 한낮	… 238
II-170 한국인 악단	… 284
II-171 한국의 체스('코리안 리포지토리'에서)	… 321
II-172 한국의 어느 마을	… 145
II-173 낙산 위의 서울성벽 [남산 위의 서울성벽]	… 85
II-174 염색하는 구역에서	… 207
II-175 *위기(圍碁, 바둑)를 즐기는 미스터 양과 그 제자	… 30
II-176 검은 옻칠을 한 전라도산 가구(저자의 수집품에서)	… 322
II-177 골동품 가게	… 208
II-178f 서울 근교, 공덕리(孔德里)	… 137
II-179 바구니가게와 철물점	… 208
II-180 평양의 패물함(저자의 수집품)	… 324
II-181a 서울의 보석함(저자의 수집품)	… 324
II-181b 쇠와 은으로 만든 담배 상자(저자의 수집품)	… 325
II-181c 쇠와 은으로 만들어진 보관함(저자의 수집품)	… 325
II-182 유기전(鍮器廛)	… 199
II-183 서울의 잡화점	… 209
II-184a 쇠와 은으로 만든 한국 촛대(저자의 수집품)	… 317
II-184b 한국의 부채들(저자의 수집품)	… 317
II-184c 한국의 놋그릇(저자의 수집품)	… 323
II-185 한국의 그림(저자의 병풍에서)	… 313
II-186 한국의 어느 대장간	… 204
II-187 떠돌아다니는 부상(負商)	… 205
II-188 놋그릇 세트(저자의 수집품)	… 317
II-190 **(북쪽에서 바라본) 제물포의 각국조계지(외국인거류지)	… 142
II-191 **(남쪽에서 바라본) 제물포의 각국조계지	… 142
II-192fa *남대문대로	… 112
II-192fb 서울의 중앙우체국 및 중앙전신소	… 166
II-193 **부산의 일본인구역	… 144
II-194 *서울의 일본인 우편국	… 165
II-195a [한국우표, 1895] [한국우표, 1900] [한국우표 1901]	… 165
II-195b [한국우표, 1902, '대황제폐하 어극사십년경축']	… 165
[한국에서 사용된 일본우표, 1900~1901] [한국우표, 1904]	
II-196 *서울의 중앙우체국에 있는 클레망스 씨	… 167
II-197 *서울의 중앙전화소	… 167
II-198 *서울의 정거장으로	… 172
II-199 제물포역의 일본 군인들	… 173
II-200 시골 여인	… 271
II-201 한강철교와 경인철도	… 173
II-202 *서울의 전차	… 174
II-203 *인력거 혹은 진리키샤, 서울에서 흔한 이동수단	… 182
II-206 *서울의 유일한 마차 (군쯔부르그 남작의 소유)	… 22, 183
II-207 **서울 남부 구역과 카톨릭성당	… 99
II-208 서울의 러시아공사관	… 34
II-209 서울의 일본공사관	… 35
II-210f 한국의 광산분포도	… 343
II-211 운산의 미국광산	… 152
II-212 서울의 독일공사관	… 37
II-214 서울의 미국공사관	… 36
II-215 정동의 미국교회	… 47
II-216 서울의 프랑스공사관	… 38
II-218 *서울의 이탈리아공사관	… 23
II-219 정거장 근처에 있는 서울의 새 호텔	… 54
II-221 서울의 영국공사관	… 36
II-222fa *종로의 대로	… 105
II-222fb *종로의 대로	… 105
II-224 한국의 옛날 엽전꾸러미	… 323
II-232 한국전도	… 344

관련자료

카를로 로제티와 그의 한국 관련 저술활동

카를로 로제티(Carlo Rossetti, 1876~1948)의 존재는 1996년 『꼬레아 에 꼬레아니』의 한국어 번역본을 서울학연구소에서 출간하면서부터 본격적으로 알려지기 시작했다. 이 책이 세간의 관심 대상으로 부상하게 된 동기는 번역본에 실린 사진 한 장이 학계에서 명성황후의 사진으로 거론된 때문이었다. '궁정 복식을 한 여인'이란 제목이 붙은 이 사진은 로제티의 저술에 대한 관심을 끄는 데는 성공하였으나, 명성황후 사진 진위 논쟁에 있어서는 결정적인 영향력을 발휘하지는 못했던 것으로 보인다. 이후 2002년에 출판된 알랭 제네지오(Alain Genetiot)와 노미숙의 프랑스어 번역본 『한국과 한국인(La Corée et les Coréens)』은 프랑스에서 로제티의 존재를 알리는 역할을 하였다.

하지만 두 차례에 걸쳐 번역본이 출간되고 회자되는 동안에도 로제티가 본문에 직접 기술한 내용들 외에는 그의 이력과 활동에 대해 알려진 바가 거의 없었다. 그의 자료가 우리에게 익숙하지 않은 이탈리아어로 쓰였다는 점을 감안할 때 번역본의 출간만으로도 위안을 삼아야 할 현 상황에서 그에 관한 더 이상의 연구를 심화하기에는 한계가 있었던 것 같다.

필자 역시 10년 전 우연찮은 기회에 손에 넣게 된 책 한 권을 시작으로 로제티와의 인연이 시작되었는데 이후 로제티에 대해 증폭되는 관심으로 그의 저술활동과 행적에 관한 자료를 찾기 시작했다. 로제티에 대한 이러한 관심은 어떤 특정한 연구를 목적으로 하고 있었다기보다는 그를 향해 품은 개인적 존경과 호기심에서 시작됐다고 보는 것이 옳을 것이다.

8개월간 한국에 체류했던 경험이 전부인 한 젊은이가 집필한 『꼬레아 에 꼬레아니』는 그 자체만으로도 개인적 관심을 끌기에 충분한 동기를 부여해주었는데, 이렇게 시작된 로제티에 관한 정보 수집은 오히려 로제티와는 관련이 없는 이탈리아에서 만들어진 한국 관련 자료들과의 조우를 가능케 했다. 학회에서조차 소개되지 않은 1756년에 발행된 이탈리아어본 『하멜표류기』, 18세기 한국을 언급한 몇 권의 지리서, 한국인을 그린 동판화가 삽입된 1814년 발행된 서적, 19세기 후반에 알려지지 않은 이탈리아 학자의 한국 관련 연구 논문 등은 로제티에 관한 자료를 찾던 중 얻은 뜻하지 않은 성과였다.

그러나 정작 로제티의 자료를 찾는 데는 많은 어려움이 있었는데, 이탈리아 문헌에서조차 그의 일대기에 대한 정리된 정보는 찾을 수가 없었다. 그나마 그의 저술활동의 경우는 이탈리아의 도서관에서 제공하는 몇 가지 정보를 통해 어느 정도 윤곽은 파악할 수 있었지만, 한국과 관련된 서지 정보를 이해하는 데는 큰 도움이 되지 못했다. 결국 외국에 있는 동양학을 전공하는 지인들에게 도움을 요청하였고, 개인적으로는 로제티가 활동했던 시대에 발간된 동양학 관련 논문 목록과 서지를 중심으로 로제티와 관련된 정보를 수집하기 시작하였다. 또 이탈리아에서의 한국학에 관한 이해와 그 속에서의 로제티와의 상관관계를 파악하기 위해 한국학의 선구자로 불리는 캘러리(Calleri, G.)의 1844년 『한국에 대한 보고서(Mémoires sur la Corée)』 발표 이후 1920년까지 한국과 관계되는 자료를 정리했다.

그 결과 지금까지 잘 알려지지 않은 한국 관련 논문 3편과 한 편의 서간문집을 구할 수 있었고 이를 통해 로제티의 삶과 행적에 대한 윤곽을 희미하게나마 그릴 수 있었다. 또 이러한 작업을 진행하는 동안 『꼬레아 에 꼬레아니』의 책에 사용된 원본 사진의 소장처를 파악할 수 있었다. 이 모든 것들이 어쩌면 투자한 시간과 노력에 비해 미미한 성과로 보일 수도 있지만, 마음속에 품고 있던 로제티라는 인물에 한 발 더 다가갈 수 있었다는 점에서 상당히 만족스러운 결과라 하겠다. 특히 특별한 계기가 없어 정리되지 않은 상태로 필자 주변을 맴돌기만 하던 그의 저술활동과 행적들을 '사진해설판'의 출간을 앞두고 새로이 정리해볼 수 있는 기회가 되었다. 먼저 필자가 발굴한 로제티의 한국 관련 저술을 정리하면 아래와 같다.

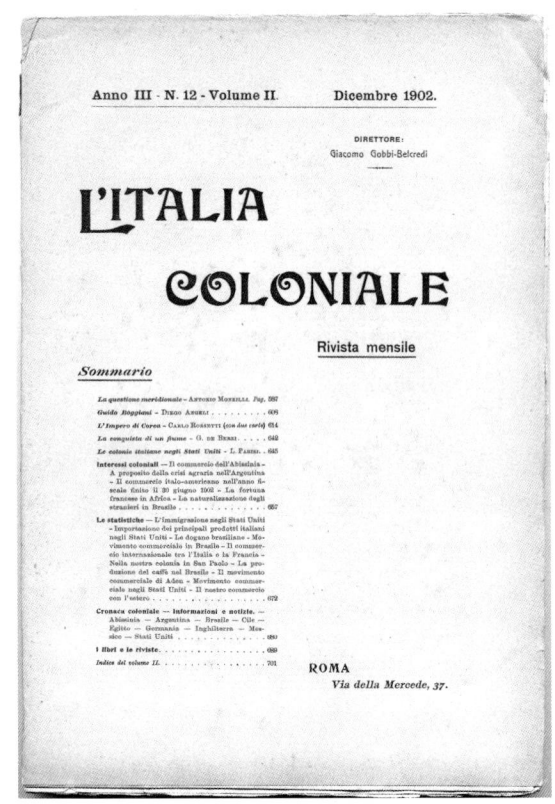

로제티의 논문「대한제국」이 수록된『리탈리아 콜로니알레』1902년 12월호의 표지

로제티의 저술『한국에서의 서한(Lettere dalla Corea)』(1904)의 표지

(1) 1902년 12월『리탈리아 콜로니알레(L' Italia Coloniale)』에 발표한 30페이지 분량의 논문「대한제국(L' Impero di Corea)」

(2) 1904월 1월에 발표한 1902년 7월 한 달 동안의 한국 정치와 경제 상황을 전반적으로 개괄한 81페이지 분량의 서한집『한국에서의 서한(Lettere dalla Corea)』

(3) 1904년 2월 7일(로마)과 4월 9일(나폴리)의 발표 논문을 바탕으로『이탈리아 지리학회지』에 그해 6월에 26페이지 분량으로 게재한「한국의 인상(Impresioni di Corea)」

(4) 1904년 2월 14일 발표 논문을 바탕으로『이탈리아 지리학회지』에 그해 7월에 19페이지 분량으로 게재한「정치—경제학적인 측면에서 본 한국(La Corea sotto l'aspetto politico-economico)」

(5) 1904년과 1905년 각각 1권씩 출판한『꼬레아 에 꼬레아니』

이러한 모든 한국 관련 저술활동을 중심으로 로제티의 삶과 행적들을 시기별로

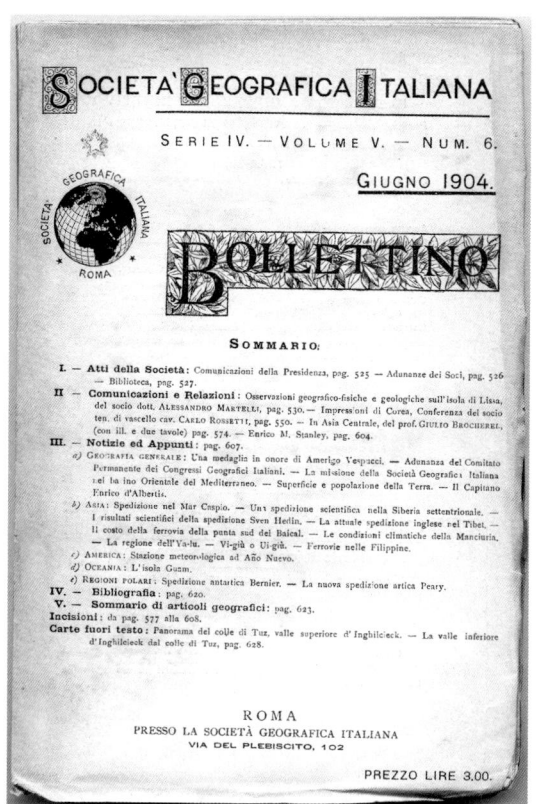
로제티의 논문 「한국의 인상」이 수록된 『이탈리아 지리학회지』 1904년 6월호의 표지

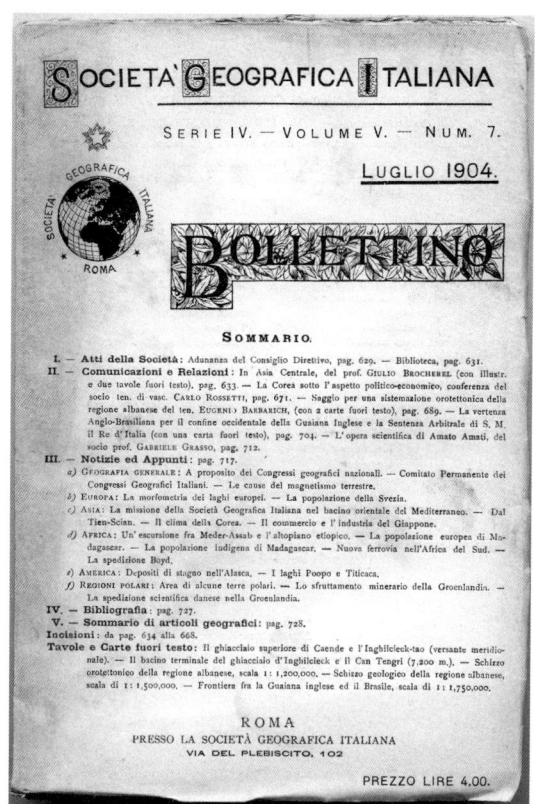
로제티의 논문 「정치-경제학적인 측면에서 본 한국」이 수록된 『이탈리아 지리학회지』 1904년 7월호의 표지

나누어 한국에 오기 전, 한국에서의 생활, 귀국 후의 활동을 중심으로 각각 1) 이탈리아 청년 로제티, 2) 외교관 로제티와 그의 저술, 3) 이탈리아 귀국 이후 로제티의 삶이라는 소제목으로 살펴보았다. 해군 중위이자 제3대 서울 주재 이탈리아 영사였으며, 아프리카 식민지 개척에 앞장선 정부 고위관료이자 잡지의 편집장 그리고 지도제작자와 지리학자의 신분을 두루 갖췄던 로제티의 삶을 추적해보는 것은 『꼬레아 에 꼬레아니』를 이해하는 데 있어서도 많은 도움이 될 것으로 생각된다.

1) 이탈리아 청년 로제티

로제티는 1902년 10월 말 18개월의 항해 임무를 마치고 귀국 준비를 하던 중 뜻하지 않게 영사로 발령받아 한국에 오게 되었다. 당시 그의 나이가 26세였음을 감안할 때 로제티가 이탈리아를 떠난 때는 25세를 맞이하는 1901년 4월쯤으로 추정된다. 25세라는 젊은 나이 때문에 특별한 이력이 있을 것이라 기대하지 않았는데, 뜻밖에도 1900년에 그의 논문 「베나디르(Benadir)의 이탈리아 농업 식민지」가 『리탈리아 콜로니알레(L'Italia Coloniale)』 1900년 12월호에 게재된 사실을 알게 되었다.

『리탈리아 콜로니알레』는 이탈리아 식민지 개척과 관계된 사안을 다루는 월간 잡지로, 그 당시 식민지 개척이 한창이던 시대 상황을 짐작컨대 이 논문은 이탈리아 사회에서 그의 이름을 알리는 계기가 되었을 것이다. 논문 제목에 나타나는 베나디르는 동아프리카 소말리아 남부에 있는 해안지역으로 1895년부터 이탈리아가 조차(租借)한 곳이며, 제2차 세계대전 때까지 이탈리아령이었다. 로제티가 이 논문을 발표한 시점은 모든 유럽 국가들이 산업혁명의 확산으로 인한 공업 원료의 획득과 시장 확보를 위해 식민지 개척 경쟁에 뛰어들었던 때로, 아프리카는 유럽 국가들의 치열한 각축장으로 변해가고 있었던 시기이다.

이러한 상황에서 로제티가 이탈리아의 아프리카 식민지 개척과 관계된 논문을 전문잡지에 게재할 수 있었다는 것은 비록 젊은 나이임에도 불구하고 이 분야에 어느 정도 개입하고 활동하고 있었음을 말해준다.

2) 외교관 로제티와 그의 저술

로제티의 저작물들은 1905년에 발간된 『꼬레아 에 꼬레아니』 제2권과 1902년 12월에 발표된 「대한제국」을 제외하고는 대부분 러일전쟁의 발발 직전인 1904년 1월과 2월 사이에 집중되어 있다. 로제티가 한국과 관련해서 쓴 서한집 『한국에서의 서한』은 1902년 7월 한 달의 방문기간 동안에 쓴 글로 1904년 1월에 출판되었고, 「한국의 인상」과 「정치-경제학적인 측면에서 본 한국」이라는 논문은 1904년 2월 학회를 통해 발표되었다.

『꼬레아 에 꼬레아니』 제1권의 경우 1904년에 발간되었다는 것 외에는 일자가 기재되지 않아 그 출판 시기를 정확히는 알 수 없지만 1904년 1월에 발간된 『한국에서의 서한』이라는 서한집에 『꼬레아 에 꼬레아니』의 출판을 예고하고 있어 『꼬레아 에 꼬레아니』가 1904년 초반경 출판된 것을 알 수 있다. 로제티가 영사직을 마친 시기가 1903년 5월이라는 점을 고려해볼 때, 한국 생활에 있어 대부분의 시간을 한국과 관련된 저술활동에 할애했을 것이라고 짐작된다.

① 「대한제국(L'Impero di Corea)」

「베나디르(Benadir)의 이탈리아 농업 식민지」 이후 그의 두 번째 한국 관련 논문으로 추정되는 「대한제국」은 1902년 12월에 첫 번째 논문을 기재한 잡지와 동일한 『리탈리아 콜로니알레』를 통해 발표되었다. 그가 영사로 서울에 다시 온 것이 1902년 11월임을 고려한다면, 이 논문은 그해 7월 한 달간의 한국 체류를 통해 수집한 자료를 토대로 쓰였으며, 영사 생활을 시작하면서 한국에서 송고되었음을 짐작할 수 있다. 사실 7월 한 달간의 그의 지적 탐구가 녹아 있는 「대한제국」은 『한국에서의 서한』과 함께 로제티에 의해 쓰인 모든 후기 저작물들의 원천이 되기도 한다.

두 장의 지도와 함께 30페이지 분량으로 작성된 이 논문은 헐버트(H. B. Hulbert)가 편집 겸 발행자였던 영자 월간지 『더 코리아 리뷰(The Korea Review)』 1903년 4월호 서평을 통해 한국에도 알려지게 되었다. 이 서평에서는 로제티의 논문이 전체적으로 흥미로운 글쓰기 방법을 택하고 있으며 논문에 실린 2장의 지도는 매우 우수하고 실용적이라고 평가하고 있다. 특히 이 서평이 논문 속에 삽입된 지도의 명료성에 대한 소개로 시작하고 있다는 점에서 로제티가 유능한 지리학자이며 지도제작자라는 점을 다시 한 번 상기시켜주고 있다.

당시 논문에 실린 두 지도를 분석해볼 때 그들의 호평을 이해할 만도 하다. 지도 중 한 장은 운영 중이거나 계획 중인 철도와 전신망에 대한 것을, 다른 한 장은 갖가지 광물질(금, 은, 철, 동, 석탄, 옥)이 발견된 주요 지점과 외국인(미국인, 독일인, 영국인, 일본인)에게 양여된 모든 채굴권을 표시하는 것으로, 두 지도 모두 한반도 전체의 귀중한 광물자원의 분포와 정보를 한눈에 보여주는 지도였기 때문이다. 이후 이 지도와 같은 내용의 자원분포와 관련된 지도 한 장이 『꼬레아 에 꼬레아니』의 제2권에도 실리는데 다른 점이라면 『꼬레아 에 꼬레아니』에 실린 지도는 논문에 사용된 지도를 다시 필사하여 그린 지도로 원본의 2분의 1 정도의 크기라는 점이다.

이 논문은 하멜의 표류에서부터 프랑스 모방 신부와 천주교 박해, 신미양요와 병인양요, 그리고 대원군의 정치에 대해 개괄하고, 1883년 미국과의 수호통상조약 이후 이탈리아와 수교에 따른 상업교류의 가능성에 대해 언급하고 있다. 또한 한국의 여러 개항장과 이곳에 설립된 외국인 회사, 서양 각국의 물류 이동량, 이들 개항 도시에서의 1896년과 1901년 사이 물동량과 1892년에서 1901년까지 한국의 중국과 일본에 대한 수출량을 간략하게 표를 통해 비교하고 있으며, 이미 완성되었거나 공사 중이며 아직은 계획 중인 철도노선, 전신과 우편제도, 한국의 광물자원, 수입 품목과 수입 규모 및 수출품, 그리고 한국의 광업, 철도, 우편, 해상통신 등 다양한 방면의 한국의 상황을 상세하게 보고하고 있다.

② 『한국에서의 서한(Lettere dalla Corea)』

『한국에서의 서한』은 로제티가 1902년 7월 한 달 동안의 경험을 정리한 81페이지 분량의 서한집이다. 출판은 1904년 1월 리보르노(Livorno)에서 이뤄졌지만 글이 작성된 순서로 본다면 로제티의 한국에 관한 첫 저술이라 할 수 있다. 이 서한집의 내용은 다음과 같이 구성되어 있다.

1) 1902년 여름 제물포 도착에서 서울까지의 여정(1902년 7월 6일)
2) 서울에서 거닐면서 느낀 서울의 인상(7월 10일)
3) 불운의 대한제국(7월 12일)
4) 황실 지지자(7월 날짜 없음)
5) 한국의 정치(7월 20일)
6) 한국의 상업(날짜 없음)
7) 에필로그: 가련한 한국(1902년 7월 23일)

이 글의 가장 큰 특징은 서한문이라는 글의 특성상 그의 개인적인 감정과 소견을 담고 있어 그가 처음 접한 한국의 인상을 꾸밈없이 드러내고 있다는 것이다. 그는 글의 제목으로 '불운(disgraziato)', '가련(povera)'이라는 단어를 사용하면서, 대한제국의 불운과 국민의 가련함을 마음에서 우러나오는 연민의 감정을 통해 밝히고 있다.

또한 이 글을 끝내면서 한국의 미래에 대한 비관적 인상을 토로하고 있다. 그는 대한제국은 하나의 국가로서 또한 단일민족으로 살아남기는 어려울 것이라는 슬픈 예언과 함께, "고요한 아침의 세속적인 나라는 숙명적으로 잠에서 깨어날 수 없는 저녁의 나라가 될 것이다"라는 문장으로 글을 끝맺고 있다. 그는 따뜻한 성격을 가진 한국 국민들이 격동의 구한말 정치, 역사적 소용돌이 속에서 문명화된 삶의 질을 영유하는 방향으로 인도되지 못하고, 일과 세금에 시달리며 배고픔에 죽어가고 있다고 서술하면서, 이를 보고 있노라면 가슴 깊숙한 곳에서 '가련한 한국'이라는 말이 절로 나온다고 적고 있다.

③ 「한국의 인상(Impresioni di Corea)」

1904년 2월 7일 로제티는 「한국의 인상」이라는 제목의 논문을 로마기숙학교(Collegio Romano) 대강당에서 발표했다. 예수회의 창시자 이그나시오 로욜라가 설립한 유서 깊은 대학에서 진행된 이 논문 발표는 교육부 장관의 협조로 단순한 논문 발표라고 하기에는 매우 성대한 규모로 진행되었다. 로제티의 논문 발표장에는 이탈리아 지리학회 명예회장이었던 국왕 비토리오 에마누엘레 3세(Vittorio Emanuele III, 1869~1947)를 비롯하여 신문에서나 접할 수 있는 유명인사들과 정치인들도 대거 참여하여 경청하였다. 로제티는 한국에서의 경험과 지식을 적은 논문과 함께 한국에서 촬영하고 수집한 사진들을 발표하여 청중들의 흥미를 유발하였고, 청중들은 그의 글과 사진을 통해 극동의 먼 나라 한국에 대해 보다 폭넓은 이해를 갖게 되는 계기가 되었다.

로제티는 같은 논문을 그해 4월 9일 나폴리에서 열린 '제5차 이탈리아 지리학회'에서 다시 발표할 기회를 가졌는데 이 논문은 그해 6월 『이탈리아 지리학회지』에 게재되었다. 이날 발표에서는 친구 프란체세티와의 관계에서부터 한국에 영사로 가게 된 동기, 한국의 지정학적 개괄 및 역사, 그리고 한국의 샤머니즘, 유교와 불교와 관련된 내용 등을 언급하였는데, 사실 한국의 종교와 관련된 내용이 새로이 첨가되었다는 것 외에는 그가 이전에 발표한 저술과 비슷한 내용을 담고 있었다. 이 논문 발표의 특징은 사진을 활용하였다는 점에 있는데, 만약 이 발표의 내용과 사진들을 함께 모아 책으로 구성한다면, 그 내용은 『꼬레아 에 꼬레아니』의 제1권과 비슷한 형태의 책으로 꾸며질 것이다. 이러한 측면에서 볼 때 「한국의 인상」이라는 이 논문 발표는 곧 출판될 그의 책 『꼬레아 에 꼬레아니』를 소개하는 공간으로서의 역할을 동시에 수행하고 있었다고 볼 수 있다.

④ 「정치-경제학적인 측면에서 본 한국」

로제티는 「한국의 인상」을 발표한 지 일주일이 지난 1904년 2월 14일에 「정치-경제학적인 측면에서 본 한국」이라는 제목으로 한 편의 논문을 더 발표하였다. 이 글에는 달레(C. C. Dallet)의 『한국천주교회사』와 천주교 박해, 한국의 개방과 이탈리아와의 수교과정, 청일전쟁 이후 일본의 위상, 명성황후 시해와 아관파천 등의 내용들을 포함하고 있는데, 이는 『꼬레아 에 꼬레아니』의 제2권에 해당하는 내용으로 제1권이 발행될 당시 이미 제2권의 내용이 준비되었음을 시사한다. 다만 제1권을 출판한 후, 러일전쟁의 발발이 눈앞에 보이는 긴박한 상황에서 두 나라 사이의 전쟁 진행 추이를 지켜보고 그 내용을 함께 다루어 출판할 목적으로 출판을 미루었을 개연성이 높으나 러일전쟁 관련 내용을 실질적으로는 다루지 못했다.

이 논문의 말미에는 『한국에서의 서한』에서 사용한 몇 문장을 그대로 인용하여, "고요한 아침의 세속적인 나라는 숙명적으로 잠에서 깨어날 수 없는 저녁의 나라가 될 것이다"라는 문장으로 마무리하고 있다. 이후 「정치-경제학적인 측면에서 본 한국」은 「한국의 인상」이 실렸던 『이탈리아 지리학회지』 1904년 7월호에 다시 게재되었다.

⑤ 『꼬레아 에 꼬레아니』

『꼬레아 에 꼬레아니』는 로제티의 모든 저술을 종합한 결과물이다. 러일전쟁의 발발을 눈앞에 두고 한국에 대한 관심이 서구사회에서 급증하면서 출판의 요구가 많아지자 로제티는 작업을 서둘러 진행하게 되었다. 현안의 직무 때문에 당초 구상한 형태의 책이 되지 않았고, 자기의 기록을 재정리하여 차분하고 충실한 인상을 담은 책을 준비해보겠다는 과거의 소망은 시간에 쫓겨 제대로 이루지 못했다. 로제티는 문헌이 빈약한 미개척 분야에 대한 연구의 어려움을 토로하면서도, 세계의 어떤 책에서도 찾아볼 수 없었던 한국 관련 사진을 많이 사용했다는 점이 이 책의 장점이라고 자평하기도 했다.

그의 평가를 기준으로 한다면, 이 책은 그의 독창적인 연구의 결과라기보다는 한국에 관해서 이미 발간된 자료와 그가 경험한 한국의 인상을 종합하여 그 나름대로 재정리하고 살을 붙인 저술이라 할 수 있겠다. 그는 이 책에서 러시아 정부가 간행한 『한국지(Opisanie Korei, 韓國誌)』, 『더 코리안 리포지토리(The Korean Repository)』 그리고 『더 코리아 리뷰(The Korea Review)』에서 상당한 도움을 받았다고 명시했다. 그가 언급한 이러한 자료들은 로제티가 『꼬레아 에 꼬레아니』를 저술할 때 한국에 관한 세부적인 기술에 있어 상당한 도움을 주었던 것으로 생각되지만, 잡지라는 매체적 특성상 전체적인 구성과 기술 방식에까지 영향을 미치지는 않았을 것이다.

『꼬레아 에 꼬레아니』의 내용과 구성 및 기술 방식은 단순한 경험의 주관적인 서술의 틀을 넘어 지리학적 서적이 가지는 전문적인 구성과 기술체계를 갖추고 있다. 이 점에서 우리는 그가 지리학자였음을 새삼 상기할 필요가 있고, 집필에 영향을 주었을 서지 정보와 그 영향관계를 살펴봄으로써 그의 저술을 더 깊이 있게 이해할 필요가 있다.

로제티의 『꼬레아 에 꼬레아니』에 영향을 주었을 것이라 생각되는 또 다른 저작물로 르클뤼(J. J. Elisée Reclus, 1830~1905)의 『신세계지리』를 들 수 있는데 이 책은 1884년에서 1897년 사이 아틸리오 브루니알티(Attilio Brunialti)에 의해 번역되어 이탈리아에서 출판되었다. 이 책은 총 18권으로 번역되었는데 그중 한국과 관련된 기술은 1892년 발행된 제7권 『동아시아 : 중국, 한국, 일본제국(L'Asia orientale : Impero Cinese-Corea-Giappone)』에 나타난다. 르클뤼의 『신세계지리』는 그 당시 유럽에서 큰 반향을 불러일으킨 책으로 이탈리아어로 번역될 당시 로제티 역시 그 책을 탐독했을 것으로 보인다. "땅과 사람들(La terre et les hommes)"이란 이 책의 부제는 "한국과 한국인"이라는 로제티의 책 제목과도 맥을 같이한다는 점에서 이 책의 영향력을 간과할 수 없다. 르클뤼의 기술 순서는 국가의 개관에서 출발하여 발견의 역사, 탐험의 역사, 민족 분포를 설명하고, 뒤이어 지형, 지질구조, 수문, 기후, 식물계, 동물계 그리고 마지막으로 인문지리에 해당하는 부분, 주로 도시와 취락을 취급하고 그 기원의 역사에서부터 산업 특히 공업을 중심으로 구성되어 있다.

르클뤼의 한국 부분의 기술은 1. 개관, 2. 코리아 탐험, 3. 코리아의 대외관계, 4. 백두산맥, 5. 코리아의 기후와 산물, 6. 코리아 주민, 7. 코리아 언어, 8. 코리아의 풍속과 종교, 9. 코리아의 상업과 공업, 10. 코리아의 대외무역, 11. 코리아 정부, 12. 코리아의 도시, 13. 코리아의 행정구분으로 전개된다. 르클뤼의 한국에 관한 기술 전개와 내용은 상당 부분 로제티에게 영향을 미친 것으로 생각된다. 특히 『신세계지리』는 유럽의 다른 나라 지리학 서적에서는 볼 수 없었던 많은 세밀화와 지도를 사용하였는데 이 점 또한 『꼬레아 에 꼬레아니』에 나타난 르클뤼의 영향으로 간주된다. 그러나 르클뤼의 한국에 대한 기술은 약 34페이지 분량으로 한국에 관한 충분한 정보를 담기에는 한계가 있었다. 이 밖에도 르클뤼가 조선을 기술하면서 사용한 자료들로 1874년 달레가 저술한 『한국천주교회사』, 독일인 오페르트의 저서와 프랑스 선교사의 기록 등을 들 수 있는데, 이 저서들은 정보의 시대성에 있어 한계를 지녔다.

한국과 관계된 정보에 있어 시대성의 한계를 보충해주는 저작물로 헤세-바르텍(Hesse-Wartegg)의 『코리아(Korea)』를 빠뜨릴 수 없는데 이 책은 헤세-바르텍이 1894년에 한국을 방문한 후 그때의 경험과 지식을 정리하여 출판한 단행본이었다. 1895년 독일에서 출판된 이 책은 같은 해 지리학자이며 역사학자였던 저널리스트 오토네 브렌타리(Ottone Brentari)에 의해 번역되어 이탈리아에서 출판되었다. 브렌타리는 번역본 서문에서 "청일전쟁으로 극동의 관심이 집중되고 있지만 한국에 대한 정보가 빈약하여 이 책을 번역한다"고 밝히고 있다. 그는 독일어 원본에는 없는 한국의 지리, 개항 이전 이탈리아인의 방문, 한국과 이탈리아의 수교 및 청일전쟁의 일지를 29페이지 분량의 부록으로 첨가하여 한국에 관한 정보를 추가로 제공했다. 로제티는 『꼬레아 에 꼬레아니』의 서문에서 독일어로 된 저작물을 번역한 책에 대해 짧게 언급하고 있지만, 원문의 제목과 번역자의 이름은 밝히지 않고 있다. 당시 독일어본으로 출판되었던 책 중 이탈리아에서 발행되었던 한국에 관한 단행본이 헤세-바르텍의 『코리아(Korea)』밖에 없었음을 감안할 때 로제티가 서문에서 "독일어로 된 저작물을 단순히 번역한 것"이라고 언급한 책이 바로 헤세-바르텍의 저서였음을 알 수 있다.

헤세-바르텍은 여행 전문작가로 전 세계 많은 나라를 다니며 글을 썼는데, 당시 아시아 지역으로 진출을 원하는 유럽의 상공인들에게 출판과 여행에 관련된 경비를 지원받아 여행하면서 아시아 지역의 정보를 제공해주었던 것으로 추정된다. 이러한 상공인들 중에는 이탈리아인들도 상당수 포함되어 있었는데, 그들 사이에서 헤세-바르텍은 꽤나 알려진 인물이었다. 헤세-바르텍이 이렇게 전 세계를 여행하면서 집필한 책 중 하나인 『코리아(Korea)』는 31개의 장으로 구성된 기행문 형식의 글로서 그의 여정과 함께 한국의 역사, 정치, 문화 전반에 대해 기술하고 있다. 그 내용 중 로제티의 서술과 연관성이 있는 장은 아래와 같다.

> 한국의 수도, 한국의 왕과 그의 묘지, 한국 왕들의 매장 의식, 한국에서 중국 황제의 공사관, 한국의 포악한 병사들, 정치적 사회적 상황, 한국인들의 놀이, 한국의 축제일 달력, 여자들의 삶, 종교관, 한국의 의학, 제사와 조상숭배, 한국의 법, 감옥과 고문, 한국인들의 특징, 한국의 유럽인, 한국의 산업, 한국의 토산품, 한국의 국제교역 등.

특히 헤세-바르텍의 책에는 한국에 관한 기술과 함께 37점의 한국 관련 사진과 삽화를 게재하고 있어 로제티가 이 책의 내용과 구성에 영향을 받았을 가능성을 짐작할 수 있다. 이 책의 번역가인 오토네 브렌타리는 이탈리아 번역본 서문에서 한국에 대한 연구를 제안하며 "한국과 한국인(Corea ed i Coreani)"이라는 단어를 사용하는데 로제티의 책 제목이 여기에서 기원된 것이 아닐까 추정된다. 이러한 측면에서 볼 때 로제티는 그의 한국에서의 체험을 바탕으로 다양한 저작물과 자료들을 종합 분석하여 『꼬레아 에 꼬레아니』를 저술하였고, 그의 높은 지리학적 지식을 바탕으로 —감상적으로 기술하였던 그의 서한집 『한국에서의 서한』과는 달리— 개인적인 감정을 절제하면서 객관적으로 서술하였음을 알 수 있다.

『꼬레아 에 꼬레아니』는 비슷한 시기에 간행된 서양인들의 한국 관련 서적 중 가장 많은 사진을 수록하고 있으며, 수록된 사진의 가치 또한 상당히 높다. 특히 로제티가 한국에서 활동할 시기의 서구사회는 인류 역사에 있어 '이미지의 홍수'라고 일컬어질 만큼 많은 사진과 이미지를 접하게 되는 때로, 많은 사진과 관련된 이미지들의 복제가 이루어지고, 소장가와 다양한 목적의 사용자들에게 소비되고 있었던 시기였다.

우리나라 역시 1860년대부터 몇몇 시대를 앞서 갔던 선조들이 한국과 밀접한 관계를 가졌던 일본과 중국을 통해 사진술을 배우고 익혀 사진관을 열었지만 초기 사진관들의 대부분은 개인의 초상사진을 주로 찍는 형태여서 대량 생산 대량 유통과는 거리가 있었다. 이후 개항이 진행되자 상업적 유통을 목적으로 하는 일본인 사진관의 유입으로 대량 생산과 유통이 시작되었는데, 이들 사진관은 소비자인 외국인의 기호에 맞게 사진을 구비하고 그들에게 판매했다. 로제티의 책에 언급된 무라카미 역시 이러한 목적으로 사진이 한국에 수입될 당시 입국해 무라카미사진관(村上寫眞館)을 운영하였다.

『꼬레아 에 꼬레아니』에 사용된 사진은 무라카미가 촬영한 사진과 로제티 자신이 직접 촬영한 사진으로 구분될 수 있다. 이 두 사람이 촬영한 사진들은 쉽게 구분할 수 있는 특징이 있었는데, 특히 촬영한 장소를 기준으로 무라카미는 주로 스튜디오를 배경으로 촬영을 했다면 로제티는 직접 실생활을 촬영한 것이 특징이라 할 수 있다. 기술적인 면에서도 차이가 있었는데 무라카미의 사진은 로제티의 사진보다 더 높은 기교와 수준을 가지고 있었다. 정확한 구도, 인화의 선명도, 스튜디오에서 촬영된 인물과 풍속 사진이 가지는 주제의 명확성 등이 무라카미 사진의 특징이다.

이에 비해 로제티의 사진은 당시 상업 사진의 전형적인 특징은 가지지 못했지만,

자유로운 주제 선택과 현실감 있는 대상의 인상을 포착했다는 점에서 큰 장점을 지녔다고 할 수 있다. 그는 날카롭고 재치 있는 관찰자로서 서울거리와 한국인과 한국인의 삶을 표현하였는데, 그에게 있어 사진은 한국의 '인상'을 표현하는 도구일 뿐만 아니라 한국의 전반적인 지식을 습득하는 좋은 도구였던 것 같다. 『꼬레아 에 꼬레아니』에 실린 사진들은 로제티가 느낀 한국의 인상과 습득한 한국에 관한 지식을 이 책을 접하는 사람에게 보다 사실적으로 전달해주고 있다. 그가 한국에 머문 체류기간이 짧았던 관계로 일부 사진에서는 한국을 이해하는 데 있어 편협한 시선이 드러나기도 하고 또 일부 사진에서는 그가 미처 전달받지 못한 지식으로 인한 설명의 오류가 나타나기도 하였다.

로제티의 『꼬레아 에 꼬레아니』에 대한 '사진해설판'은 이러한 점을 보완한다는 측면에서 로제티의 시선뿐만 아니라 당시 우리나라의 시대상을 총괄적으로 분석하여 가치 있는 사진들을 오류 없이 분석하고자 준비되었다. 현재 사진비평가들 사이에는 포스트 콜로니얼적 시각으로 근대 시기에 외국인이 촬영한 사진에 대한 의도된 왜곡과 조작 속에 숨겨진 제국주의의 시각을 연구하는 작업이 이루어지고 있다. 그러나 이번에 준비한 '사진해설판'은 이러한 비판적 관점에서 진행된 작업이 아니라, 역사적 사료로서 이루어진 역사 사건과 장소와 인물을 중심으로 해설하였다. 하지만 로제티가 아프리카의 이탈리아 식민지 개척에 있어 주요한 역할을 한 인물인 만큼, 그의 책에 실린 사진을 포스트 콜로니얼적 시각으로 분석하고 해석하는 것도 나름으로 흥미로운 작업이 될 것이라 생각한다.

마지막으로 오래전부터 품고 있었던 『꼬레아 에 꼬레아니』에 수록된 사진 원본의 존재 유무에 대한 궁금증도 이 책을 준비하면서 해소되었는데, 그가 촬영한 원본 사진이 현재 이탈리아 지리학협회의 사진 아카이브에 인화사진 131점과 유리원판 161점 상태로 보관되어 있음을 한 전시 카탈로그를 통해 확인하게 되었다. 여기에 보관되어 있는 사진은 지난 2003년 5월 만치니와 모르모리오(Mancini e Mormorio)의 기획으로 "1900년 초반 한국과 한국인"이라는 제목으로 로마에서 사진전이 개최되었다. 개인적으로 이러한 사진의 존재 확인은 사진을 수집 연구하는 자로서 느낄 수 있는 큰 기쁨이었다.

3) 이탈리아 귀국 이후 로제티의 삶

귀국 후 그의 행보는 10개월 남짓한 한국과 관계된 저술활동 기간을 제외하면 대부분의 생애를 아프리카 식민지 개척과 관련된 일에 매진한 것으로 보인다. 그는 1905년 9월에서 10월에 에리트레아의 수도 아스마라(Asmara)에서 열린 이탈리아 식민의회(Congresso Coloniale Italiano)에 참여하였고, 1906년에는 아스마라 식민의회 사무총장 자격으로 『아스마라의 이탈리아 식민의회 제정법』이라는 법률 관련 서적의 편집을 담당했다. 그는 또한 1906년 정치인, 탐험가, 외교관, 교수 등의 단체들이 설립한 '이탈리아 식민연구소(L'Istituto Coloniale Italiano)'의 설립에도 적극 참여하였다. 이 연구소는 이탈리아 식민국가의 경제적 삶 증진 정책, 이민 정책, 식민문화 전파, 식민국가에 대한 기술적 지원 등의 문제를 다루는 기관으로 1908년이 되면서 이탈리아 사회에서 매우 권위 있는 연구소로 자리 잡게 되었다.

로제티는 1906년부터 1907년까지 이 연구소에서 발간하는 잡지 『리비스타 콜로니알레(Rivista Coloniale)』의 편집장으로 근무하였다. 이러한 경력을 통해 볼 때 그가 쓴 한국 관련 저술이 다른 외국인의 저술작업과 비교해 서술적 능력에서 탁월하게 돋보이는 이유를 짐작할 수 있다. 그는 1910년대 중반까지는 『소말리아와 에티오피아와 관련된 외교사, 경제, 역사, 조약, 협정 및 법령집과 관계된 매뉴얼』 출판을 담당하면서 이탈리아의 식민지 개척에 있어 중요한 역할을 하였다.

1914년까지 그의 직함은 식민성(Il Ministero delle Colonie)의 식민연구부 대표자로서 왕립식민조사원(agent)이었으며, 그 후에는 식민성의 국장이라는 높은 직위를 부여받았다. 1900년 첫 논문을 발표한 이후 18개월의 항해와 그 후 7개월에 걸친 한국 주재 영사로서의 활동을 제외하면, 로제티는 이탈리아 식민지 개척과 관련된 활동으로 거의 수직에 가까운 신분상승을 성취하였던 것이다.

이러한 화려하고 다양한 이력과 출세과정의 배경을 뒤로하고도, 그가 전문성을 인정받은 또 다른 분야가 있었는데 그것은 지리학과 지도제작 분야였다.

로제티는 당시 국왕 비토리오 에마누엘레 3세가 명예회장직을 역임했던 '이탈리아 지리학협회'의 회원이자, '데 아고스티니 지리연구소(Istituto Geografico De Agostini)'의 회원이기도 했다. 또 2003년에서 2004년까지 베르가모 대학에서 진행한 연구자료인 『이탈리아 지도제작자 역사사전(Dizionario Storico dei Cartografi Italiani)』에서도 그의 이름이 발견된다는 점을 볼 때, 젊은 나이에도 이미 그는 지리학에 있어 인정받는 수재였음을 알 수 있다. 그는 특히 자원분포도와 통신 및 교통 등의 다양한 지역적 특성을 담아내는 지도제작에 있어 명성이 높았는데 이러한 재능을 바탕으로 이탈리아 식민지 개척과 관련된 많은 아프리카 지도를 제작하였다. 그의 지도는 이탈리아가 개척하고 있는 에리트레아, 수단 그리고 에티오피아와 같은 아프리카 나라들에 대한 지리 인식의 증대와 식민지 개척에 매우 유용하게 활용되었다.

그의 생애를 통해 나타나듯 그는 당시 대부분의 이탈리아인처럼 식민지 확장정책을 옹호하고 개척하는 데 앞장선 인물이었다. 그는 원주민들이 유럽과 같은 수준의 문명을 성취하는 데 있어 도움이 필요하다고 믿고 주장하였으나, 아쉽게도 원주민의 가치와 그 다양성을 이해하지 못한 채 그들의 정체성을 부정하는 우를 범하였다.

사실 이러한 인식은 로제티 개인의 시각이 아니라 식민지를 건설한 지배국의 피지배국에 대한 보편적인 시각이라 볼 수 있다. 이러한 시각은 그가 남긴 한국관계 저술에서도 은연중에 내재되어 나타난다. 그러나 동시에 짧은 한국 체류 기간에도 불구하고 그가 남긴 한국 관련 저작물들 곳곳에는 한국과 한국인에 대한 애정 어린 시각들이 묻어나고 있다. 비록 그가 제국주의적 사고를 지닌 인물이었음을 간과해서는 안 되겠지만 그의 저작물들이 100년 전 한국과 한국인을 비추는 거울과 같은 역할을 한다는 점은 우리가 그를 평가하는 데 있어 충분히 반영되어야 할 것이다.

10년 전 우연히 만난 『꼬레아 에 꼬레아니』, 그리고 로제티에 대한 막연한 존경과 호기심에서 시작한 그에게로 가는 미로 찾기의 끝에서, 이제 막 그 목적지에 도착해 마주하는 문을 닫으며 책과 씨름하고 있었을 100년 전 건장한 이국 청년의 뒷모습에 "Grazie mille, Rossetti! Grazie(대단히 고맙소, 로제티! 고마워요)"라고 인사를 보낸다.

:: 이돈수

대한제국 시절 서울 주재 이탈리아공사관의 연혁

- 1901년 12월 영사관 개설 (곤당골)
- 1902년 11월 서소문동 41번지 이전
- 1903년 5월 공사관 승격
- 1908년 4월 남산 아래 홈즈 가옥으로 일시 이전
- 1908년 5월 서문외(둥그재) 미국 선교사 질레트 가옥으로 재이전

흔히 이탈리아라고 하면 으레 이태리(伊太利)라는 표현부터 퍼뜩 떠올리지만, 예전에는 의태리(義太利), 의태리(意太利), 의대리(義大利), 의대리(意大利), 이대리(以大利), 이국(伊國), 의국(義國) 등의 표기도 제법 익숙하게 사용하였다. 이러한 이탈리아와 우리나라 사이에 외교관계가 성립되는 과정은 여느 나라와는 다르게 여러모로 순탄하지 못하였다. 조약의 체결은 일찍이 1884년에 성사되었던 것에 반해 외교공관의 설치는 정작 17년이라는 세월을 넘긴 1901년에 와서야 겨우 실행되었던 까닭이다.

일본과의 병자수호조규(강화도조약; 1876년) 이후 우리나라와 수호통상조약을 체결한 서구열강의 대열을 통틀어 이탈리아는 결코 그 순서가 뒤지지 않았다. 미국(1882년), 영국(1883년), 독일(1883년)보다는 약간 늦지만 러시아(1884년), 프랑스(1886년), 오스트리아(1892년), 청국(1899년), 벨기에(1901년), 덴마크(1902년)보다는 그 시기가 훨씬 앞섰다.

그 당시 이탈리아에서는 페르디난도 데 루카(Ferdinando de Luca, 盧嘉德)를 전권대신으로 파견하였으며, 우리나라에서는 교섭통상사무아문독판(交涉通商事務衙門督辦) 김병시(金炳始)가 나서서 1884년 6월 26일(음력 윤5월 4일)에 양국 간 수호통상조약의 체결을 보았다. 그러나 어떠한 이유에선지 조약비준서의 교환은 다른

프란체세티 디 말그라
영사(1877~1902)의 묘
지석(양화진외국인묘지)

나라의 사례에 비해 훨씬 늦어지고 있었는데, 이와 관련하여 이듬해인 1885년 7월 10일에는 중국 상하이 주재 이탈리아 겸 스페인총영사가 제물포에 당도하여 조약비준서의 교환이 연기될 것임을 확약하고 돌아간 사실도 있었다. 두 나라 사이에 조약비준서가 정식으로 교환된 것은 다시 해를 넘긴 1886년 7월 24일이었다. 이때 이탈리아 대표로는 해군 대위 프레데리코 크라비오사(Captain Frederico Craviosa, 管樂所)가 파견되었던 것으로 확인된다.

하지만 이후 이탈리아는 긴급한 현안이나 뚜렷한 이해관계가 얽혀 있지 않은 상태였으므로 조선 내에 자국의 공관 설치를 서두르지 않았으며, 그 대신에 영국공사관에 맡겨 모든 외교통상업무를 대리케 하였다. 실제로 1891년 5월 4일에는 이탈리아공사 알베르토 판사(Chevallier Alberto Pansa, 潘薩)가 서울로 와서 한 달가량을 머물며 영국총영사관에서 이탈리아의 권익을 대변하는 일을 의뢰하고 돌아갔다. 그러므로 이 기간 동안 이탈리아의 외교공관은 따로 존재하지 않았다.

이러한 관계를 청산하고 이탈리아가 직접 자기 나라의 외교관을 한국에 파견하기로 결정한 것은 1901년 12월의 일이었다. 이 당시 신임 이탈리아영사로 서울에 부임한 사람은 우고 프란체세티 디 말그라 백작(Count Ugo Francesetti di Malgra, 佛安土瑞德: 1877~1902)이었다.

그는 정치적 전통을 지닌 이탈리아 귀족가문 출신으로 당시 24세에 불과한 현역 해군 중위의 신분이었으나, 불어, 독어, 영어 등 각국 말에 능통하고 학문과 예술의 능력이 뛰어나 존경받는 청년신사로 촉망을 받았다고 전한다. 그가 우리나라로 건너오기 직전에는 중국에 파견되어 근무하던 상태였는데, 이곳에서 여러 가지 임무를 수행하는 특출난 능력을 발휘한 관계로 서울에 이탈리아영사관을 설치하는 일에도 적임자로 선발되기에 이르렀던 것이다.

특히 그는 첫 이탈리아영사로 부임한 이래로 자신의 정부를 위해 유용한 존재가 되어야 하며, 이러한 이유로 이 나라에 대한 지식을 철저하게 갖추는 데에 전념해야 한다는 생각을 갖고 있었다. 그래서 그는 1902년 9월 초에 이르러 이러한 목적을 이루고자 우리나라의 내륙지방으로 막 여행을 떠날 참이었는데, 불행하게도 그 순간 장티푸스(typhoid fever)에 걸려 한 달 후인 10월 12일에 젊은 생애를 마감하고 말았다. 그의 시신은 10월 13일에 일단 양화진 외국인묘지(楊花津外國人墓地)에 묻혔다가, 두 달이 지난 그해 12월 20일 서울까지 직접 찾아온 어머니 말그라 백작부인 일행에 의해 이탈리아군함 롬바르디아(Lombardia) 편으로 운구되어 갔다.

그의 빈 무덤 옆에는 지금도 그 당시에 만들어 세운 묘비 하나가 남아 있는데 여기에는 다음과 같은 내용이 새겨져 있다.

"He the young and strong who cherished noble longings for the strife by the roadside fell and perished(투쟁을 위한 숭고한 갈망을 소중히 여기던 그 젊고 강한 자는 〔삶의 고달픈 행진에 지쳐〕 길가에 쓰러져 사라졌도다)."

이것은 미국시인 롱펠로(Henry Wardsworth Longfellow ; 1807~1882)가 지은 〈천사들의 발자국(Footsteps of Angels)〉이란 시에서 따온 구절이다. 이 구절의 아래쪽에는 다시 "Consummatus in brevi, explevit tempora multa(짧은 생애에 완전함에 이른 그는 오랜 세월을 채운 셈이다)"라는 내용이 덧붙여져 있는데, 이것은 성경외전(聖經外典) 지혜서(智慧書) 4장 13절에 나오는 글귀로 알려진다.

고작 1년을 넘기지 못한 체류기간이었지만 어쨌거나 그는 우리나라에 처음 이탈리아영사관을 개설한 인물로 기록된다.

그렇다면 그가 정한 첫 영사관 자리는 어디였을까? 이 점에 대해서는 『더 코리아 리뷰(The Korea Review)』 1901년 12월호의 '뉴스 캘린더' 항목에 실린 기사 하나를 참조할 수 있다.

"새로 부임한 이탈리아영사 프란체세티 디 말그라는 이달 14일 궁정에 나가 신임장을 제정했다. 이탈리아와 한국 간의 관계는 지금까지 영국공사관을 통해 수행되어왔으나 이제부터 이탈리아는 직접 대표하게 되었다. 디 말그라는 최근에 무어 목사가 퇴거한 곤당골의 집을 차지하고 있다."

여기에서 말하는 '곤당골'은 원래 보은단골(報恩緞洞)이 변해 생겨난 말이며, 『한경지략(漢京識略)』에서는 이 명칭을 조선 선조 때의 역관 홍순언(洪純彦)이 사신단을 수행하여 중국에 갔을 때에 벌어진 일화에서 유래되었다고 소개하고 있다. 대개 '곤당골'은 '곤담골(美墻洞, 고운담골)'이라고도 쓰는데, 이로 인하여 그 시절의 지도에는 흔히 이곳을 '미동(美洞)'이라고 표시하였다. 이 지역은 지금의 '을지로 1가' 일대를 말한다.

이와 관련하여 『경성부사(京城府史)』 제2권(1936)에서는 "(p.83) 현 황금정(現 黃金町) 1정목(丁目) 181번지(番地) 아서원(雅敍園)의 인접지(隣接地)"로 그 위치를

이 책에 수록된 도판#I-050 '옛 이탈리아영사관자리'와 비슷한 각도에서 담아낸 별도의 사진자료(무라카미사진관 촬영)이다. 다만, 여기에서는 뒤쪽으로 황궁우의 모습이 확연하게 드러나고 있어, 곤당골 시절 이탈리아영사관(옛 무어 목사의 사택)의 정확한 위치가 황궁우와 북쪽으로 등진 자리였다는 사실을 분명히 확인할 수 있다.

표기하고 있는 것이 눈에 띈다. '아서원'은 1918년경에 개업하여 1970년까지 존재했던 대표적인 중국요리점으로, 이 자리에는 지금 롯데호텔이 들어서 있다.

그런데 첫 이탈리아영사관의 위치 고증을 위한 단서가 되는 말은 뭐니 뭐니 해도 '무어 목사가 퇴거한 집'이라고 적어둔 대목이다. 여기에서 말하는 무어 목사(Rev. Samuel Farman Moore, 毛三悅, 毛三栗 ; 1860~1906)는 1892년에 북장로교 선교사로 우리나라에 건너와서 이듬해인 1893년에 승동교회(勝洞敎會)의 모체가 되는 '곤당골교회'를 세웠으며, 특히 당시로서는 최하층 천민이었던 백정(白丁)을 상대로 포교를 벌였던 것으로 유명했던 인물이었다.

이렇게 본다면 프란체세티 디 말그라 영사가 머물렀던 곤당골의 집이란 것은 '곤당골교회'에 부속된 무어 목사의 사택일 가능성이 높다. 곤당골교회의 모습은 승동교회의 역사와 관련한 교회사 계통의 사진자료에 간간이 등장하므로 이를 참고하여도 좋겠다.

후임 이탈리아영사를 지낸 카를로 로제티(Carlo Rossetti, 魯士德: 1876~1948)가 펴낸 『꼬레아 에 꼬레아니(Corea e Coreani)』(1904, 1905)에는 '옛 이탈리아영사관 자리'로 표시된 사진자료가 등장하는데, 이것이 곤당골 이탈리아영사관의 모습 바로 그것이다. 그리고 『서울 20세기, 100년의 사진기록』(서울시정개발연구원·서울학연구소, 1999)에 수록된 '조선호텔에서 내려다본 황궁우'라는 제목의 전면사진(p.63)에는 로제티의 사진자료에 들어 있는 것과 동일한 지붕모양의 건물이 그대로 드러나 있으므로, 이로써 옛 곤당골 이탈리아영사관의 정확한 위치가 어디였는지를 파악하는 것은 충분히 가능하다.

곤당골 이후에 두 번째 이탈리아영사관이 된 장소는 바로 서소문동 41번지이다. 이곳은 현재 대한항공 서소문빌딩이 서 있는 자리인데, 『조광(朝光)』 1938년 4월호에 수록된 문일평(文一平)의 기고문인 '금석(今昔)을 말하는 외국영사관(外國領事館)의 기지 유래(基地 由來)'에는 "이태리(伊太利)만은 특례(特例)로 처음부터 그 공사관(公使館)이 정동(貞洞)에 있지 아니하고 서소문내(西小門內)에 있었는데 현 경성 서소문정(現 京城 西小門町) 41번지(番地)의 덕영소아과(德永小兒科)가 되고 말았다"고 적고 있다. 물론 이탈리아영사관이 처음부터 서소문에 있었다는 대목은 그의 착각이다.

그런데 『경성부사』 제2권(1936)에서는 이탈리아영사관이 서소문 쪽으로 옮겨 온 시기에 대해 '일자미상(日子未詳)'이라고만 표기하고 있다. 하지만 『황성신문』 1902

『꼬레아 에 꼬레아니』 제1권 (1904)의 표지

년 11월 11일자에 '의관이정(義館移定)'이라는 제목으로 다음과 같은 내용의 기사가 남아 있어서 이 부분에 대한 사실관계의 설명은 명쾌한 편이다.

"의국공관(義國公館)을 미동소재(美洞所在) 일양옥(一洋屋)을 차거(借居)하였더니 해관(該館)을 갱(更)히 서소문내(西小門內)로 이정(移定)하고 재작일(再昨日)부터 반이(搬移)하더라."

로제티가 이탈리아영사의 신분으로 우리나라에 재임했던 때가 1902년 11월부터 이듬해인 1903년 5월까지 7개월가량이었다. 그는 또 이에 앞서 프란체세티가 살아 있던 당시 1902년 7월의 한 달을 '절친한 친구'였던 그와 함께 서울에 머물렀던 적이 있었다고 적고 있다. 이 당시 로제티는 경운궁 대안문 앞에 있던 '팔레 호텔(Hotel du Palais)'에 거처를 정하였는데, 짧은 체류경험을 통해서나마 곤당골에 있던 영사관 쪽의 형편이 썩 좋지는 못하다는 것을 대략 파악했던 것이 아닌가 싶다.

따라서 그는 부임과 동시에 새로운 거처를 마련하는 일에 착수했고, 그 결과 서소문동 이탈리아영사관의 첫 주인은 로제티의 몫이 되었던 것이다.

이 건물을 언제 누가 지은 것인지는 분명하지 않다. 이 점에 있어서도 다음에 나오는 로제티의 글은 건물의 정체를 판단하는 데에 약간의 도움이 된다.

"(Part I, p.50) 나는 서울에 도착하자마자 이제는 고인이 된 나의 선임자가 갖지 못했던 행운을 얻어 작지만 안락하고 아담한 집 한 채를 거처로 구할 수 있었다. 그 당시 서울에 있던 유럽인들의 숫자가 극히 적고 유럽식 임대주택도 거의 전무한 상태였으므로 집을 구한 것은 완전히 운이었다. …… 그렇기 때문에 나는 집을 구하는 것이 절실한 몇 안 되는 외국인들 중의 한 명이었다. 나를 구원해준 것은 바로 당시 제물포에 부영사관을 짓기 위해 서울에 있던 부영사관을 폐지한 러시아정부의 조처였다. 조그마한 일로 내가 러시아에 대해 호감을 갖게 될 줄이야 그 누가 알았겠는가! 어쨌든 분명 러시아는 나를 궁지에서 구해주었고 그때부터 나는 러시아에 대해 깊은 고마움을 간직하고 있다."

이 구절로만 본다면, 로제티의 거처라는 곳은 서소문동에서 새로 구한 영사관 건물을 말하며, 그렇다면 이 건물은 혹여 '러시아 부영사관'의 용도로 사용된 그것이 아닌가 짐작할 수 있을 것이다.

이러한 와중에 로제티 이후 이탈리아는 기존의 영사관을 승격시켜 공사관으로 전환하게 되는데, 이때가 바로 1903년 5월 6일이었다. 첫 이탈리아공사가 되어 서울로 새로 부임한 사람은 판리공사(辦理公使, Minister Resident) 모나코(Attilio Monaco, 毛樂高: 1858~1932)였다. 브라질 상파울루 주재 이탈리아총영사였던 그가 서울로 발령이 난 것은 전년도인 1902년 7월 28일이었으니, 초대 영사였던 프란체세티 디 말그라가 급작스레 세상을 떠난 것도 그가 서울로 오던 도중에 벌어진 일이었다.

이러한 사정으로 인하여 이탈리아영사의 자리는 우선 해군 중위의 신분이었던 카를로 페치아 디 코사토 백작(Count Carlo Fecia di Cossato, 葛魯智)에게 맡겨졌다가, 한 달을 채우지 못하고 이내 카를로 로제티 중위로 다시 교체되기에 이른 것이다. 로제티 영사의 임기가 7개월여에 불과했던 것도 애당초 모나코 공사의 현지 부임이 지연됨에 따라 일시적으로 그 자리를 메우고자 급파된 성격이 강했던 탓이다.

여타의 각국공사관이 주로 정동 안쪽에 밀집되었던 것과는 달리 이탈리아공사관은 이보다 약간 벗어난 서소문 방면에 자리하였는데, 이로 인하여 두 곳은 각각 공사관거리(Legation Street)와 이탈리아공사관거리(Italian Legation Street)로 따로 구분하여 불렀다. 이탈리아공사관거리는 곧 지금의 서소문로를 말한다.

그런데 어느 시점엔가 이탈리아공사관 건물은 약간의 변화가 있었던 모양이었다. 카를로 로제티의 책에 소개된 사진자료에는 애당초 기와지붕을 올린 서양식 2층 벽돌 건물에다 정면에서 보았을 때 5칸의 창문을 지닌 구조였으나, 을사조약 이후에 발행된 한국 명소(韓國名所) 시리즈에 포함된 '이태리영사관(伊太利領事館, 1909년 8월 8일자 우편소인이 찍힌 개인 소장 자료)' 사진엽서에는 좌측으로 창문 3칸이 더 증축된 상태로 변한 모습이 담겨져 있다.

이보다 앞서 1904년에 우리나라를 찾은 호주 출신의 사진작가 조지 로스(George Rose; 1861~1942)가 남긴 사진자료를 보면 숭례문 일대의 전경을 담은 사진 속 배경에 이미 긴 지붕 모양의 이탈리아공사관이 포착되고 있는데, 이로써 건물증축공사가 이뤄진 시기를 대략 짐작할 수 있을 듯하다.

이 건물의 최후가 언제였는지는 알 수 없으나, 상당한 세월이 흐른 뒤에 발행된 『대경성사진첩(大京城寫眞帖)』(1937) 156쪽에 보면 서소문정 41번지에 있던 토쿠나가 이사오(德永勳)의 '토쿠나가 소아과의원(德永小兒科醫院)' 전경 사진이 하나 수록되어 있는 것이 눈에 띈다. 여기에는 흐릿하나마 병원의 담장 안에 서 있는 건물이 옛 이탈리아공사관의 그것과 동일하다는 것을 새삼 파악할 수 있다. 그리고 해방 직후에 촬영된 몇몇 항공사진을 통해 적어도 1947년 무렵의 시점까지도 옛 이탈리아공사관 건물은 건재했다는 사실을 확인할 수 있으나, 더 이상의 자세한 내역은 잘 알지 못한다.

그렇다면 이른바 '을사조약' 이후의 이탈리아공사관은 어떻게 변하였던 것일까? 가장 큰 변화는 일제에 의한 외교권의 박탈로 기존의 각국공사관이 일제히 영사관으로 격하되었다는 사실일 것이다. 이와 관련하여 『서울육백년사』 제4권(1981)과 같은 자료에서는, "이태리 공관에 관한 기록에 전혀 보이지 않고 있어 타국과는 달리 을사조약 당시 공관을 철수한 후 폐쇄된 것 같다"고 서술하고 있으나, 이는 사실과 다르다. 이탈리아도 다른 나라들과 마찬가지로 공사관은 철수하였으나 '영사관' 만큼은 계속 유지하는 정책을 사용했던 것으로 확인되기 때문이다. 물론 이 부분에 대해서는 약간의 보충설명이 필요한 듯하다.

첫 이탈리아공사인 모나코는 1903년 4월 29일에 서울로 부임한 이래 줄곧 그 직책을 맡아왔으나, 때마침 이탈리아공사관의 업무를 당분간 영국공사관이 대행하는 것으로 위임한 채 1905년 10월 16일에 그의 가족을 대동하고 여러 달이 걸릴 휴가 허가를 받아 한국을 떠난 상태였다. 하지만 이로부터 불과 1개월 만에 '을사조약'이 체결됨에 따라, 그가 구태여 한국으로 귀임할 까닭은 저절로 사라져버리고 말았던 것이다.

이 때문인지 실제로 1년가량의 공백기가 이어졌고, 1906년 11월 말이 되어서야 모나코공사의 자리를 대신할 이탈리아영사로 카사티(Luigi Casati, 賈士武 : 1850~1909)가 겨우 선임되는 한편, 일본 외무성에 제출된 그에 대한 정부 위임장이 정식 승인되었던 것으로 확인된다. 참고로, 『대한제국 관보』 1908년 1월 9일자에는 "1907년 12월 28일자로 의국총영사관(義國摠領事官) 캐사티에게 특별히 훈삼등 태극장(勳三等 太極章)을 내린" 구절이 기록되어 있다.

그런데 이 무렵에 기존의 공사관 시설을 그대로 유지하기는 어려웠던지, 이탈리아영사관의 위치를 다른 곳으로 옮겼다는 내용이 눈에 띈다.

이와 관련하여 가장 주목되는 자료는 『더 서울프레스(The Seoul Press)』 1908년 5월 10일자에 등장하는 '가옥임대 광고문안'이다. 육영공원 교사 출신인 미국인 벙커(Dalzell A. Bunker, 房巨 ; 1853~1932)의 명의로 되어 있는 이 광고에는 다음과 같은 구절이 기재되어 있다.

"[임대] 이전에 홈즈씨(Mr. E. H. Holmes) 씨가 거처했던 집. 큰 방 4개, 큰 주방 하나, 창고, 욕실과 화장실. 훌륭한 우물과 정원. 이달 31일 이후 매각 또는 임대함. 이 집은 현재 이탈리아 총영사관으로 사용하고 있음. 또한 7월 1일께 현재 무스 목사(Rev. J. R. Moose)가 거처하고 있는 옆집도 매각 또는 임대함. 이 집은 이탈리아 총영사관과 붙어 있는 구역으로 남산 아래(Namsan side)에 있음. 자세한 조건은 D. A. 벙커에게 문의 바람. 서울, 1908년 5월 6일."

여기에 등장하는 '홈즈 씨'는 영국영사관의 일등참찬관(一等參贊官, 1st Assistant) 신분이었던 어네스트 해밀턴 홈즈(Ernest Hamilton Holmes)라는 인물을 가리킨다. 그리고 이보다 한 달가량 앞서 『더 서울프레스(The Seoul Press)』 1908년 4월 15일자에 수록된 동일한 '가옥임대 광고문안'에는 이곳이 "홈즈씨(Mr. E. H. Holmes) 씨가 사용 중"이라고 하는 한편 "4월 12일 이후 임대가 가능"한 것으로 표시되어 있다. 이걸

카사티 영사(1850~1909)의 묘지석(양화진외국인 묘지)

로 짐작컨대 이탈리아영사관은 1908년 4월 중에 이곳으로 '일시 이전' 한 것이 아닌가 여겨진다.

하지만 무엇 때문에 이곳으로 자리를 옮긴 것인지, '홈즈 씨'가 거처했던 이 집의 정확한 위치도 잘 알 수 없다. 그저 남산 아래에 있었다는 것과 그 옆집이 '무스 목사(Rev. Jacob Robert Moose, 무야곱; 1864~1928)'의 집이었다는 사실만이 이곳에 대한 유일한 단서로 남아 있는 셈이다.

그런데 더욱 의아한 것은 이보다 한 달여가 지난 시점에서 이탈리아영사관이 또다시 다른 곳으로 옮겨졌다는 대목이다.

아닌 게 아니라 『더 서울프레스(The Seoul Press)』 1908년 6월 4일자에 게재된 벙커 명의의 '가옥임대 광고문안'에는 홈즈 씨가 거처했던 집에 대해 "이전에(formerly)" 이탈리아총영사관으로 사용됐던 집으로 표현이 바뀌어 있다. 말하자면 무슨 까닭인지는 알 수 없으나, 서소문에 있던 이탈리아영사관은 남산 아래로 잠시 이전하였다가 이내 제3의 장소로 다시 그 위치를 옮겼다는 얘기이다.

그렇다면 이 당시 이탈리아영사관이 새롭게 마련한 터전은 어디였을까?

이에 관해서는 우선 『황성신문』 1908년 5월 28일자에 '이영관 이접(伊領館 移接)'이라는 제목으로 "이태리영사관(伊太利領事館)을 금번(今番) 서문외(西門外)

> **IMPORTANT AUCTION**
> OF VALUABLE REAL ESTATE.
>
> Having been favoured with instructions from MESSRS. RONDON, PLAISANT & Co., I will sell by PUBLIC AUCTION.
>
> **AT CHEMULPO.**
> **On June 29th, at 4 p.m. sharp.**
> The following Lots situated in the General Foreign Settlement at CHEMULPO and described on the official plan as
> I.—Lot No. 56. Class D. 1200 sq. m.
>   Yearly tax .... Yen 24.00
> II.—Lot No. 57. Class D. 1200 sq. m.
>   Yearly tax .... „ 24.00
> III.—Lot No. 82. Class D. 4300 sq. m.
>   Yearly tax .... „ 86.00
>
> **AT SEOUL.**
> **On June 30th, at 10 a.m. sharp.**
> I.—A plot of ground about 643 *tsubo* situated outside the West Gate near the Railway Station with Godown and Godown Keeper's House thereon.
>   Drawing a monthly rent of ...... Yen 200
> **At 11 o'clock a.m. sharp.**
> II.—A plot of ground about 310 *tsubo* situated outside the West Gate with a Korean Semi-European Dwelling House partly furnished.
>   Drawing a monthly rent of ... Yen 40.00
> **At 3 o'clock p.m. sharp.**
> III.—A plot of ground situated on the Main St. leading to the Small West Gate formerly occupied by the R. Italian Minister Resident about 141 *tsubo* with a substantially built brick building and outhouses.
>   Drawing a monthly rent of .... Yen 150.00
> **At 4 o'clock p.m. sharp.**
> IV.—A plot of ground about 22 *tsubo* situated on the corner of the Main St. practically opposite the American Union Church.
>
> **At 5 o'clock p.m. sharp.**
> V.—A plot of ground about 493 *tsubo* situated inside the West Gate opposite the Russian Orthodox Church Mission.
> **On July 1st, at 10 a.m. sharp.**
> VI.—A plot of ground about 229 *tsubo* situated on Legation St. close to the Main Gate of the Dok-u Imperial Palace with a two story brick building and a small brick Godown.
> VII.—A plot of ground about 113 *tsubo* adjoining in the rear the above described property situated on the Main St. leading to the Small West Gate near the junction with Furniture St.
> **At 4 o'clock p.m. sharp.**
> VIII.—A Korean tile roofed business building of 14 kans situated on the Main St. leading to the East Gate.
>   Drawing a monthly rent of ... Yen 15.00
> **At 6 o'clock p.m. sharp.**
> IX.—A plot of ground about 5 Acres situated outside the North East Gate partly cultivated and partly covered by about 1200 Pine Trees.
> **AT PING-YANG.**
> **On July 2nd, at 4 p.m. sharp.**
> I.—A plot of ground about 2685 *tsubo* near the Japanese Residency inside the New Japanese Settlement on the Main St. leading to the Railway Station.
> **At 5.30 o'clock p.m. sharp.**
> II.—A plot of ground 2237 sq. m. situated on the River Front near the East Gate (Taitong Moon) with 2 Korean Semi-European Buildings.
>
> Conditions of Sale.—The sales which will be held on the respective properties will be on the following conditions: cash against the receipt of the deeds at the transfer of same. Transfer fees to be born by both parties.
>
> For further particulars apply to
>
> **F. A. KALITZKY,**
> *Auctioneer.*
>
> June 25, 1908.

『서울프레스』 1908년 6월 25일자 '경매광고' (6월 30일 오후 3시 예정 경매)

미국선교사(美國宣敎師) 쓰레왓도씨가(氏家)의 기지(基址)로 이접(移接)하였다더라"는 신문기사가 남아 있다. 그리고 『더 서울프레스(The Seoul Press)』 1908년 5월 28일자에도 "이탈리아영사관은 지금껏 질레트 씨(Mr. Gillet)가 거처하던 서대문 밖 반송방(Pang Song Pong, 盤松坊)의 건물로 이전하였다고 전해진다"는 내용이 수록되어 있다.

이 기사들을 종합하면, 결국 이탈리아영사관은 1908년 5월에 서대문 밖 반송방에 있던 선교사 질레트의 가옥으로 옮겨 간 것으로 볼 수 있다. 여기에 나오는 미국인 선교사 질레트(Phillip L. Gillette, 吉禮泰; 1872~1938)는 황성기독교청년회(YMCA, Young Men's Christian Association)가 창설될 당시부터 총무를 맡아 활동하면서 우리나라에 야구, 농구와 같은 서양 스포츠 종목을 널리 전파한 것으로도 유명한 인물이다.

아쉽게도 질레트의 집이 자리했던 정확한 지번 등은 자세히 알려진 바 없다. 다만, 통감부 관련 문서자료에 포함된 내용을 보면 '이태리영사관은 서서 반송방 원현(西署 盤松坊 圓峴)'에 있었던 것으로 표시되어 있는데, '둥그재'로도 부르는 '원현'은 오늘날의 경기대학교 부근을 가리킨다고 전해진다.

또한 그나마 다행스러운 일은 1910년판 『경성시가전도(京城市街全圖)』와 1911년 3월 발행 『용산합병 경성시가전도(龍山合倂 京城市街全圖)』에 '이태리영사관(伊太利領事館)'의 위치가 개략적이나마 표시되어 있다는 사실이다. 이에 따르면 '둥그재'에 있던 이탈리아영사관은 얼추 충정로 2가 70번지 일대(지금의 인창고등학교 교정)에 해당하는 위치에 있었던 것으로 가늠할 수 있다.

한 가지 덧붙여둘 것은 여러 해에 걸쳐 이탈리아영사관과 공사관으로 사용된 '서소문' 건물은 이내 매각 처분되었다는 점이다. 이에 관한 사실은 『더 서울프레스(The Seoul Press)』 1908년 6월 25일자에 수록된 '주요 경매광고'를 통해 확인할 수 있다. 여기에는 독일상인 칼리츠키(F. A. Kalitzky)가 경매인을 맡아 처리할 여러 건의 경매물건이 게재되어 있는데, "서소문로에 놓여 있던 옛 이탈리아공사관 벽돌 건물과 부속채 141평(坪)에 대해 1908년 6월 30일 오후 3시 정각에 경매가 실시된다"는 내용이 남아 있다.

이탈리아영사관이 서대문 밖으로 옮겨지고, 서소문 건물이 매각된 것은 모두 카사티 영사 시절에 벌어진 일이었다. 1906년 말에 서울로 부임한 그는 1909년에 이르러 병을 얻어 대한의원(大韓醫院)에서 여러 날을 치료하다가 결국 그해 12월 11일에 숨을 거두고 말았다. 그는 곧장 양화진외국인묘지에 묻혔으며, 우리나라와 일본에서 이십여 년 이상을 체류한 이력 탓인지 프란체세티 디 말그라 영사 때와는 달리 시신을 본국으로 옮겨 가지는 않았다. 따라서 그의 무덤은 여전히 그 자리에 남아 있다.

카사티 영사의 죽음은 이탈리아영사관의 폐쇄를 불러왔다. 그의 장례식이 끝난 직후 1910년 1월 4일에는 이탈리아영사관의 업무 일체가 영국영사관으로 위임되었다. 이로써 1901년 이후 설치되었던 이탈리아의 외교공관은 이 땅에서 영구히 사라진 듯이 보였지만, 실상은 꼭 그러했던 것만은 아니었다.

『조선총독부 관보』 1919년 9월 3일자에는, "체자레 티리오로(Cesare Tiriolo)가 조선을 관할하는 경성 주재 이태리국 영사에 임명됨에 붙여 그 직무 집행에 대해 8월 16일 인가장을 발급하였다"는 내용이 눈에 띈다. 이로써 영국영사관에 맡겨진 영사 업무에 관한 권한 일체는 다시 본국에서 직접 파견한 이탈리아영사에게 회수되었고, 당연히 조선 주재 이탈리아영사관도 함께 부활되었던 것이다. 하지만 이듬해인 1920년 3월 30일에 그가 휴가차 본국으로 떠남에 앞서 영국영사관에 다시 사무를 인계하였다는 내용이 보일 뿐, 그것을 끝으로 이탈리아영사의 이름은 더 이상 보이질 않는다.

영사관과 공사관 시절을 다 합쳐도 10년을 넘기지 못한 사이에 두 명의 이탈리아 영사가 이 땅에서 목숨을 다한 것은 분명 특기할 만한 사항이다. 그들의 흔적은 양화진 언덕에 묘비와 무덤으로 고스란히 남아 전해지고 있으니, 두 나라 사이에 그것보다 더 끈끈하고 인상적인 인연은 찾아내기 어려울 것이다.

:: 이순우

다니엘레 페고리니의 「프란체세티 디 말그라 백작 추모사」

"고(故) 우고 프란체세티 디 말그라 백작을 추모하며"

우리는 우리 공동체의 가장 촉망받는 구성원의 한 사람으로 이탈리아 해군 중위이면서 서울 주재 이탈리아영사인 우고 프란체세티 디 말그라 백작(Count Ugo Francesetti di Malgra)을 잃어버린 것을 애도해야 한다.

프란체세티 백작은 이탈리아 최고 명문의 두 집안을 대표했던 부모님을 두어, 로마에서 탄생했다. 그는 유일한 아들로 태어났으나, 그의 아버지는 그가 태어난 직후 세상을 떠나고 말았다.

우리는 그의 선조들이 가진 모든 장점들을 그 자신의 한 몸에 모두 담아내고 있는 것처럼 보였을 때 그의 어머니와 그의 삼촌이자 주프랑스 공사인 시드니 손니노 남작(Baron Sidney Sonnino)*이 얼마나 자랑스러워했을 것인지는 충분히 상상할 수 있다.

그의 소년시절 학업과정을 통틀어 그리고 나중에 해군사관학교에서도 그는 동업생들 가운데 단연 '손쉬운 수재(facile princeps)' 였으며, 이내 걸출한 지성과 진지한 인품으로 주목을 받았다.

이탈리아어, 프랑스어, 독일어, 영어에 대한 감탄할 만한 언어구사 능력을 위시하여 수학에 정통하고, 문학에 대한 완전히 권위자로서 그는 해군에 임용된 뒤에, 오래된 가문의 전통과 자연스러운 관심에 이끌려 스스로 정치의 연구에도 입문하였다.

타쿠포대(大沽砲臺, Taku Forts) 점령 직후 극동(極東)에 당도한 그는 텐진(天津, Tientsin)에 있는 포대들 가운데 한 군데를 지키는 이탈리아군 분견대의 지휘를 맡았다가, 얼마 지나지 않아 베이징(北京, Peking)의 이탈리아공사에 의해 여러 가지 임무들이 부여되었다. 이러한 모든 과업에 대해 그는 만족할 만한 성과를 보여주었으므로, 서울에 이탈리아영사관을 개설하는 문제가 대두되었을 때 그는 영사로 선발되었고 또 지명되기에 이르렀던 것이다.

하지만 그가 한국의 상황을 파악하는 데에도 오랜 시간이 걸리지 않았다. 실제로 그에게 모든 시간이란 연구를 위한 것이었다. 그 어떤 스포츠도, 그 어떤 오락도 그를 집 밖으로 끌어내지는 못하였는데, 그럼에도 이러한 삶의 엄격함이 그로 하여금 가장 촉망받고 업적이 뛰어난 신사로 성장하는 것을 방해하지는 못하였다.

그는 자기 자신이 가능한 한 자신의 정부에 유용한 인물이 되어야 하고 또한 이 나라에 관한 완벽한 지식을 습득하기 위해 쓰이지 않은 모든 시간은 낭비라고 하는 것이 그의 생각이었다.

그의 일과 그의 희망으로부터 자기 자신을 앗아가버리고, 그리하여 그를 무기력과 고통과 죽음으로 결박시켜버린 장티푸스(typhoid fever)에 걸려 그가 쓰러진 것은, 한국의 내륙지방으로 향

---

*그의 (외)삼촌 시드니 손니노 남작(Baron Sidney Costantino Sonnino; 1847~1922)은 이탈리아 총리를 두 번이나 역임(1906년과 1909~1910년)한 인물이다.

한 탐사를 막 떠나려던 참이었던, 바로 9월 초가 시작되던 때였다.

그가 병에 굴복하여 마침내 쓰러진 것은 10월 12일 일요일 새벽 2시였다. 그의 곁에서 애정 어린 정성으로 여러 밤낮을 지켜주었던 닥터 분쉬(Dr. Wunsch)의 지칠 줄 모르는 보살핌도 헛되이 되고, 영국과 미국의 선교단에서 각각 파견된 밀스 양(Miss Mills)과 왐볼드 양(Miss Wambold)이라는 경험 많은 두 간호사의 조력도 헛되이 되고, 그와 같은 과학과 간호가 할 수 있는 모든 일이 물거품이 되고 말았도다!

그의 사망 몇 시간 전에, 정말로 희한한 우연의 일치로, 이탈리아군함 롬바르디아(Lombardia)가 제물포에 당도하였다. 그건 마치 저 먼 곳에 있는 조국이 자신의 충직한 종에게 최대한의 경의를 표하기 위해 보내준 것과 같았도다!

월요일에 프랑스성당[명동성당]에서 열린 장례식은 매우 인상적이었고, 진정한 진심 어린 조문의 표시였다.

한국의 외부대신, 궁내부대신, 대규모의 한국군인과 경찰분견대, 정식 제복을 갖춘 외교단(外交團)의 멤버들, 롬바르디아호의 함장과 장교들, 그리고 러시아의 포함 오트바즈니(Otvajne[Otvazhny])의 함장과 장교들이 저마다의 호위대열을 지어 운구행렬을 따라 공동묘지까지 동행하였는데, 그곳에는 그토록 숱한 희망들이 묻혀 있는 널따란 묘지 위로 이미 죽은 두 사람의 동지들이 눈물만큼이나 슬픈 얘기들을 전해주고 있었다.

프란체세티 백작은 자기 앞에 펼쳐진 밝은 미래가 기다리고 있었다. 그는 머지않아 전역할 예정이었고, 오스트레일리아와 미국을 여행하면서 이들 나라의 정치와 행정을 탐구할 작정이었던 것이다. 서른 살의 나이가 되면, 그는 이탈리아 하원(House of Commons)에 진출하여 정치적 이력을 밟을 예정이었던 것이다. 그의 학문적인 심성, 완강한 의지, 그리고 빼어난 재능들은 고귀한 숙명이 그에게 닥칠 것이라는 믿음에 대한 보증서였다.

저 멀리 이탈리아에 있는 그의 어머니가 극복해야 할 이루 말할 수 없는 절망감 속에서도, 그가 지니고 있던 보편적인 평판에 대한 증언들이, 그러한 위안이 그와 같은 비통함 속에서도 찾아질 수 있는 것이라면, 그녀에게 어떠한 위안이 되길 기원하노라.

D. 페고리니(Danielle Pegorini [別里尼])
제물포, 코리아, 1902년 10월

출처 : 『더 코리아 리뷰(The Korea Review)』 1902년 10월호, pp.462~463.

에밀 마르텔이 전하는 프란체세티 사망 당시의 상황

[그 무렵의 피크닉]

조선은 혹한의 계절을 제외하고는 봄에도 가을에도 각별히 좋은데, 기후에 관계없이 호연지기(浩然之氣)를 기를 만한 장소가 없는 것은 멀리 타향에 있는 외국인들로 하여금 여하히 허전한 생각을 들게 하는지 모른다.

[교외산책(郊外散策)]

그와 같이 해서 외국인들에게 유일한 낙은 휴일을 이용하여 전사(田舍, 시골)로 나가는 것이었다. 경성의 교외에는 산책하기에 적당한 장소가 상당히 많았는데, 이러한 산보(散步)와 유산(遊山, 산 나들이)은 단지 외국인만이 아니라 조선 사람도 매우 좋아하는 것이었다. 그런 까닭으로 서양인이 조선의 역인(役人, 관리)을 초대하는 일도 자주 있었으며, 경성에는 서양인의 피크닉이라면 대개 북한산(北漢山)이 통상적으로 정해졌던 것이다. 4시간이 걸리면 등산이 가능한데, 그 등산에는 담군(擔軍, 지게)을 다수 데려와서 말이랑 가롱(駕籠, 대나무 가마)으로 갔던 것이다. 이 때에는 야단스럽게도 부엌의 여러 도구를 비롯하여 스토브까지 져다 날랐는데, 당시 지게꾼의 일당은 28전, 말은 1원 40전씩이었으므로 상상하는 정도의 경비는 들지 않았던 것이다.

[유산(遊山)의 숭배]

내가 북경공사관 배속으로 지나(支那, 중국)에 나가 머물던 중에 우리 집에는 친구가 숙박하고 있었는데 그는 어느 날 손님을 초대하여 의정부(議政府)의 뒤쪽 산으로 청유(淸遊)를 시도했다. 여하튼 그때는 우리 집의 부엌 도구 일체를 가져가서 큰 소란이 되었으며, 유산(遊山)의 숭배라고도 이르지만 부엌 도구는 대부분 훼손되고 말았다. 그렇지만 당시에는 앞서 말한 것과 같이 물가가 쌌을 때였으므로 큰 손해라고 말할 정도는 아니었다. 이와 같이 되어 당시에는 다른 나들이 장소가 없어서 피크닉에 약간의 돈을 들이는 것은 아무렇게도 생각하지 않았다. 그럼에도 여기에 하나의 큰 희생이 생겼다고 하는 것은 그 친구가 의정부로 산 나들이를 했을 때에 부근의 물이 나빴던 것인지 혹은 경성에서 가져간 야채 내지는 근처에서 구한 야채가 좋지 않았던 것인지 그 후 손님의 절반인 다섯 사람까지 장티푸스에 걸렸으며, 더구나 2인의 사망자가 나타났던 일이 있었다. 한 사람은 이태리의 대리공사〔영사〕 프란체세티 디 말그라(Francesetti di Malgra) 씨, 다른 한 사람은 콜그란〔콜브란, Collbran〕 씨의 영양(令孃)으로 방년 20세 안쪽의 젊은 몸으로 이 세상을 하직하고 말았던 것이다. 때마침 나는 콜브란 영양의 장의 당일 북경에서 용무를 띠고 급거 경성으로 돌아왔는데, 나와 콜브란 집안과는 비상히 친밀한 관계였음에도 불구하고 이 장의에 참렬할 수 없었던 것은 아쉬웠다. 이렇게 말하는 것은 딱 그 날 임금께 배알을 받들기로 되어 있었으며, 이리하여 그 장소에는 나갈 수가 없었던 것이다.

[학교의 운동회]

그 무렵의 학교 운동회라고 하면 대개 교외(郊外)의 절로 놀러 나가는 원족회(遠足會)가 일반적이었다. 금일과 같은 스포츠가 없는 시대였으므로 무리도 아니었던 것이다. 다만 가까스로 외국어학교(外國語學校)에 스포츠인 듯한 경기(競技)를 행하였고, 매년 한 차례 훈련원(訓練院)에서 그 운동회를 개최하였으나, 이것도 오늘날과 같이 통제된 것은 아니어서 운동회마다 매번 반드시 싸움이 일어났다. 당시에는 아직 운동정신이 무엇인가도 이해되지 못하였던 것이다.

출처 : 코사카 사다오(小坂貞雄), 에밀 마르텔(Emile Martel), 『외국인이 본 조선외교비화(外人の 觀たる 朝鮮外交秘話)』(조선외교비화출판회, 1934), pp.264~267.

『더 코리아 리뷰』에 수록된 로제티의 저작물에 대한 서평

카를로 로제티(Carlo Rossetti)의 『L' Impero di Corea(대한제국)』

우리는 이상과 같은 제목의 팸플릿 한 권을 수령하였다. 이탈리아 해군 중위인 저자는 현재 서울에 있는 이탈리아 임시 영사이다. 이 팸플릿은 로마에서 인쇄되었으며, 출판일자는 1902년 12월이다. 여기에는 4·6판(crown octavo)으로 30페이지에 2장의 지도가 포함되어 있는데, 그 가운데 한 장은 운영 중이거나 계획 중인 철도와 전신망에 대한 것을, 다른 한 장은 갖가지 광물질이 발견된 주요지점과 외국인에게 양여된 모든 채굴권을 표시하는 것으로 반도 전체의 광물자원을 나타낸다. 후자는 가장 흥미로운 것으로서 한국에 있어서 귀중한 광물자원의 분포를 한눈에 보여준다.

앞쪽의 몇 페이지는 외국인 왕래자에게 한국의 개방에 대한 짤막하나마 명료한 설명에 할애하고 있다. 그러고 나서 인구문제를 거론하는데 추정치는 500만 명에서 1,700만 명까지 편차가 심하다는 것을 보여준다. 하지만 현재 시점에서 가능한 추산에 따라 가장 근사치를 구하면 1,200만 명으로 결말지어진다.

이 팸플릿의 다음 부분은 한국의 여러 개항장에 대해 다루며, 이들 항구마다 물동량을 간략하게 표시하고 있다.

다음 단락에서는 이미 완성되었거나 공사 중이며 아직은 계획 중인 철도노선에 대해 언급한다.

전신과 우편제도는 북동쪽 국경 너머로 러시아와 한국의 전신망을 연결하는 난관에 대해 대단한 관심과 특별한 언급으로 부각시키고 있다.

증기선 교통수단이라는 표제 아래에 각 항구별 외국 및 연안 선박의 총 톤수를 제시하고 있다.

여러 페이지에 걸쳐 채굴, 특히 금광에 관한 주제에 할애하고 있다. 그리고 이 나라의 수입과 수출에 관해 매우 상세히 다루고 있다.

몇 가지 결론을 곁들인 뒤에, 이 팸플릿은 고인이 된 우고 프란체세티 백작(Count Ugo Francesetti)에 대한 찬사로 끝을 맺고 있다.

이 팸플릿은 단지 사실관계에 대한 무미건조한 서술뿐만이 아니라 탁월한 개괄과 비교로 충만해 있어서, 독자들이 저자의 견해에 동의하건 아니건 간에 매우 흥미로운 읽을거리가 되고 있다.

출처 : 『더 코리아 리뷰(The Korea Review)』 1903년 4월호, pp.165~166.

『더 코리아 리뷰』에 수록된 이탈리아 관련 기사 목록(1901~1905년)

『더 코리아 리뷰』 1901년 12월호 (p.555)

새로 부임한 이탈리아영사 우고 프란체세티 디 말그라 백작(Conte U. Francesetti di Malgra)은 이달 14일에 궁정에 나아가 신임장을 제정했다. 이탈리아와 한국의 교류관계는 여태까지 영국공사관을 통해 수행되어 왔으나, 지금부터는 이탈리아가 직접 대표하게 될 것이다. 디 말그라 백작은 최근에 무어 목사(Rev. S. F. Moore)가 퇴거한 곤당골(Kon-dang-kol)의 집을 차지하고 있다.

『더 코리아 리뷰』 1902년 1월호 (p.32)

1901년도에는 제물포에 93척의 전함이 입항하였는데, 그 가운데 일본이 35회, 영국이 21회, 러시아가 15회, 프랑스가 11회, 오스트리아가 5회, 독일이 4회, 이탈리아가 1회, 그리고 미국이 1회였다. 상선으로는 454척의 입항이 있었는데, 그 가운데 일본이 298회, 한국이 124회, 러시아가 26회, 영국이 3회, 노르웨이가 1회, 독일이 1회, 그리고 중국이 1회였다. 1900년도에 비해 각각 47척의 전함과 31척의 상선이 더 증가하였다.

『더 코리아 리뷰』 1902년 9월호 (p.414)

유감스럽게도 서울 주재 이탈리아 대표 U. 프란체세티 디 말그라 백작이 장티푸스로 심각한 발병 상태로 고통을 받고 있었으나, 그가 지금 차도를 보이고 있다는 사실을 우리는 기쁘게 알린다.

『더 코리아 리뷰』 1902년 10월호 (pp.459~460)

서울 주재 이탈리아영사인 우고 프란체세티 디 말그라 백작의 장례식은 이달 13일 월요일에 로마카톨릭성당[명동성당]에서 거행되었다. 이탈리아 해군함정 한 척이 제물포에 막 당도했고, 이곳의 장교들이 이탈리아 영사관을 관할하는 동시에 장례절차를 진행하였다. 인상적인 장례식은 프랑스 신부 가운데 한 분이 집전하였다. 수많은 아름다운 화환들과 여타 꽃 장식들이 고인의 친구들에 의해 보내졌으며, 장례식에는 외교단(the diplomatic corps)을 포함하여 외국인 공동체의 대다수와 수많은 한국 고위관리들이 참석하였다. 음악은 소년성가대에 의해 불렸고, 관의 양쪽에는 이탈리아 수병 전원이 도열하여 이를 호위하였다.

『더 코리아 리뷰』 1902년 10월호 (p.460)

새 이탈리아영사 모나코 씨(Mr. Monaco)는 현재 한국으로 부임하는 도중인데, 11월 중이면 이곳에 도착할 것이라고 전해진다. 그 사이에 영사관은 이달 12일께 제물포에 당도한 이탈리아 전함에서 파견한 장교 한 사람이 책임지고 있다.

『더 코리아 리뷰』 1902년 11월호 (p.508)

이탈리아영사관에서 고(故) 디 말그라 백작이 맡았던 자리는 새로 지명된 이탈리아공사의 부임이 지연됨에 따라, 이탈리아 해군의 카를로 로세티 중위(Lieut. Carlo Ressetti)로 채워질 예정이다.

『더 코리아 리뷰』 1902년 12월호 (p.556)

프란체세티 디 말그라 백작부인(Countess Francesetti di Malgra)은 그의 딸 도나 힐다 프란체세티(Donna Hilda Francesetti)와 앨리스 페로디 양(Miss Alice Perodi)을 대동하고 이달 20일에 서울에 도착했다. 이들은 이탈리아 순양함 '롬바르디아호(Lombardia)'에 승선하여 상하이에서 이곳으로 찾아온 것이다. 죽은 백작의 유해는 이탈리아로 운구하기 위해 순양함에 선적되었으나, 백작부인과 숙녀들은 상하이에서 출항하는 정기 노선으로 귀국할 예정이다.

『더 코리아 리뷰』 1903년 1월호(p.31)

　　이제 막 이탈리아로 휴가차 귀국하려는 참에 있는 제물포의 해관 세관리(海關 稅官吏) 보리오니 씨(Mr. F. Borioni)는 조선에 건너온 최초의 외국인들 가운데 한 사람이었다. 그는 1883년 6월에 입국했다. 그 당시 우리나라에 왔던 최초의 20인 가운데 단지 4명, 즉 스트리플링(Stripling) 씨, 라포트(Laporte) 씨, 모젤(Morsel) 씨, 그리고 보리오니(Borioni) 씨만 잔류하고 있다. 보리오니 씨는 한국에 자전거를 소개한 첫 번째 인물이었다. 우리는 다른 자료들을 통해 인력거가 제물포에서 최초로 도입된 것으로 파악하고 있다. 이러한 교통수단이 제물포에서 사용되기도 이전에 서울에서 먼저 소개되었다는 것은 항상 의구심의 대상이었다. 해리의 호텔(Harry's Hotel, [스튜어드 호텔])이 번창하고 쿠퍼 씨(Mr. Cooper)가 인천의 거물이었던 옛 시절에, 구식이 되어버린 두 대의 인력거가 있었던 것을 우리는 어렴풋이 기억한다. 그리고 항구에 1886년 영광의 제4일[7월 4일 독립기념일]에 한 무리의 미국인들이 당도하여 플리머스(Plymouth)의 순례자들처럼 거친 바위의 땅에 상륙했을 때 이들 가운데 두 명의 숙녀는 쿠퍼 씨가 애처로이 고개를 가로저었으나, 이 교통수단을 차지했었다. 2마일을 나아간 뒤에, 이들 숙녀는 기꺼이 인력거를 버리고 말안장 위로 올라갔다. 그때로부터 제물포에서는 구루마(kuruma)가 아주 최근까지도 거의 사용되지 않았다.

『더 코리아 리뷰』 1903년 4월호(p.168)

　　이탈리아영사는 한국 정부에다 자국민을 위한 금광채굴권을 신청하였다.

『더 코리아 리뷰』 1903년 5월호(p.223)

　　이탈리아 판리공사(辦理公使, Minister Resident) 겸 총영사인 아틸리오 모나코 각하(His Excellency Attilio Monaco)가 4월 29일에 서울에 부임하였다.

『더 코리아 리뷰』 1903년 7월호(p.314)

　　이탈리아영사는 외부(外部)를 방문하여 금광채굴권을 요청하였다고 전해진다. 이에 대해 외부대신은 이러한 청원을 승인하는 것은 불가능하다고 회답하였다.

『더 코리아 리뷰』 1903년 8월호(p.367)

　　이탈리아 대리공사는 최근에 건강 악화로 일본 도쿄로 여행을 떠났다.

『더 코리아 리뷰』 1903년 9월호(p.415)

　　여름 동안 건강 악화로 일본으로 요양을 떠났던 이탈리아공사는 9월 13일에 서울로 되돌아왔다.

『더 코리아 리뷰』 1904년 1월호(p.24)

　　이근상(李根湘)이 이탈리아 주재 공사로 임명되었다.

『더 코리아 리뷰』 1904년 1월호(p.25)

　　이탈리아공사는 1월 초에 외부(外部)에 대해 한국정부가 금광채굴권을 여러 다양한 국적자들에게 허가한 만큼 이탈리아 국적의 회사에게도 이를 허가하는 것이 합당하다는 내용을 전달하였다.

『더 코리아 리뷰』 1904년 1월호(p.26)

　　이달 9일에 22명의 이탈리아 병사들이 서울의 공사관 경비병으로 활동하기 위해 막 당도하였다.

『더 코리아 리뷰』 1904년 5월호(p.221)

　　황제께서 궁궐 대화재 때 조력해준 각국공사관의 경비병들을 위해 각각 100엔씩 하사금을 내렸다. 이탈리아공사는 이 돈을 파스퇴르연구소(Pasteur Institute)의 건립에 보낼 수 있도록 닥터 애비슨(Dr. Avison)에게 희사하였다.

『더 코리아 리뷰』 1904년 9월호(p.414)

　　이탈리아공사인 모나코 각하(His Excellency A. Monaco)는 한 달간 체류 일정으로 베이징으로 향하여 10월 초 서울을 떠났다. 출발하기 전에 그는 한국 황제로부터 일등훈장을 수여받았다.

『더 코리아 리뷰』 1905년 2월호(p.75)

　　이달 2일에 벨기에영사와 이탈리아공사는 각각 황제폐하의 알현이 허락되었다.

『더 코리아 리뷰』 1905년 2월호(p.75)

　　이탈리아공사는 이전에 허가된 금광채굴권에 대해, 은산에 있는 영국인의 광산에 허가된 것과 동일한 조건이 되어야 한다는 사실을 덧붙여 로열티, 기간, 경계선 등을 나타낸 계약체결을 매듭지을 것을 외부(外部)에 요청하였다.

『더 코리아 리뷰』 1905년 3월호(p.112)

　　이탈리아의 업자[*The Societa Coloniale Italiana(闕魯尼原例義太利亞那會社)를 말함]에게 허가된 금광채굴권에 대한 조건은 두 달 이내에 광산이 선정되어야 할 것이며, 수익의 25퍼센트를 한국정부에 지불할 것과 계약기간은 25년으로 한정된다는 내용이라고 전해진다.

『더 코리아 리뷰』 1905년 3월호(p.116)

　　벨기에공사는 여러 달 전에 그는 금광채굴권 신청을 하였으나, 그것이 아직 허가되지 않았다는 사실을 외부(外部)에 상기하였다. 이탈리아공사 및 여타와 체결한 계약들이 최근에 서명되었으므로, 자신의 문제도 두말할 나위 없이 즉각 주목될 것으로 기대하고 있다.

『더 코리아 리뷰』 1905년 4월호(p.152)

　　이탈리아공사는 로마에서 개최될 만국농무관(萬國農務館, International Agricultural Society)의 총회에 한국 대표를 파견해달라는 초청장을 전달했다. 외부(外部)는 이탈리아 주재 한국공사관의 비서관 또는 서기관 한 사람이 총회에 참석할 대표로 파견될 것이라고 회답했다.

『더 코리아 리뷰』 1905년 4월호(p.160)

　　이탈리아공사 모나코 씨는 모나코 부인과 아들을 대동하고 단기 체류 일정으로 일본으로 떠났다.

『더 코리아 리뷰』 1905년 7월호(p.277)

　　이달 9일 이탈리아공사는 3시에, 그리고 프랑스공사는 4시에 각각 폐하를 알현하였다.

『더 코리아 리뷰』 1905년 9월호(p.357)

　　서울의 이탈리아공사 모나코 씨 부처는 휴가차 곧 이탈리아로 귀국할 예정이다.

『더 코리아 리뷰』 1905년 10월호(p.396)

　　한국 주재 이탈리아공사 A. 모나코 씨는 모나코 부인과 그들의 아들을 대동하고 여러 달이 걸릴 휴가허가를 받아 이달 16일에 한국을 떠났다. 출발 전에는 황제폐하에 대한 알현이 허가되었다. 이탈리아공사관의 업무는 당분간 영국공사관에 의해 대행될 것이다.

『황성신문』에 수록된 이탈리아 관련 기사 목록(1901~1910년)

『황성신문』 1901년 10월 29일자, "영일사 폐현(英日使 陛見)"

재작일(再昨日) 하오(下午)에 영공사(英公使)가 의대리국 수사제독(意大利國 水師提督)을 대동 폐현(帶同 陛見)하였고 일공사(日公使)도 동일(同日)에 폐현(陛見)하였더라.

『황성신문』 1901년 11월 2일자, "의함향해(義艦向海)"

거(去) 25일(日)에 의국군함(義國軍艦) 2척(隻)이 원산항(元山港)에 제박(制泊)하였다가 동(同) 27일(日) 해삼위(海蔘威)로 발향(發向)하였더라.

『황성신문』 1901년 12월 12일자, "의영사 내한(義領事 來韓)"

의대리국인(義大利國人) 불안사셔데씨(氏)가 주차한국영사(駐箚韓國領事)로 현금(現今) 한성(漢城)에 내도(來到)한다고 영공사(英公使)가 외부(外部)에 성명(聲明)하였다더라.

『황성신문』 1901년 12월 19일자, "의사도임(義使到任)"

의국영사 불안사서덕씨(義國領事 佛安士瑞德氏)가 한의양국교섭통상사무(韓義兩國交涉通商事務)를 관리(辦理)하기로 영공사 주이전씨(英公使 朱邇典氏)의 겸임의국영사해임(兼任義國領事解任)함을 아정(我廷)에 성명(聲明)하였더라.

『황성신문』 1902년 6월 12일자, "양사폐현(兩使陛見)"

주경의국영사 불안사서덕씨(駐京義國領事 佛安士瑞德氏)가 통상조약체결(通商條約締結)할 사(事)로 동국국서(同國國書)가 내도(來到)한지라 봉정차(奉呈次)로 폐현(陛見)을 청(請)하였는데 내(來) 13일(日) 하오(下午) 4시(時)에 폐현(陛見)한다 하고 일공사 임권조씨(日公使 林權助氏)는 신도(新到)한 수비대사관등(守備隊士官等)을 대동(帶同)하고 동(同) 3시(時)에 폐현(陛見)할 터이라더라.

『황성신문』 1902년 6월 14일자, "폐현연기(陛見延期)"

작일(昨日) 하오(下午) 3시량(時量)에 일아의(日俄義) 삼공사(三公使)가 폐현(陛見)하기로 청(請)함은 본보(本報)에 이기(已記)하였더니 갱문(更聞)한 즉(則) 옥도(玉度)가 미녕(未寧)하옵셔 접견(接見)치 못하오셨더라.

『황성신문』 1902년 6월 17일자, "삼사폐현(三使陛見)"

일의아(日義俄) 삼공사(三公使)가 폐현(陛見)을 청(請)함은 본보(本報)에 이기(已記)하였거니와 금일(今日) 하오(下午) 3시(時)에는 일공사(日公使), 4시반(時半)에는 의영사(義領事), 5시반(時半)에는 아공사(俄公使)가 폐현(陛見)한다더라.

여기에 등장하는 이탈리아 군함은 모두 순양함(巡洋艦, Cruiser)에 해당하는 것으로 기사를 채록하는 과정에서 동일한 배라고 할지라도 그 이름이 다양한 형태로 각기 다르게 표기되어 있다. 이 가운데 '푸리야호', '부구구아호', '부리야호', '부구리야호', '부걸야호(富傑野号)', '부루가리야호' 등은 풀리야(Puglia)를, '말고포로호'는 마르코 폴로(Marco Polo)를, '론삐찌아호', '론바루지아호', '론발지아호' 등은 롬바르디아(Lombardia)를, '가라부리야호', '갸라부리야호', '카라푸리야호', '카라부리야호' 등은 칼라브리아(Calabria)를, '피에몬데호', '피에모도호', '피엔몬데호', '비문대호(飛門臺号)', '비에모데이호', '비몬데이호', '피에몬데이호' 등은 피에몬테(Piemonte)를, '피사니호', '번도피사니호', '비선호(飛仙号)' 등은 비토 피사니(Vittor Pisani)를, '엘바호', '에루바호' 등은 엘바(Elba)를 각각 가리킨다.

『황성신문』 1902년 7월 4일자, "인항군함(仁港軍艦)"
　이국군함(伊國軍艦) 푸리야호(号)가 삼작일(三昨日) 연대(烟台)로서 도인(到仁)하였는데 재작일(再昨日) 인항(仁港)에 현박(現泊)한 군함(軍艦)이 일함(日艦) 축자 해문(筑紫 海門)과 아함(俄艦) 시위지호(号)와 이함(伊艦) 푸리야호(号)더라.

『황성신문』 1902년 7월 5일자, "영사청현(領事請現)"
　작일(昨日) 상오(上午) 11시(時)에 의영사 불안사서덕씨(義領事 佛安士瑞德氏)가 일작(日昨) 인항(仁港)에 도박(到泊)한 해군대좌 가야을씨(海軍大佐 賈耶乙氏)를 대동(帶同)하고 외부대신 유기환씨(外部大臣 兪箕煥氏)를 내방(來訪)하였는데 인(因)하야 폐현(陛見)을 청(請)하였더라.

『황성신문』 1902년 7월 8일자, "양사폐현(兩使陛見)"
　재작일(再昨日) 하오(下午) 3시(時)에 비[의]영사(比[義]領事) 불안사서덕씨(佛安士瑞德氏)가 해군대좌 이하 하사관 칠인(海軍大佐 以下 下士官 七人)을 대동(帶同) 폐현(陛見)하였고 작일(昨日) 하오(下午) 6시(時)에는 일공사 임권조씨(日公使 林權助氏)가 서기관 삼촌 국분 양씨(書記官 杉村 國分 兩氏)를 대동(對同) 폐현(陛見)하였더라.

『황성신문』 1902년 7월 14일자, "각함도인(各艦到仁)"
　일본연습함(日本練習艦) 낭속호(浪速号)는 일작(日昨) 상해(上海)로서 연대(烟台)를 경(經)하여 도인(到仁)하였는데 인항(仁港)에는 약일주간 정박(約一週間 碇泊)할 터이나 청국각지(淸國各地)는 목하(目下) 역병(疫病)이 유행(流行)하므로 일체 선원(一切 船員)의 상륙(上陸)을 금(禁)하였고 북청경비함(北淸警備艦)으로 연대(烟台)에 재(在)하였던 대도호(大島号)는 삼작일(三昨日) 도인(到仁)하였는데 재작일(再昨日) 인항(仁港)에 현박(現泊)한 군함(軍艦)이 일함 낭속, 대도 양호(日艦 浪速, 大島 兩号), 아함(俄艦) 시위지호(号)와 이함(伊艦) 푸리야호(号)더라.

『황성신문』 1902년 7월 14일자, "이함조사(伊艦調査)"
　전의관 양홍묵씨(前議官 梁弘默氏)가 향일(向日) 인항(仁港)에 정박(碇泊)한 이국병함(伊國兵艦)을 완람(玩覽)하고 해함제도(該艦制度)를 조사록송(調査錄送)하였는데 해함(該艦)은 즉(卽) 제삼등순양함(第三等巡洋艦)이니 해국 타란토선창(該國 打亂土船廠)에서 제조(製造)하야 서력(西曆) 1898년(年)에 진수식(進水式)을 행(行)하고 현하(現下)에 초차순양(初次巡洋)을 위(爲)하는데 중량(重量)이 2550톤(噸)이오 장(長)이 88미돌(米突)이오 광(廣)이 13미돌반(米突半)이오 후(厚)가 약(約) 5미돌(米突)이오 소유장관(所有長官)이 13원(員)에 수병(水兵)이 280명(名)이오 소재대포(所載大砲)는 포구직선(砲口直線)이 6영척(英尺)되는 자(者) 4문(門)이오 4영척(英尺)되는 자(者) 6문(門)이오 교소자(較小者)이 19문(門)이오 소유(所有) 나반대(羅盤臺), 호장탑(護將塔), 기관소(機關所), 철장소(鐵匠所), 목장소(木匠所), 재봉소(裁縫所), 세탁소(洗濯所), 조혜소(造鞋所), 기타 제다부속(其他 諸多部屬)이 개극정제(皆極整齊)라더라.

『황성신문』 1902년 7월 15일자, "악대입경(樂隊入京)"
　일작(日昨) 비[의]국군함 일척(比[義]國軍艦 一隻)이 인항(仁港)에 내박(來泊)하였는데 해함장(該艦長)이 동국 군악대 십이명(同國 軍樂隊 十二名)을 영솔(領率)하고 삼작일(三昨日)에 입경(入京)하였더라.

『황성신문』 1902년 7월 16일자, "정오(正誤)"
　재작(再昨) 본보(本報)에 게재(揭載)한 이함조사(伊艦調査)란 제하(題下)에 포구(砲口) 직선(直線) 6영척(英尺) 4영척지척자(英尺之尺字)는 촌자(寸字)의 오식(誤植)이오 이자(伊字)는 의자(義字)로 개정(改正)하고 작일(昨日) 본보(本報)에 악대입경(樂隊入京)이란 제하(題下)에 비국군함(比國軍艦)은 의국군함(義國軍艦)을 오식(誤植)함.

『황성신문』 1902년 8월 22일자, "양함도인(兩艦到仁)"
　　의국동양함대기함(義國東洋艦隊旗艦) 말고포로호(号) {사천오백팔십삼톤(四千五百八十三号)}의 갑장순양함(甲裝巡洋艦)는 삼작(三昨) 거문도(巨文島)로서 도인(到仁) 하였고 영국수뢰정(英國水雷艇) 횡호(号)는 동일(同日) 위해위(威海衛)로서 도인(到仁)하였는데 의함수사제독(義艦水師提督)의 일행(一行)이 작일(昨日) 입성(入城)하여 의공관(義公館)에서 유숙(留宿)하는데 해영사(該領事) 불안사서덕씨(佛安士瑞德氏)가 대동 폐현(帶同 陛見)함을 아정(我廷)에 청(請)하였더라.

『황성신문』 1902년 8월 29일자, "의함연대(義艦宴待)"
　　일작(日昨)에 의국동양함대(義國東洋艦隊) 수사제독(水師提督) 루지발음보씨(婁智發音補氏)가 입성(入城)하였는데 해국영사(該國領事) 불안사서덕씨(佛安士瑞德氏)가 대동 폐현(帶同 陛見)한 후(後) 궁내부(宮內府)에서 연대(宴待)하였더니 삼작일(三昨日) 인항 해기함(仁港 該旗艦)에서 설연(設宴)하고 아정대관 외대서리 최영하(我廷大官 外大署理 崔榮夏), 궁협 조정구(宮協 趙鼎九), 예식원장 민영환(禮式院長 閔泳煥), 참리관 오인탁 이긍렬 제씨(參理官 吳仁鐸 李兢烈 諸氏)를 청요(請邀)하야 연대(宴待)하였더라.

『황성신문』 1902년 10월 21일자, "의사갱파(義師更派)"
　　의대리총영사(義大利總領事) 불안사서덕씨(佛安士瑞德氏)가 향일(向日) 신고(身故)한 고(故)로 동정부(同政府)에서 모락고씨(毛樂高氏)로 주차한성특파총영사(駐箚漢城特派總領事)로 정(定)하고 11월간(月間)에 저달(抵達)할 터이라고 의영사(義領事)가 아정(我廷)에 성명(聲明)하였더라.

『황성신문』 1902년 10월 21일자, "청파하사(請派賀使)"
　　외부(外部)에서 의영사(義領事)에게 조회(照會)하되 어극사십년칭경예식(御極四十年稱慶禮式)을 명년(明年) 3월(月) 30일(日)로 퇴정(退定)함은 증이성명(曾以聲明)하였거니와 귀정부(貴政府)에 전달(電達)하와 이시(伊時)에 하사(賀使)를 특파(特派)케 하라 하였더라.

『황성신문』 1902년 10월 28일자, "고미접견(故未接見)"
　　의공관총영사(義公館摠領事) 불안사서덕씨(佛安士瑞德氏) 졸서(卒逝)한 후(後)에 해관(該館) 참서관 갈로지씨(參書官 葛魯智氏)가 영사(領事)로 대리시무(代理視務)하는 고(故)로 일작(日昨)에 폐현(陛見)을 청(晴)하였으나 옥도(玉度)가 미녕(未寧)하시므로 접견(接見)치 못하셨더라.

『황성신문』 1902년 10월 29일자, "갈씨영사(葛氏領事)"
　　작보(昨報)에 고미접견(故未接見)이란 제하(題下)에 의관(義館) 참서관 갈로지씨(參書官 葛魯智氏)가 영사(領事)로 대리(代理)라 함은 오문(誤聞)이오 해국정부(該國政府)에서 동씨(同氏)를 간파(簡派)하여 특(特)히 불안영사(佛安領事)의 후임(後任)을 습(襲)하였다더라.

『황성신문』 1902년 11월 7일자, "의영사파래(義領事派來)"
　　의대리국정부(義大利國政府)에서 주한총영사(駐韓摠領事) 로사덕씨(魯師德氏)를 파송시무(派送視務)케 한다더니 작일(昨日) 로영사(魯領事)가 도한입성(渡韓入城)하였다고 아정 급 각공관(我廷 及 各公館)에 성명(聲明)하였더라.

『황성신문』 1902년 11월 8일자, "의함도인(義艦到仁)"
　　의국순양함(義國巡洋艦) 론발찌아호(号) {이천삼백팔십톤(二千三百八十噸)}가 본월(本月) 4일(日) 연대(煙台)로써 도인(到仁)하였더라.

『황성신문』 1902년 11월 11일자, "의관이정(義館移定)"
　　의국공관(義國公館)을 미동소재(美洞所在) 일양옥(一洋屋)을 차거(借居)하였더니 해관(該館)을 갱

(更)히 서소문내(西小門內)로 이정(移定)하고 재작일(再昨日)부터 반이(搬移)하더라.

『황성신문』 1902년 11월 11일자, "양황탄일(兩皇誕日)"
　재작일(再昨日)은 영황폐하(英皇陛下)의 탄일(誕日)이나 적치일요일고(適値日曜日故)로 영사(英使)가 작일(昨日) 해관(該館)에서 설연경축(設宴慶祝)하므로 각대관(各大官)이 왕하(往賀)하였고 금일(今日)은 의황(義皇)의 탄일(誕日)인 고(故)로 각부부대신(各府部大臣)이 전왕칭경(前往稱慶)하더라.

『황성신문』 1902년 11월 11일자, "의영사 귀국(義領事 歸國)"
　의영사 로사덕씨(義領事 魯師德氏)가 입성시무(入城視務)한 후(後)에 갈로지씨(葛魯智氏)가 체임(遞任)되어 재작일(再昨日) 귀국차(歸國次)로 발정(發程)하였더라.

『황성신문』 1902년 11월 17일자, "의영사 청현(義領事 請現)"
　의국신총영사 로사덕씨(義國新總領事 魯師德氏)가 재작일(再昨日) 아정(我廷)에 폐현(陛見)을 청(請)하였더라.

『황성신문』 1902년 11월 18일자, "삼사폐현(三使陛見)"
　일공사 임권조씨(日公使 林權助氏)는 재작일(再昨日)에 폐현(陛見)하였고 의영사 로사덕씨(義領事 魯士德氏)와 미공사 안련씨(美公使 安連氏)는 작일(昨日)에 폐현(陛見)하였더라.

『황성신문』 1902년 11월 25일자, "헌기상힐(憲旗相詰)"
　의국영사관 기수 일인(義國領事館 旗手 一人)이 미동거 송용준가(美洞居 宋用俊家)에 소관사(所管事)가 유(有)하여 왕방주인즉(往訪主人則) 헌병 김태용(憲兵 金泰用)이 취주돌출(醉酒突出)하여 해기수(該旗手)와 상힐(相詰)하다가 열파의관(裂破衣冠)한 사(事)로 해관(該館)에 고급(告急)하매 영사 갈로지씨(領事 葛魯智氏)가 헌병(憲兵)을 초치(招致)하여 효유이송(曉諭以送)하였더니 해병(該兵)이 의관기수(義館旗手)에게 피타(被打)한 양(樣)으로 원수부(元帥府)에 무소(誣訴)하였든지 현금(現今) 의영사(義領事)와 한성판윤(漢城判尹)이 해사건(該事件)으로 인(因)하여 교섭빈번중(交涉頻煩中)이라더라.

『황성신문』 1902년 12월 24일자, "의함도인(義艦到仁)"
　의국순양함(義國巡洋艦) 론바루지야호(号) {배수량(排水量) 이천삼백팔십톤(二千三百八十噸)}가 삼작일(三昨日) 상해(上海)에서 도인(到仁)하였더라.

『황성신문』 1902년 12월 26일자, "외함도발(外艦到發)"
　인항(仁港)에 정박(碇泊)한 의국군함(義國軍艦) 론발지야호(号)는 삼작일(三昨日) 상해(上海)로 발왕(發往)하고 아국군함(俄國軍艦) 사비아가호(号)는 동일(同日) 여순(旅順)로서 도인(到仁)하였더라.

『황성신문』 1903년 2월 20일자, "청참사회(請參史會)"
　작일(昨日) 외부(外部)에서 의국영사 로사덕씨(義國領事 魯士德氏)의 조회(照會)를 거(據)하여 학부(學部)로 조회(照會)한 개의(槩意)를 득문(得聞)한 즉(卽) 주경의국영사 로사덕(駐京義國領事 魯士德)의 조회(照會)를 접(接)한 즉(則) 현승본정부훈칙(現承本政府訓飭)하오니 만국사가(萬國史家)가 특몽본국대군주폐하(特蒙本國大君主陛下)의 은비(恩庇)하와 의자(擬自) 본년(本年) 4월(月) 2일(日)로 지(至) 동월(同月) 9일간(日間)히 설만국사학공회 우라마경(設萬國史學公會 于羅馬京)하오니 귀대신(貴大臣)은 대장차유(代將此由)하여 전포우귀국과학사회(轉佈于貴國科學社會)하여 이지한국사학가(以至韓國史學家)로 계기참회(屆期參會)케할 사(事)라 하였으니 이차조량(以此照亮)하여 사학가기송여부(史學家起送與否)를 시명(示明)하라 하였더라.

『황성신문』 1903년 3월 9일자, "의사청현(義使請現)"
　의국영사 사덕인[로사덕]씨(義國領事 士德仁[魯士德]氏)가 무슨 긴급상주(緊急上奏)할 사(事)가 유(有)하다 하고 외부(外部)에 폐현(陛見)을 조회(照會)하였더라.

『황성신문』 1903년 3월 10일자, "의사청광(義使請礦)"
　의영사 사덕인[로사덕]씨(義領事 士德仁[魯士德]氏)가 아정(我廷)에 조회(照會)하고 하처(何處)든지 별국례(別國例)를 의(依)하여 광산 일처(鑛山 一處)를 특허(特許)하라 하였다니 과연(果然)인지.

『황성신문』 1903년 4월 11일자, "의사청광(義使請礦)"
　의영사 불안사서덕[로사덕]씨(義領事 佛安士瑞德[士德]氏)가 외부(外部)에 조회(照會)하고 영덕일(英德日)의 예(例)를 의(依)하여 광산 일처(鑛山 一處)를 청구(請求)하였다더라.

『황성신문』 1903년 4월 30일자, "의공사신도(義公使新到)"
　의국판리공사 겸 한성총영사 모락고씨(義國辦理公使 兼 漢城總領事 毛樂高氏)가 재작일(再昨日)에 신도(新到)하였는데 작일(昨日) 하오(下午) 2시(時)에 해공사(該公使)가 외부대신(外部大臣)을 내방(來訪)하였더라.

『황성신문』 1903년 4월 30일자, "거절요광(拒絶要礦)"
　영의양공관(英義兩公館)에서 근일(近日) 아정(我廷)에 조회(照會)하고 광산 일처(鑛山 一處)를 허급(許給)하라 한 고(故)로 외부(外部)에서 불가(不可)한 사(事)로 조복거절(照覆拒絶)하였다더라.

『황성신문』 1903년 5월 2일자, "의함도인(義艦到仁)"
　의국군함(義國軍艦) 가라부리야(號)가 일작(日昨) 상해(上海)에서 도인(到仁)하였더라.

『황성신문』 1903년 5월 8일자, "의함발왕(義艦發往)"
　인항(仁港)에 정박(碇泊)하였던 의국군함(義國軍艦) 가라부리야(號)가 삼작일(三昨日) 태고(太沽)로 발향(發向)하였더라.

『황성신문』 1903년 5월 9일자, "수로조사(修路調査)"
　총세무사 백탁안씨(摠稅務司 栢卓安氏)가 작일(昨日) 내부(內部)에 공함(公函)하되 남장동(南長洞) 일영관(日領館) 급(及) 의공관(義公館) 동변도로(東邊道路)가 경측(傾仄)하여 내왕(來往)이 불편(不便)한 즉(則) 해도(該道)를 불가불 수축(不可不 修築)이온 바 범로인가(犯路人家)를 조사훼철(調査毁撤)할 터이니 한성부 관인 일원(漢城府 官人 一員)을 파송(派送)하여 영사입표(另査立票)하고 휼금(恤金)을 출급(出給)케 하라 하였더라.

『황성신문』 1903년 5월 11일자, "전송로씨(餞送魯氏)"
　의영사 로사덕씨(義領事 魯士德氏)가 일간(日間) 발귀(發歸)하는데 근일(近日)은 내외신(內外臣)의 참내(參內)를 고정(姑定)하였으므로 사폐(辭陛)치 못하고 정동 손택양저(貞洞 孫擇孃邸)에 전연(餞宴)을 사설(賜設)하고 예식원관원(禮式院官員)이 접대(接待)한 후(後)에 동일(同日) 하오 육점량(下午 六点量)에 미공사 안련씨(美公使 安連氏)와 기타(其他) 각외국인(各外國人)과 아한대관이하(我韓大官以下)로 일동희대(一同戱臺)에 진입(進入)하여 기생(妓生)과 무동등(舞童等)의 희장(戱場)을 관람(觀覽)하고 파귀(罷歸)하였다더라.

『황성신문』 1903년 5월 12일자, "폐현정일(陛見定日)"
　덕공사 이전[사이전]씨(德公使 邇典[謝邇典]氏)와 의공사 모락고씨(義公使 毛樂高氏)가 향일(向日) 신도(新到)하여 국서(國書)를 봉정차(奉呈次)로 폐현(陛見)을 청(請)하였으나 영친왕전하 두후(英親王

殿下 痘候)로 인(因)하여 상금정현(尙今停見)하였다더니 재작일(再昨日) 예식원(禮式院)에서 덕의 양공사(德義 兩公使)에게 폐현일시(陛見日時)를 성명(聲明)하기를 덕공사(德公使)는 내(來) 14일(日) 하오(下午) 2시(時)오 의공사(義公使)는 동일(同日) 하오(下午) 3시반(時半)이라 하였더라.

『황성신문』 1903년 5월 16일자, "연대삼사(宴待三使)"

금일(今日) 하오(下午) 6시(時) 외부(外部)에서 신도(新到)한 덕공사 이전[사이전](德公使 邇典[謝邇典]), 의공사 모락고(義公使 毛樂高), 아공사 파우로후(俄公使 巴禹路厚) 제씨(諸氏)를 청요연대(請邀宴待)하더라.

『황성신문』 1903년 5월 22일자, "연대삼사(宴待三使)"

일작(日昨) 외부(外部)에서 덕의아(德義俄) 신도(新到)한 삼공사(三公使)를 연대(宴待)하려다가 미과(未果)하였더니 작일(昨日) 하오(下午) 1시(時) 외부(外部)에서 연회(宴會)를 설(設)하고 각부대관(各部大官)과 동공사(同公使)를 청요환대(請邀歡待)하였더라.

『황성신문』 1903년 6월 1일자, "의사방문(義使訪問)"

의영사(義領事)가 작일(昨日) 하오(下午) 1시(時) 외부(外部)에 내(來)하여 대신(大臣)을 방문(訪問)하였더라.

『황성신문』 1903년 6월 6일자, "준거청광(峻拒請礦)"

의공사 모락고씨(義公使 毛樂高氏)가 일작(日昨) 외부(外部)에 내(來)하여 대신(大臣)을 방견(訪見)하고 황실소관내 금광 일처(皇室所管內 金鑛 一處)를 허여(許與)하여 폐현인(弊國人)으로 사지개채(使之開採)케하라 하는 고(故)로 이외상(李外相)이 불가허시(不可許施)할 사(事)로 거절(拒絶)하였더니 의사(義使)가 갱힐왈(更詰曰) 향일(向日) 폐현시(陛見時)에 광산 일관(鑛山 一款)을 상주(上奏)하매 처분(處分)하시기를 외상(外相)과 상의타판(商議妥辦)하라 하오셨거늘 귀대신(貴大臣)이 여차준거(如此峻拒)하니 본사(本使)가 신도(新到)한 인(人)이라고 홀시(忽視)하여 연(然)함인지 본정부(本政府)에 전달(電達)하고 갱(更)히 고등공사(高等公使)를 파주(派駐)한 후(後)에 광산(鑛山)을 계약(契約)하겠다 하고 사거(辭去)하였다더니 해공사(該公使)가 내지유력차(內地遊歷次)로 호조(護照)를 청득(請得)하여 작일(昨日) 해서(海西)로 발왕(發往)하였다더라.

『황성신문』 1903년 8월 4일자, "각함발향(各艦發向)"

인항(仁港)에 정박(碇泊)하였던 법국군함(法國軍艦) 살프리스, 파스갈 이호(二号)는 거월(去月) 30일(日)에 목포(木浦)로 발향(發向)하였고 아국군함(俄國軍艦) 고레쓰로(号)는 거월(去月) 31일(日) 여순(旅順)으로 발왕(發往)하였고 이국군함(伊國軍艦) 갸라부리아호(号)는 동일(同日) 만주(滿洲) 따루니에서 도인(到仁)하였더라.

『황성신문』 1903년 8월 13일자, "의사조병(義使調病)"

의공사 모락고씨(義公使 毛樂高氏)가 근일(近日) 신병(身病)이 유(有)하여 치료차(治療次)로 해국정부(該國政府)에 전청득가(電請得暇)한 고(故)로 일간(日間) 일본동경(日本東京)으로 발왕(發往)한다더라.

『황성신문』 1903년 9월 26일자, "의사환관(義使還館)"

의공사 모락고씨(義公使 毛樂高氏)가 신병(身病)이 유(有)하여 월전(月前) 일본(日本)으로 왕(往)하여 치료(治療)한다더니 일작(日昨)에 귀관(歸館)하였는데 재작일(再昨日)에 동공사(同公使)가 외부대신(外部大臣)을 방문(訪問)하고 의주개시사건(義州開市事件)과 평양개시(平壤開市)의 폐철사안(廢撤事案)을 담화(談話)하였다더라.

『황성신문』 1903년 10월 2일자, "군함내왕(軍艦來往)"
 아국군함(俄國軍艦) 시루가호(号)는 거월(去月) 29일(日)에 여순구(旅順口)에서 도인(到仁)하였다가 동일(同日)에 상해(上海)로 발왕(發往)하였고 이국군함(伊國軍艦) 피엔몬데호(号) 급(及) 번도피사니호(号)는 거월(去月) 29일(日) 부산(釜山)에서 도인(到仁)하였더라.

『황성신문』 1903년 10월 5일자, "이함발왕(伊艦發往)"
 거(去) 29일(日) 부산(釜山)에서 도인(到仁)하였던 이국군함(伊國軍艦) 피엔몬데 급(及) 번도피사니 양호(兩号)가 삼작일(三昨日)에 연대(烟台)로 발향(發向)하였더라.

『황성신문』 1903년 11월 12일자, "의관경하(義館慶賀)"
 작일(昨日)은 의국대군주(義國大君主)의 탄일(誕日)이라 외부대신(外部大臣)과 각부대관(各部大官)이 의공관(義公館)에 전왕(前往)하여 경하(慶賀)하였더라.

『황성신문』 1903년 11월 27일자, "의사청폐(義使請陛)"
 의공사 모락고씨(義公使 毛樂高氏)가 외부(外部)에 조회(照會)하되 일작(日昨) 인항(仁港)에 내도(來到)한 본국함장 이명(本國艦長 二名)이 입경(入京)하였는데 본사(本使)가 대동 폐현(帶同 陛見)할 시(時)에 동부인 예궐(同夫人 詣闕)하여 부인(夫人)은 황권(皇眷)을 알현(謁見)할 터이니 정기시명(定期示明)하라 하였다더라.

『황성신문』 1903년 12월 1일자, "의함도인(義艦到仁)"
 의국전투함(義國戰鬪艦) 피사니호(号)와 순양함(巡洋艦) 피에모도호(号)가 거월(去月) 26일(日)에 일본 장기(日本 長崎)에서 도인(到仁)하였더라.

『황성신문』 1903년 12월 9일자, "의함연대(義艦宴待)"
 본월(本月) 4일에 의국동양함대사령관 갈리씨(義國東洋艦隊司令官 葛利氏)가 인항(仁港)에 정박(碇泊)한 해대순양함(該隊巡洋艦) 비선호내(飛仙号內)에 아정대소관리(我廷大小官吏)를 청요연회(請邀宴會)하였는데 전의관 양홍묵씨(前議官 梁弘默氏)가 해함완람(該艦玩覽)한 개황(槪況)을 본사(本社)로 서기(書寄)하였는데 해함(該艦)은 6년전(年前)에 의국 가세원라마례조선창(義國 駕世遠羅瑪禮造船廠)에서 제조(製造)한 제이등순양갑장함(第二等巡洋甲裝艦)이니 중수(重數)는 6500톤(噸)이오 장(長)은 325영척(英尺)이오 광(廣)은 59영척(英尺)이오 입수심(入水深)은 22영척(英尺)이오 대포(大砲)는 포구(砲口)가 6영척(英尺)되는 속사포(速射砲) 12좌(座)오 4영척(英尺)되는 속사포(速射砲) 6좌(座)오 기타 소포(其他 小砲)는 무수(無數)한데 사면(四面)에 폭선기통(爆船機桶) 4좌(座)가 유(有)하고 최상층(最上層)에 의국인 마을곤(義國人 馬乙崑)의 창조(創造)한 무선전기(無線電機)를 설치(設寘)하였는데 재경의공관내(在京義公館內)에 설치(設置)한 무선전보과(無線電報課)와 통신(通信)을 일반(一般)히 하며 동일(同日)에도 내빈(來賓)의 완상(玩賞)을 위(爲)하여 송신기(送信機)에서 타전(打電)하여 수신기(受信機)로 대한대황제(大韓大皇帝) 5자(字)를 경사(敬寫)하였고 해함(該艦)에 속(屬)한 수병(水兵)이 508명(名)이오 장관(將官)이 31명(名)이오 속력(速力)은 매일시(每一時)에 20영해리(英海里)를 사행(駛行)한다 하더라. 동일(同日) 내빈(來賓)은 민영환(閔泳煥), 이근택(李根澤), 민영린(閔泳璘), 이근상(李根湘), 고희경(高羲敬), 김조현(金祚鉉), 이종협(李鍾協), 양홍묵(梁弘默) 제씨(諸氏)인데 해함(該艦)과 동시도인(同時到仁)한 동국순양함(同國巡洋艦) 비문대호(飛門臺号)에 사령관 후작 배지오씨(司令官 侯爵 裵芝吾氏)의 영할(領轄)한 함원(艦員)과 이시연회(移時宴會)하다가 하오(下午) 4점종(点鍾)에 파귀(罷歸)하였다더라.

『황성신문』 1903년 12월 21일자, "의사청현(義使請見)"
 의공사 모락고씨(義公使 毛樂高氏)가 외부(外部)에 조회(照會)하고 폐현(陛見)을 청(請)하였더라.

『황성신문』 1904년 1월 7일자, "의우요광(義又要礦)"
　　의공사 모락고씨(義公使 毛樂高氏)가 외부(外部)에 조회(照會)하되 일영미 각국(日英美 各國)은 금광채굴권(金鑛採掘權)을 균득(均得)하였으니 본공사(本公使)도 한의통상조약(韓義通商條約)을 의(依)하여 균첨이익(均沾利益)으로 금광 일처(金鑛 一處)를 요구(要求)하였거늘 상금연시(尙今延時)에 ○근준허(○靳准許)하니 ○비소망(○非所望)이라 종속타결(從速妥結)하라 하였더라.

『황성신문』 1904년 1월 11일자, "의병입성(義兵入城)"
　　재작일(再昨日) 미〔의〕국보호병(美〔義〕國保護兵) 20명(名)이 입성(入城)하였다고 의공사 모락고씨(義公使 毛樂高氏)가 외부(外部)에 성명(聲明)하였더라.

『황성신문』 1904년 1월 11일자, "의함도인(義艦到仁)"
　　의국군함(義國軍艦) 엘바호(号)가 본월(本月) 7일(日)에 장기(長崎)에서 도인(到仁)하였더라.

『황성신문』 1904년 1월 12일자, "의사입경(義使入京)"
　　의국판리공사(義國辦理公使)가 본월(本月) 9일(日)에 외부(外部)에 대(對)하여 입경(入京)함을 성명(聲明)하였다더라.

『황성신문』 1904년 1월 12일자, "각병속입(各兵續入)"
　　근일(近日)에 미아영의(美俄英義)의 사개국(四個國)의 각기공관 급 재류민(各其公館 及 在留民)의 생명재산(生命財産)을 보호(保護)할 목적(目的)으로 각자병변(各自兵弁)을 초입(招入)함은 세인(世人)의 공지(共知)하는 바어니와 여차급속(如此急速)히 조처(措處)함은 사유(思惟)컨대 북청사변시(北淸事變時)의 정태(情態)를 추상(推想)하고 우려(憂慮)하는 예비(豫備)에 출(出)함인 듯 금후(今後)에는 각국(各國)의 균세(均勢)를 보유(保有)하기 위(爲)하여 덕법양국(德法兩國)도 병변(兵弁)을 초래(招來)할 모양(模樣)이어니 과연(果然) 법병(法兵)이 우(又) 하륙(下陸)하였다 하니 덕병(德兵)의 추입(追入)함은 불일내(不日內)에 견(見)할 것이 요연(瞭然)한지라 유차(由此)로 인심(人心)이 축일 소요(逐日騷擾)하여 여수(與受)가 두절(杜絶)하고 상로(商路)가 저체(沮滯)하고 다만 식물등(食物等)의 무역(貿易)만 분망(奔忙)하다더라.

『황성신문』 1904년 1월 13일자, "조청참우(照請參郵)"
　　의공사 모락고씨(義公使 毛樂高氏)가 외부(外部)에 조회(照會)하되 만국우체연합회(萬國郵遞聯合會)가 재이(在邇)하니 통신원(通信院)에 이조(移照)하여 파원참회(派員參會)케 하라 하였더라.

『황성신문』 1904년 1월 14일자, "조청시명(照請示明)"
　　의공사 모락고씨(義公使 毛樂高氏)가 외부(外部)에 조회(照會)하되 귀국(貴國)에서 주의공사(駐義公使)를 파송(派送)한다니 성명(姓名)의 수모(誰某)와 하시(何時)에 주파(駐派)할 일기(日期)를 시명(示明)하라 하였더라.

『황성신문』 1904년 1월 15일자, "인항각함(仁港各艦)"
　　근일(近日) 인항(仁港)에 재류(在留)한 각국군함수(各國軍艦數)가 여좌(如左)하니 아함(俄艦) 1척(隻), 일함(日艦) 1척(隻), 영함(英艦) 2척(隻), 미함(美艦) 1척(隻), 의함(義艦) 1척(隻) 공합(共合) 6척(隻)이더라.

『황성신문』 1904년 1월 20일자, "인항각함(仁港各艦)"
　　아국군함(俄國軍艦) 고레쓰호(号)가 재작일(再昨日)에 여순(旅順)에서 인항(仁港)에 도박(到泊)하였는데 목하(目下) 인항(仁港)에 정박(碇泊)한 각국군함(各國軍艦)이 일함(日艦) 1척(隻)과 미함(美艦) 1척(隻)과 영함(英艦) 2척(隻)과 이함(伊艦) 1척(隻)과 아함(俄艦) 1척(隻)과 법함(法艦) 1척(隻)

이더라.

『황성신문』 1904년 1월 22일자, "인항각함(仁港各艦)"
　　법국군함(法國軍艦) 아밀날게든호(号)가 재작일(再昨日)에 시곤(柴棍)에서 도인(到仁)하였는데 현금(現今) 인항(仁港)에 정박(碇泊)한 각국군함(各國軍艦)이 일함(日艦) 1척(隻), 아함(俄艦) 2척(隻), 영함(英艦) 2척(隻), 미함(美艦) 1척(隻), 의함(義艦) 1척(隻), 법함(法艦) 1척(隻), 덕함(德艦) 1척(隻) 합(合) 9척(隻)이더라.

『황성신문』 1904년 1월 23일자, "의광거절(義礦拒絕)"
　　의공사 모락고씨(義公使 毛樂高氏)가 금광 일처(金鑛 一處)를 허여(許與)하라고 아정(我廷)에 빈수교섭(頻數交涉)한다더니 일작(日昨) 외부(外部)에서 조복거절(照覆拒絕)하였다더라.

『황성신문』 1904년 2월 11일자, "의영양사 폐현(義英兩使 陛見)"
　　재작일(再昨日) 하오(下午) 4시반(時半)에는 의공사 모락고씨(義公使 毛樂高氏)가 폐현(陛見)하였고 작일(昨日) 하오(下午) 3시반(時半)에는 영공사 주이전씨(英公使 朱邇典氏)가 폐현(陛見)하였더라.

『황성신문』 1904년 2월 16일자, "의우요광(義又要礦)"
　　삼작일(三昨日)에 의공사 모락고씨(義公使 毛樂高氏)가 외대서리 이지용씨(外大署理 李址鎔氏)를 방현(訪見)하고 금광 일처(金鑛 一處)를 인허(認許)하라고 청구(請求)하다더라.

『황성신문』 1904년 2월 20일자, "일아전쟁(日俄戰爭)과 이국(伊國)"
　　이국총리대신(伊國總理大臣)이 본월(本月) 9일(日)에 중의원(衆議院)에서 일의원(一議員)의 질문(質問)을 답(答)하여 왈(曰) 금번(今番) 일아충돌(日俄衝突)에 대(對)하여 이국(伊國)의 의무(義務)는 엄정중립(嚴正中立)을 수(守)함에 재(在)하고 이국(伊國)의 주요이익(主要利益)은 즉(卽) 평화(平和)에 재(在)하므로 이국정부(伊國政府)가 구주(歐洲)의 평화(平和)를 유지(維持)하기 위(爲)하여 전력(全力)을 진(盡)할 터이라 하더라.

『황성신문』 1904년 2월 25일자, "군함도항(軍艦到港)"
　　인항(仁港)에 정박(碇泊)한 덕국군함(德國軍艦) 데데이스호(号)는 재작일(再昨日)에 교주만(膠洲灣)으로 발왕(發往)하였고 이국군함(伊國軍艦) 피에모도호(号)는 동일(同日) 상해(上海)에서 인항(仁港)에 도박(到泊)하였더라.

『황성신문』 1904년 2월 27일자, "의호병교질(義護兵交迭)"
　　인항(仁港)에 정박(碇泊)하였던 의국군함(義國軍艦) 에루바호(号)가 재작일(再昨日)에 출항(出港)하였는데 동함(同艦)에서 본월(本月) 24일(日)에 공관호위차(公館護衛次)로 사관 일명(士官 一名)과 수병 이십명(水兵 二十名)을 입경(入京)하여 거월(去月) 9일(日)에 입경(入京)한 호위병(護衛兵) {사관 일명(士官 一名) 병사 이십명(兵士 二十名)}과 교대(交代)하고 구호위병(舊護衛兵)을 즉일(卽日) 경성(京城)에서 발정귀함(發程歸艦)하였다더라.

『황성신문』 1904년 3월 28일자, "인항외함(仁港外艦)"
　　목하(目下) 인항(仁港)에 정박(碇泊)한 각국군함(各國軍艦)이 미함(美艦) 붓구스바지호(号)와 의함(義艦) 비에몬데이호(号)와 법함(法艦) 기루산호(号)와 덕함(德艦) 붓사호(号) 4척(隻)이더라.

『황성신문』 1904년 4월 1일자, "각국군함(各國軍艦)"
　　목하(目下) 인항(仁港)에 정박(碇泊)한 각국군함(各國軍艦)이 5척(隻)이니 미함(美艦) 붓구스바지호(号)와 의함(義艦) 비몬데이호(号)와 덕함(德艦) 붓사호(号)와 영함(英艦) 후에아레스호(号)와 미함(美

艦) 다레호(号)더라.

『황성신문』 1904년 4월 7일자, "의함거래(義艦去來)"
　　인항(仁港)에 정박(碇泊)하였던 의국군함(義國軍艦) 피에몬데이호(号)는 본(本) 4일(日)에 본국(本國)으로 회항(廻航)하였고 동국군함(同國軍艦) 엘바호(号)는 3일(日)에 상해(上海)에서 도인(到仁)하였는데 동함(同艦)에서 탑좌(搭坐)하였던 수병(水兵) 25명(名)과 함장 이하 장관(艦長 以下 將官) 5명(名)이 동일 입경(同日 入京)하였더라.

『황성신문』 1904년 4월 12일자, "양사폐현(兩使陛見)"
　　명일(明日) 하오(下午) 3시(時)에는 의공사 모락고씨(義公使 毛樂高氏)가 대보장(大寶章)과 친서(親書)를 봉정차(奉呈次)로 폐현(陛見)하고 동하오(同下午) 4시(時)에는 일공사 임권조씨(日公使 林權助氏)가 소장 원구씨(少將 原口氏)를 대동 폐현(帶同 陛見)한다더라.

『황성신문』 1904년 4월 25일자, "의함도인(義艦到仁)"
　　의국군함 일척(義國軍艦 一隻)이 재작일(再昨日)에 도인(到仁)하였더라.

『황성신문』 1904년 4월 27일자, "인항각함(仁港各艦)"
　　의국군함(義國軍艦) 부구구아호(号)는 본월(本月) 23일(日)에 도인(到仁)하였고 인항(仁港)에 정박(碇泊)하였던 동국군함(同國軍艦) 엘바호(号)는 교주만(膠洲灣)으로 발왕(發往)하였는데 목하(目下) 인항(仁港)에 정박(碇泊)한 군함(軍艦)이 영미덕의함 각일척(英美德義艦 各一隻)이더라.

『황성신문』 1904년 4월 29일자, "의사청폐(義使請陛)"
　　의공사 모락고씨(義公使 毛樂高氏)가 해국친서(該國親書)가 내도(來到)한 고(故)로 봉정차(奉呈次) 폐현(陛見)을 청(請)하였는데 순양함대사령관(巡洋艦隊司令官)이 내도(來到)한지라 동일(同日) 대동 폐현(帶同 陛見)한다더라.

『황성신문』 1904년 6월 3일자, "의함수병입경(義艦水兵入京)"
　　인항(仁港)에 정박(碇泊)한 의국군함(義國軍艦) 부리야호(号)의 하사 일명(下士 一名), 수병 일명(水兵 一名)이 재작일(再昨日)에 입경(入京)하였더라.

『황성신문』 1904년 6월 8일자, "의함축제(義艦祝祭)"
　　본월(本月) 5일(日)은 의국축제일(義國祝祭日)인 고(故)로 인항(仁港)에 정박(碇泊)한 동국군함(同國軍艦) 부구리야호(号)와 미함(美艦) 신시나지호(号)와 미함(美艦) 훼아레스호(号)가 재작일(再昨日) 정오(正午)에 축포(祝砲)를 발사(發射)하였더라.

『황성신문』 1904년 7월 1일자, "인항각함(仁港各艦)"
　　인항(仁港)에 정박(碇泊)하였던 영국순양함(英國巡洋艦) 훼아레스호(号)가 재작일(再昨日) 오전(午前)에 위해위(威海衛)로 발왕(發往)하였는데 목하(目下) 인항(仁港)에 정박(碇泊)한 군함(軍艦)이 미함(美艦) 신시나지호(号)와 의함(義艦) 부구리야호(号)더라.

『황성신문』 1904년 7월 6일자, "의사청폐(義使請陛)"
　　의공사 모락고씨(義公使 毛樂高氏)가 외부(外部)에 조회(照會)하되 본국친서(本國親書)가 내도(來到)하였다 하고 봉정차(奉呈次)로 폐현(陛見)을 청(請)하였더라.

『황성신문』 1904년 7월 9일자, "의사폐현(義使陛見)"
　　작일(昨日) 하오(下午) 4시(時)에 의공사 모락고씨(義公使 毛樂高氏)가 해국친서(該國親書)를 봉정차(奉呈次) 폐현(陛見)하였더라.

『황성신문』 1904년 7월 11일자, "군함도인(軍艦到仁)"
　미국군함(美國軍艦) 다레호(号)가 본월(本月) 7일(日)에 상해(上海)에서 도인(到仁)하였는데 목하(目下) 인항(仁港)에 정박(碇泊)한 군함(軍艦)이 미함(美艦) 신가나지호(号) 급(及) 다레호(号)와 의함(義艦) 시아도렐호(号)와 법함(法艦) 겔산호(号)더라.

『황성신문』 1904년 7월 25일자, "의사청폐(義使請陛)"
　의공사 모락고씨(義公使 毛樂高氏)가 해국대군주(該國大君主)의 친서(親書)가 내도(來到)한 고(故)로 봉정차(奉呈次) 폐현(陛見)을 청(請)하였더라.

『황성신문』 1904년 7월 29일자, "의사청시(義使請示)"
　의공사 모락고씨(義公使 毛樂高氏)가 외부(外部)에 조회(照會)하되 본공사(本公使)가 금광 일처(金鑛 一處)를 청구(請求)한 지 경년(經年)이되 상불상시(尙不詳示)이더니 근문즉(近聞則) 농광회사(農礦會社)를 설립(設立)하고 전국광산(全國鑛山)을 인허(認許)하였다 하니 해사장정(該社章程)을 시명(示明)하라 하였다더라.

『황성신문』 1904년 8월 5일자, "외함내왕(外艦來往)"
　인항(仁港)에 정박(碇泊)한 의함(義艦) 부루가리야호(号)는 재작일(再昨日)에 신호(神戶)로 발왕(發往)하고 미함(美艦) 레아호(号)는 동일(仝日)에 상해(上海)에서 도인(到仁)하였더라.

『황성신문』 1904년 8월 12일자, "양사봉서(兩使奉書)"
　재작일(再昨日) 하오(下午) 4시(時)에 비공사 방갈씨(比公使 方葛氏)가 국서(國書)를 봉정(奉呈)하고 동하오(同下午) 5시(時)에는 의공사 모락고씨(義公使 毛樂高氏)가 친서(親書)를 봉정(奉呈)하였더라.

『황성신문』 1904년 9월 7일자, "훈장증사(勳章贈賜)"
　의국대군주(義國大君主)께 금척대수장(金尺大綬章)을 증송(贈送)하는데 겸유친서(兼有親書)하고 의공사 모락고씨(義公使 毛樂高氏)에게는 태극일등장(太極一等章)을 하사(下賜)하오셨더라.

『황성신문』 1904년 9월 8일자, "의사감은(義使感恩)"
　의공사 모락고씨(義公使 毛樂高氏)가 훈장(勳章)을 지수후(祗受後)에 황은(皇恩)을 감축(感祝)하여 기감사(其感謝)의 성(誠)을 외부(外部)에 향(向)하여 대달(代達)함을 요청(要請)하였더라.

『황성신문』 1904년 9월 13일자, "의사청폐(義使請陛)"
　의공사(義公使)가 외부(外部)에 조회(照會)하되 순양함수사제독(巡洋艦水師提督) 길연듸가 사관(士官)을 영솔(領率)하고 입성(入城)하여 폐현(陛見)을 청(請)하니 금명간(今明間) 정기시명(訂期示明)하라 하였다더라.

『황성신문』 1904년 9월 20일자, "의황태자(義皇太子)"
　의공사 모락고씨(義公使 毛樂高氏)가 외부(外部)에 조회(照會)하되 본월(本月) 15일(日) 하오(下午) 11시(時)에 본국대군주(本國大君主)께옵서 왕태자(王太子)를 탄생(誕生)하였기로 각국(各國)에 성명(聲明)하였으니 이차조량(以此照亮)하라 하였더라.

『황성신문』 1904년 9월 20일자, "제정국서(替呈國書)"
　의공사(義公使)가 외부(外部)에 조회(照會)하되 본사(本使)가 일간(日間) 청국(清國)에 전왕(前往)

400

하면 가지수주일(可遲數週日)이니 인옥도미령(因玉度靡寧)하와 미능친정국서(未能親呈國書)이기 자봉해국서(玆奉該國書)하야 체송귀대신(遞送貴大臣)하니 이위전정(以爲轉呈)하라 하였더라.

『황성신문』 1904년 10월 7일자, "의사발왕(義使發往)"
　　의공사 모락고씨(義公使 毛樂高氏)가 재작일(再昨日)에 청국(淸國)으로 발왕(發往)하였더라.

『황성신문』 1904년 11월 12일자, "의사환관(義使還館)"
　　거월(去月)에 의공사 모락고씨(義公使 毛樂高氏)가 청국 북경(淸國 北京)에 전왕(前往)하여 수십여일(數十餘日)을 유련(留連)하다가 본월(本月) 9일(日)에 의국순양함(義國巡洋艦) 부걸야호(富傑野号)를 탑승(搭乘)하고 인항(仁港)에 도박(到泊)하였다가 재작야(再昨夜)에 입성(入城)하였더라.

『황성신문』 1904년 11월 12일자, "양황탄일(兩皇誕日)"
　　삼작일(三昨日)은 영국황제(英國皇帝)의 탄일(誕日)이오 작일(昨日)은 의국황제(義國皇帝)의 탄일(誕日)이라 각공영사(各公領事)와 신사(紳士)가 양공관(兩公館)으로 전왕(前往)하여 축하(祝賀)하였더라.

『황성신문』 1904년 12월 1일자, "의병철환(義兵撤還)"
　　의공관 파호사관 서돈의씨(義公館 派護士官 徐敦義氏)가 해관보호병(該館保護兵)을 본월(本月) 2일(日)에 귀국차(歸國次)로 대동(帶同)하고 인항(仁港)으로 하거(下去)하여 해국순양함(該國巡洋艦)을 탑승(搭乘)하고 일본 장기(日本 長崎)로 직향(直向)하여 귀국(歸國)한다더라.

『황성신문』 1904년 12월 8일자, "의사정서(義使呈書)"
　　의국대군주(義國大君主)께서 황태자(皇太子)를 탄생(誕生)한 고(故)로 친서(親書)가 의공관(義公館)에 내도(來到)한지라 의공사 모락고씨(義公使 毛樂高氏)가 친서(親書)를 봉정차(奉呈次)로 폐현(陛見)을 청(請)하였더라.

『황성신문』 1904년 12월 8일자, "의사청광(義使請鑛)"
　　의공사 모락고씨(義公使 毛樂高氏)가 금광 일처(金鑛 一處)를 청구차(請求次)로 외부(外部)에 누차 교섭(屢次交涉)하더니 근일(近日)에 우조회(又照會)하되 본정부훈령내(本政府訓令內)에 각국(各國)이 균점이익(均霑利益)하여 금광(金鑛)의 채굴권(採掘權)을 득(得)하였는데 유독(惟獨) 의국(義國)의 소청(所請)은 부준(不准)하니 만일 일향여시(一向如是)하면 본공사(本公使)를 철환(撤還)하라 하였으니 즉속시명(卽速示明)하라 하였다더라.

『황성신문』 1904년 12월 9일자, "양사폐현(兩使陛見)"
　　작일(昨日) 하오(下午) 2시반(時半)에 의공사 모락고씨(義公使 毛樂高氏)가 친서(親書)를 봉정(奉呈)하는데 동부인 폐현(同夫人 陛見)하였고 일공사 임권조(日公使 林權助氏)는 동(同) 4시(時)에 폐현(陛見)하는데 외부대신 이하영씨(外部大臣 李夏榮氏)가 입진(入進)하였더라.

『황성신문』 1905년 2월 9일자, "의사청광(義使請鑛)"
　　의공사 모락고씨(義公使 毛樂高氏)가 외부(外部)에 조회(照會)하되 금광청건(金鑛請件)은 영인(英人)의 은산광례(殷山礦例)에 의(依)하여 채굴권(採掘權)을 합동계약(合同契約)함을 청(請)하였더라.

『황성신문』 1905년 2월 10일자, "정광후약(定礦後約)"
　　의공사 모락고씨(義公使 毛樂高氏)가 외부(外部)에 조회(照會)하고 금광(金鑛)의 합동(合同)을 예선계약(預先契約)함을 청(請)한 고(故)로 답조(答照)하되 광산구역(鑛山區域)을 지정(指定)한 후(後)에 계약(契約)함이 가(可)하다 하였다더라.

『황성신문』 1905년 2월 23일자, "의사촉기(義使促期)"
　　의공사 모락고씨(義公使 毛樂高氏)가 외부(外部)에 조회(照會)하되 귀정부(貴政府)에서 금광 일처(金鑛 一處)를 이인허(已認許)하였슨 즉(則) 해합동계약(該合同契約)의 조관(條款)과 자격(資格)을 면어초정(面語礎定)할 터이니 귀부(貴部)에 합동타상(合同妥商)할 일자(日字)를 정기시명(訂期示明)하라 하였더라.

『황성신문』 1905년 3월 1일자, "만국연우연기(萬國聯郵延期)"
　　의공사 모락고씨(義公使 毛樂高氏)가 외부(外部)에 조회(照會)하되 만국연합우체회의사(萬國聯合郵遞會議事)로 본년(本年) 4월(月) 20일(日)에 개설(開設)하기로 이위성명(已爲聲明)하였더니 근접본정부훈령즉 갱유첨입상량건(近接本政府訓令則 更有添入商量件)하여 해회기(該會期)를 퇴정(退定)이라 하였다더라.

『황성신문』 1905년 3월 10일자, "의사조촉(義使照促)"
　　의공사 모락고씨(義公使 毛樂高氏)가 재작일(再昨日) 외부(外部)에 조회(照會)하되 금광(金鑛)의 합동일관(合同一款)으로 누차교섭이귀대신(屢次交涉而貴大臣)이 방금조병한양고(方今調病閑養故)로 본공사(本公使)가 여귀부협판 윤치호(與貴部協辦 尹致昊)로 이유면오야(已有面唔也)니 해합동(該合同)을 사귀부협판(使貴部協辦)으로 전관타판(專管妥辦)하여 수명일(雖明日)이라도 즉행타결(卽行妥決)하라 하였더라.

『황성신문』 1905년 3월 15일자, "의사청폐(義使請陛)"
　　의공사 모락고씨(義公使 毛樂高氏)가 외부(外部)에 조회(照會)하되 긴급상주사(緊急上奏事)가 유(有)하여 폐현(陛見)하겠으니 정기시명(訂期示明)하라 하였더라.

『황성신문』 1905년 3월 15일자, "의광조인(義礦調印)"
　　의공사(義公使)의 소청(所請)한 금광합동계약사(金鑛合同契約事)는 간이수정(間已修正)하여 일간조인(日間調印)한다더라.

『황성신문』 1905년 3월 17일자, "의광조인(義礦調印)"
　　재작일(再昨日) 하오(下午) 3시(時) 외부(外部)에서 의공사(義公使)의 소청(所請)한 금광합동계약(金鑛合同契約)을 조인(調印)하였는데 기개의(其槪意)가 여좌(如左)하니 금광구역(金鑛區域)은 합동후 이개년내(合同後 二個年內)로 택정(擇定)하고 연한(年限)은 25개년(個年)이오 광산정계(鑛山定界)는 광(廣) 40리(里) 장(長) 60리(里)오 세금(稅金)은 백분(百分)의 이십오분(二十五分)을 확정(確定)하였는데 영인(英人)의 금광합동(金鑛合同)과 동(同)하다더라.

『황성신문』 1905년 3월 21일자, "비사우청(比使又請)"
　　비공사 방갈씨(比公使 方葛氏)가 외부(外部)에 조회(照會)하되 의공사(義公使)의 소청(所請)한 금광합동조약(金鑛合同條約)을 조인(調印)하였은 즉(則) 본공사(本公使)의 청구(請求)하는 금광(金鑛)도 채굴권(採掘權)을 청즉허시(請卽許施)하라 하였더라.

『황성신문』 1905년 4월 1일자, "만국농무관(萬國農務館)"
　　의공사 모락고씨(義公使 毛樂高氏)가 외부(外部)에 조회(照會)한 전문(全文)이 여좌(如左)하니 미국인 유빈지헌의(美國人 劉斌之獻議)로 현유아대군주폐하(現由我大君主陛下)의 칙유본정부(勅諭本政府)하여 사지설치 만국농무관(使之設置 萬國農務館)한 바 단차설치(但此設置)가 호무관계어정략(毫無關係於政略)이오 전의연습세계각방(專意研習世界各邦)의 농작지정형(農作之情形)과 이지소산하물(以至所産何物)과 급기품질하여(及其品質何如)하여 비각방무역(俾各邦貿易)으로 득이성기비용이익치민활(得以省其費用而益致敏活)케 하고 차어고정물가(且於估定物價)에 익득기편(益得其便)할 일사(一事)

로 봉차(奉此)한 바 사유해관(查由該館)하여 의장각지농작지공역(擬將各地農作之工役)하여 일일보명(一一報明)하여 이광관원지이목(以廣館員之耳目)하고 차어초목급육축지병기소수(且於草木及六畜之病氣所需)와 보통소방지법(普通消防之法)을 의유해관(擬由該館)의 난상제정(爛商制定)하여 이비수시대투지방(以備隨時對投之方)하노니 개용수편사지시치(盖庸手偏私之施治)는 매어차종여기(每於此種沴氣)에 선능주효고야(鮮能奏效故也)오 차유해관(且由該館)의 영구편리방법(另究便利方法)하여 이도달각방(以導達各邦)의 농작지공제야(農作之共濟也)와 보험야(保險也)와 신용야(信用也)하여 여시주거(如是做去)하면 해관지조복어농가자류자(該館之造福於農家者流者)이 개유애량재(豈有涯量哉)아 개피무중인수(盖彼畝中人數)가 수림총(雖林總)이라도 지인산재각방(只因散在各方)하여 상시태월고(相視泰越故)로 각방일중지시(各邦日中之市)가 불능자수확장지조종지(不能自手擴張之操縱之)하니 개무역지장(盖貿易之場)이 매인전원소산지품이일견척장자야(每因田園所産之品而日見拓張者也)라. 유해관(由該館)이 행장연람저명지농무제사(行將延攬著名之農務諸社)와 계각방소파제원(泊各邦所派諸員)하여 이충당관원지직이해관(以充當館員之職而該館)이 내엄성일개천연적축화물야(迺儼成一個天然的縮化物也)니 개뢰차(盖賴此)하여 가달소기지계획야(可達所期之計劃也)라 기소기계획(其所期計劃)은 좌개앙포(左開仰佈)하노니 상대사람언(尙冀查覽焉)하소서. 재사한국(再查韓國)이 어농작지리원(於農作之利源)에 대유관계(大有關係)하니 의유귀정부파원부관(宜由貴政府派員赴館)하여 이강구소이부발한국지농리(以講究所以敷發韓國之農利)가 가야(可也)라. 해관(該館)이 장발만국농가회(將發萬國農家會)하여 각진의견지중심지야(各陳意見之中心地也)라. 시이(是以)로 각방소파제원(各邦所派諸員)이 비여연환지호상연락이하이교통(譬如連環之互相聯絡而遐邇交通)하여 상조위리자야(相助爲理者也)라. 해관(該館)이 정어본년오월(訂於本年五月)에 재라마경성(在羅馬京城)하여 개설제일회회의(開設第一會會議)하니 금번(今番)은 회기사박(會期斯迫)하여 귀정부(貴政府)는 사난계시파원(似難屆時派員)이나 상망전달귀정부(尙望轉達貴政府)하여 이지임편참회(以至任便參會)를 위희(爲希)라. 자봉본정부훈칙(玆奉本政府訓飭)하여 비문조회(備文照會)하노니 귀대신(貴大臣)은 청번사조견복(請煩查照見覆)하여 이시귀정부가부승납(以示貴政府可否承納)이 가야(可也)라. [이하 생략함]

『황성신문』 1905년 4월 14일자, "전파참회(電派參會)"
　　의국경성라마부(義國京城羅馬府)에서 만국농무관(萬國農務館)을 설(設)하고 내(來) 5월(月) 1일(日) 개회(開會)하는 고(故)로 외부(外部)에서 주덕공사 민철훈씨(駐德公使 閔哲勳氏)에게 전칙(電飭)하고 서기생 일원(書記生 一員)을 파송참회(派送參會)케 하라 하였더라.

『황성신문』 1905년 4월 21일자, "의사도일(義使渡日)"
　　의공사 모락고씨(義公使 毛樂高氏)가 외부(外部)에 조회(照會)하되 본공사(本公使)가 본정부훈령(本政府訓令)을 봉승(奉承)하여 21일(日) 일본 동경(日本 東京)에 전왕(前往)하여 삼주간 유련(三週間 留連)하다가 회관(回館)하겠다고 성명(聲明)하였더라.

『황성신문』 1905년 7월 5일자, "의사청폐(義使請陛)"
　　의공사 모락고씨(義公使 毛樂高氏)가 향일(向日) 일본 동경(日本 東京)에 전왕(前往)하였다가 수일전(數日前)에 환관(還館)하였는데 해공사(該公使)가 작일(昨日) 외부(外部)에 조회(照會)하고 국서(國書)를 봉정(奉呈)하겠다고 폐현(陛見)을 청(請)하였더라.

『황성신문』 1905년 7월 10일자, "의사폐현(義使陛見)"
　　의공사 모락고씨(義公使 毛樂高氏)가 작일(昨日) 하오(下午) 3시(時)에서 국서(國書)를 봉정(奉呈) 폐현(陛見)하였더라.

『황성신문』 1905년 9월 16일자, "의관연회(義館宴會)"
　　재작일(再昨日) 하오(下午) 5시(時)에 의공사 모락고씨(義公使 毛樂高氏)가 해관내(該館內)에 연회(宴會)를 설(設)하고 일공사 이하 관원(日公使 以下 官員)과 청비 양공사(淸比 兩公使)를 청요(請邀)

하였더라.

『황성신문』 1905년 10월 9일자, "의사조회(義使照會)"
　　의공사 모락고씨(義公使 毛樂高氏)가 외부(外部)에 조회(照會)하되 본정부훈령(本政府訓令)을 승(承)하여 본월(本月) 16일(日)에 득가귀국(得暇歸國)하는데 본공사관사무(本公使館事務)를 영공사(英公使)에게 위촉대리(委囑代理)하였으니 이차조량(以此照亮)하라 하였고 우조(又照)하되 본공사(本公使)가 부인(夫人)을 대동귀조(帶同歸朝)하면 부인(夫人)은 갱(更)히 귀관(歸館)키 난(難)한즉 부인(夫人)을 대동사폐(帶同辭陛)하겠으니 증기시명(證期示明)하라 하였더라.

『황성신문』 1905년 10월 12일자, "의사귀국(義使歸國)"
　　의공사 모락고씨(義公使 毛樂高氏)가 본월(本月) 16일(日)에 귀국(歸國)하기로 외부(外部)에 성명(聲明)하였더니 연기(延期)하여 17일(日)로 퇴정(退定)하였는데 금일(今日) 상오(上午)에 동부인 사폐(同夫人 辭陛)한다더라.

『황성신문』 1905년 10월 13일자, "전별의사(餞別義使)"
　　외부(外部)에서 의공사 모락고씨(義公使 毛樂高氏) 전별차(餞別次)로 본월(本月) 15일(日) 하오(下午) 7시(時) 해부(該部)에서 연회(宴會)를 설(設)하고 청요(請邀)하였더라.

『황성신문』 1905년 10월 17일자, "엄궁전연(嚴宮餞宴)"
　　재작일(再昨日) 하오(下午) 5시(時)에 엄귀비전하(嚴貴妃殿下)께서 의공사(義公使)의 부인(夫人)을 전별차(餞別次)로 설연(設宴)하였는데 각공사부인(各公使夫人)이 왕참(往參)하였더라.

『황성신문』 1905년 10월 17일자, "의사귀국(義使歸國)"
　　의공사 모락고씨(義公使 毛樂高氏)가 작일(昨日)에 귀국차(歸國次)로 한성(漢城)에 발행(發行)하였더라.

『황성신문』 1905년 10월 20일자, "기념사장(紀念賜章)"
　　영법의 삼국해군 일행(英法義 三國海軍 一行)이 체주한성(替駐漢城)에 불가무기념(不可無紀念)이라 하사 영국해군 정위(英國海軍 正尉) 조운사(趙雲斯), 필립사(弼立斯), 로우리(路宇里)와 법국해군 대위 고로대(法國海軍 大尉 高路大)와 의국해군 정위(義國海軍 正尉) 필도눌(畢道訥), 오내덕(吳乃德), 갈남보(葛南甫), 서재〔단〕의(徐載〔端〕儀) 등(等)을 병서훈사등사태극장(幷敍勳四等賜太極章)하고 법국해군 중위(法國海軍 中尉) 상강단(祥岡檀), 오을보(吳乙甫) 등(等)은 병서훈사등사팔괘장(幷敍勳四等賜八卦章)하고 소위 두양(少尉 杜陽)은 서훈오등사태극장(敍勳五等賜太極章)하오셨더라.

『황성신문』 1906년 8월 28일자, "의사임장(義事任狀)"
　　의국총영사 모락고씨(義國總領事 毛樂高氏) 체귀(遞歸)한 대(代)에 신임총영사(新任總領事)에 위임장(委任狀)을 통감부(統監府)에서 정부(政府)에 성명(聲明)하였더라.

『황성신문』 1906년 11월 27일자, "영사(領事)의 위임급승인(委任及承認)"
　　아국총영사(俄國總領事) 부란손, 동부영사(同副領事) 뎃진겐, 이국영사(伊國領事) 가싸지 제씨(諸氏)의 위임장(委任狀)이 해국정부(該國政府)에서 일본 외무성(日本 外務省)에 도착(到着)한 고(故)로 동 외무대신(同外務大臣)이 정식(正式)의 승인장(承認狀)을 선급(繕給)하였더라.

『황성신문』 1907년 11월 12일자, "축식정지(祝式停止)"
　　본월(本月) 11일(日)은 이국황제탄일(伊國皇帝誕日)인데 해영사(該領事) 가삿지씨가 인병(因病) 수하(受賀)치 못하므로 축하식(祝賀式)을 정지(停止)한다더라.

「황성신문」 1908년 5월 10일자, "양영방문(兩領訪問)"
　　본월(本月) 9일(日)에 이국영사(伊國領事)와 청국영사(淸國領事)가 이등통감(伊藤統監)을 방문(訪問)하였더라.

「황성신문」 1908년 5월 28일자, "이영관 이접(伊領館 移接)"
　　이태리영사관(伊太利領事館)을 금번(今番) 서문외(西門外) 미국선교사(美國宣敎師) 쓰레왓도씨가(氏家)의 기지(基址)로 이접(移接)하였더라.

「황성신문」 1908년 11월 12일자, "이황탄신경하(伊皇誕辰慶賀)"
　　작일(昨日)은 이태리황제탄일(伊太利皇帝誕日)인 고(故)로 증니부통감대리(曾禰副統監代理)로 좌죽비서관(佐竹秘書官), 석총총무장관(石塚總務長官), 과도외무부장(鍋島外務部長), 국분비서관(國分秘書官), 아국각대관(我國各大官), 각국영사(各國領事)가 치하(致賀)하기 위(爲)하여 동총영사관(同總領事館)을 방문(訪問)하였더라.

「황성신문」 1908년 12월 22일자, "솔양향장(率孃向長)"
　　이태리영사(伊太利領事)는 삼영양(三令孃)을 솔(率)하고 재작일(再昨日) 오전(午前)에 남대문정거장(南大門停車場)에서 발(發)하여 장기(長崎)로 향왕(向往)하였더라.

「황성신문」 1909년 9월 10일자, "양영사출발(兩領事出發)"
　　경성(京城)에 주재(駐在)하는 이태리영사(伊太利領事) 가카사타씨(氏)는 삼녀(三女)를 대동(帶同)하고 거(去) 5일(日)에 일본 장기(日本 長崎)로 향(向)하였고 동일(仝日) 백이의총영사(白耳義總領事) 팡캐트씨(氏)는 거(去) 6일(日)에 인천(仁川)으로 향(向)하였더라.

「황성신문」 1909년 12월 12일자, "이영사 장서(伊領事 長逝)"
　　경성주재이태리국영사(京城駐在伊太利國領事) 카자듸씨(氏)는 향일 이래(向日 以來)로 중환(重患)에 이(罹)하여 대한병원(大韓病院)에 입원치료(入院治療)하다가 약석(藥石)의 효(效)를 미주(未奏)하고 작일(昨日) 오전(午前) 2시반(時半)에 합연 장서(溘然 長逝)하였더라.

「황성신문」 1909년 12월 14일자, "각영사 조례(各領事 吊禮)"
　　이태리영사(伊太利領事)의 장서엄(長逝儼)함은 기보(旣報)하였거니와 통감부 급 각국영사(統監府 及 各國領事)는 조의(吊意)를 표(表)하기 위(爲)하여 반기(半旗)를 게(揭)하였더라.

「황성신문」 1909년 12월 14일자, "이영사 장의(伊領事 葬儀)"
　　고이태리영사(故伊太利領事) 카사듸씨(氏)의 장의(葬儀)는 작일(昨日) 상오(上午) 10시(時)에 아국교회당(俄國敎會堂)에서 거행(擧行)하였는데 기시(其時)에 각부대신 급 기타내외국 고등관리(各部大臣 及 其他內外國 高等官吏)가 다수래참(多數來參)하여 조례(吊禮)를 행(行)하였고 의식(儀式)을 필(畢)한 후(後)에는 영구(靈柩)를 양화진외국인매장지(楊花鎭外國人埋葬地)에 운송(運送)하여 즉시매장(卽時埋葬)하였더라.

「황성신문」 1910년 1월 12일자, "서인혼례(西人婚禮)"
　　고이태리국영사(故伊太利國領事)의 제이녀(第二女)는 대창양행 주인(大昌洋行 主人)과 결혼(結婚)하여 재작일(再昨日) 상오(上午) 9시(時) 종현천주교당내(鍾峴天主敎堂內)에서 결혼(結婚)을 거행(擧行)하였더라.

「황성신문」 1910년 1월 23일자, "이산덕매(伊産德賣)"
　　고이태리영사(故伊太利領事)의 가산집물(家産什物)을 덕국인(德國人) 가리삭기씨(氏)가 재작일(再

昨日)에 일체방매(一切放賣)하였다더라.

『황성신문』 1910년 4월 28일자, "이인(伊人)의 실업강구(實業講究)"
　　이태리물산회사 지배인 파마양행씨(伊太利物産會社 支配人 巴馬洋行氏)가 인천항(仁川港)에서 거류중(居留中)인데 경성각실업가 제씨(京城各實業家 諸氏)를 소개(紹介)하여 실업발전(實業發展)의 책(策)을 강구중(講究中)이라는데 내일요일(來日曜日)에는 자기가(自己家)에서 오찬회(午餐會)를 설(設)하고 학무국장 윤치오씨 급 기부인(學務局長 尹致旿氏 及 其夫人)을 청요연대(請邀宴待)한다더라.

『황성신문』 1910년 7월 12일자, "이함착마(伊艦着馬)"
　　이태리국군함(伊太利國軍艦) 카라푸리야호(號)는 작조(昨朝)에 마산항(馬山港)에 입(入)하였다더라.

『황성신문』 1910년 7월 19일자, "이무관 뚝도행(伊武官 纛島行)"
　　입경체재(入京滯在)하는 이태리국주일대사관무관(伊太利國駐日大使館武官) 중좌(中佐) 카비리아씨(氏)는 작일(昨日) 오후(午後) 1시경(時頃) 통감부(統監府) 석정무관(石井武官)과 동반(同伴)하여 뚝도원예모범장(纛島園藝模範場)을 왕관(往觀)하였다더라.

『황성신문』 1910년 7월 20일자, "이무관 궁중배관(伊武官 宮中拜觀)"
　　체경중(滯京中)인 이태리국무관(伊太利國武官)은 작일(昨日) 통감부(統監府) 석정무관(石井武官)과 동반(同伴)하여 경복궁(景福宮), 창덕궁(昌德宮)의 비원 급 박물관(秘園 及 博物館)을 배관(拜觀)하였다더라.

『황성신문』 1910년 7월 30일자, "인함출인(仁艦出仁)"
　　인천(仁川)에 정박(碇泊)하였던 이태리국군함(伊太利國軍艦) 카라부리아호(号)는 재작일(再昨日) 출항(出港)하였다더라.

꼬레아 에 꼬레아니 【사진해설판】
100년 전 서울 주재 이탈리아 외교관 카를로 로제티의 대한제국 견문기

지은이 | 이돈수 · 이순우

펴낸이 | 조현주
펴낸곳 | 도서출판 하늘재

북디자인 | 정하연

1판 1쇄 펴낸날 | 2009년 8월 20일
1판 2쇄 펴낸날 | 2012년 6월 20일

등록 | 1999년 2월 5일 제20-140호
주소 | 서울시 마포구 망원1동 384-15 301호(121-820)
전화 | (02)324-2864
팩스 | (02)325-2864
E-mail | haneuljae@hanmail.net

ISBN 978-89-90229-23-6 03910

값 25,000원

ⓒ2009, 이돈수 · 이순우

※ 잘못된 책은 바꾸어드립니다.

이 도서의 국립중앙도서관 출판시도서목록(CIP)은 e-CIP홈페이지(http://www.nl.go.kr/ecip)에서 이용하실 수 있습니다. (CIP제어번호 : CIP 2009002346)